U0729197

《高等财经教育研究》
2018年中国高等财经教育论坛

新时代高等财经教育质量提升与内涵发展

Quality Improvement and Connotation Development of Finance and
Economics Higher Education in the New Era

中国高等教育学会高等财经教育分会
西南财经大学高等财经教育研究中心　编

西南财经大学出版社
Southwestern University of Finance & Economics Press

中国·成都

图书在版编目(CIP)数据

新时代高等财经教育质量提升与内涵发展/中国高等教育学会高等财经教育分会,西南财经大学高等财经教育研究中心编.—成都:西南财经大学出版社,2019.9
ISBN 978-7-5504-4112-5

Ⅰ.①新… Ⅱ.①中…②西… Ⅲ.①财政经济—高等教育—教学研究—中国 Ⅳ.①F8-4

中国版本图书馆 CIP 数据核字(2019)第 188378 号

新时代高等财经教育质量提升与内涵发展
XINSHIDAI GAODENG CAIJING JIAOYU ZHILIANG TISHENG YU NEIHAN FAZHAN

中国高等教育学会高等财经教育分会
西南财经大学高等财经教育研究中心　编

责任编辑:向小英
封面设计:张姗姗
责任印制:朱曼丽

出版发行	西南财经大学出版社(四川省成都市光华村街 55 号)
网　　址	http://www.bookcj.com
电子邮件	bookcj@ foxmail.com
邮政编码	610074
电　　话	028-87353785
照　　排	四川胜翔数码印务设计有限公司
印　　刷	郫县犀浦印刷厂
成品尺寸	170mm×230mm
印　　张	14.25
字　　数	276 千字
版　　次	2019 年 9 月第 1 版
印　　次	2019 年 9 月第 1 次印刷
书　　号	ISBN 978-7-5504-4112-5
定　　价	88.00 元

2018年中国高等财经教育论坛组委会名单

主　任：

施建军

委员单位：（排序不分先后）

安徽财经大学	北京财贸职业学院	北京工商大学
北京物资学院	重庆工商大学	东北财经大学
对外经济贸易大学	广东金融学院	广东财经大学
广东财经大学华商学院	广东外语外贸大学	广西财经学院
贵州财经大学	哈尔滨金融学院	哈尔滨商业大学
河北金融学院	河北经贸大学	河南财经政法大学
湖北经济学院	湖南财政经济学院	湖南商学院
吉林财经大学	吉林工商学院	集美大学工商管理学院
江西财经大学	江苏财经职业技术学院	经济科学出版社
兰州财经大学	南京财经大学	南京审计学院
内蒙古财经大学	山东财经大学	山东工商学院
山东管理学院	山西财经大学	山西财税专科学校
四川财经职业学院	上海财经大学	上海对外经贸大学
上海立信会计金融学院	河北地质大学	首都经济贸易大学
天津财经大学	天津商业大学	西安财经学院
西南财经大学	新疆财经大学	云南财经大学
浙江财经大学	浙江金融职业学院	浙江工商大学
中国财政经济出版社	中南财经政法大学	中央财经大学

合影

修德立信　博学求真

德才兼备　尚志财经

刘仲藜

二○二一年岁末

目 录

第一篇 讲话与致辞

第二篇 主题发言

第三篇　书面发言

第一篇

讲话与致辞

在第九届中国高等财经教育校长论坛
开幕式上的致辞

陈新滋①

尊敬的鲁昕副部长，尊敬的廖榕就董事长，尊敬的各位领导、嘉宾，亲爱的老师们：

大家好！

今天，广东财经大学华商学院迎来了第九届中国高等财经教育校长论坛，我谨代表华商学院对会议的召开表示热烈的祝贺！对前来参加会议的领导和嘉宾表示衷心的感谢和热烈的欢迎！

中国高等财经教育校长论坛，一直以来是全国财经类院校如何在新时代背景下创新学科建设体制机制、促进高水平财经人才培养体系的改进和提升、培育有鲜明特色财经类大学文化等的高端交流平台，为新时代财经大学人才培养、学科建设与发展做出了卓有成效的贡献。依托这个平台，华商学院与全国财经类院校紧密联系在一起，相互学习、相互交流、紧密合作，为提高人才培养质量、推进学校的科学发展发挥了积极的作用。

本届论坛更是举办以来规格最高、参加人数最多、关注热点最丰富的一次盛会。到会的校长、院长和各级领导 100 多位，各学科专家、学者、嘉宾 400 多人，是名副其实的盛会，相信一定能够取得积极显著的成效。

这届论坛在华商学院举办，是我们的荣幸，也是我们的机遇，相信一定会进一步推动我们华商学院的发展。华商学院一直以来秉承"创百年名校，育华夏英才"的办学理念，以建设国内一流、世界知名的高水平民办大学为目标，立足粤港澳大湾区，面向全国，面向世界，为国家，为"一带一路"沿线区域及中小型企业培养具国际视野、专业知识的高级应用型人才。

---

① 陈新滋，广东财经大学华商学院校长、中科院院士。

　　华商学院现有广东省特色重点学科——会计学，广东省重点培育学科——新闻传播学两个广东省省级重点学科。学校以重点学科与重点专业建设为龙头，努力打造与建设一支高水平的管理、科研、教学队伍，已建立起一支以特聘教授、教授、副教授为龙头，讲师、会计师、经济师、工程师为骨干，博士、硕士为主力的师资队伍。

　　华商学院高度重视国际化与实践教学特色，与英国哈德斯菲尔德大学、澳大利亚堪培拉大学等多所国外大学共同创建"3+1""2+2"等合作办学模式。为提高学生实践与创新能力，学校与政府有关部门、多家企业及相关单位如广州长隆、凤凰传媒等深度合作，开展产学研与实践教学。学校高标准、高水平地建设了跨专业综合仿真实习平台，大传播实验教学系列实验平台，以满足实践教学的需要。

　　华商学院目前在校本科生约23 000人，建校12年来已为国家培养了各类优秀人才3万多人。学校先后荣获"广东省十佳独立学院""中国民办高等教育优秀院校""广东省最具就业竞争力独立学院"和"广东省最具综合实力学院"等称号，已经发展成为财经特色鲜明，经、管、文、工、艺、教等多学科协调发展的全日制民办大学。

　　我们将把习近平新时期中国特色社会主义教育思想作为我们发展的行动指南，习主席说"要扎根中国、融通中外、立足时代、面向未来，办中国特色的社会主义教育"，华商学院将谨遵习主席的教诲，抓住粤港澳大湾区建设这个前所未有的机遇，为加深粤港澳高等教育合作做好事、做实事，将积极响应国家"一带一路"倡议，主动助力人类命运共同体建设，服务国家和区域经济社会发展，勇担新时期民办大学的新使命，当好教育人文交流先行者，将在东南亚招收国际学生进行语言或专业培养，将在英国和北美布局新的教育机构，进行全方位的教育交流和办学合作。国际化将成为华商教育的重大趋势和突出特色，办学模式将全方位日益呈现国际色彩。

　　我们将紧紧追随国家新一轮改革开放大潮，把利在当代、功在千秋的教育事业兢兢业业做下去，不断为国家和社会培养出有文化自信、有国际视野、有实践精神的新一代优秀人才，为实现"创百年名校，育华夏英才"的宏愿而努力拼搏，再创辉煌。

　　我们真诚地希望，华商学院在致力于推动全国高等财经教育的发展和财经学科的繁荣方面，与全国兄弟院校共同奋斗，创造更加灿烂辉煌的明天！

　　最后，祝大会圆满成功！

　　谢谢大家！

在第九届中国高等财经教育校长论坛
开幕式上的致辞

王雪涛①

尊敬的鲁昕副部长：

尊敬的各位领导，各位嘉宾，老师们，朋友们：

高等财经教育分会施建军理事长、张国才秘书长：

大家上午好！

非常荣幸能够参加中国高等教育学会高等财经教育分会第九届高等财经教育论坛，请允许我代表中国高等教育学会对这次大会的顺利召开表示热烈的祝贺！对高等财经教育分会秘书处、广东财经大学华商学院工作人员的辛勤付出表示衷心的感谢！

教育是国之大计、党之大计。党的十九大从新时代坚持和发展中国特色社会主义的战略高度，作出了加快教育现代化、建设教育强国、办好人民满意的教育的重大部署。习近平总书记在全国教育大会上明确提出要在党的坚强领导下，全面贯彻党的教育方针，以凝聚人心、完善人格、开发人力、培育人才、造福人民为工作目标，培养德智体美劳全面发展的社会主义建设者和接班人。

中国高等教育学会新一届理事会成立后，明确提出学会要提升政治站位，把握办会方向；找准职责定位，把握服务面向；推动争先进位，把握工作导向。同时要求持续推进"四个服务"，即服务我国高等教育事业的改革发展；服务政府部门的宏观决策；服务高等学校的办学治校；服务高等教育学术研究的理论探索。学会分支机构应当主动适应新时代、新形势、新任务的需要和要求，围绕高等教育工作大局，自觉承担社会责任，增强服务功能，提高服务能力，提供优质服务，发挥新型智库功能和咨政咨教作用。

---

① 王雪涛，中国高等教育学会办公室主任。

根据新形势和新任务的要求，中国高等教育学会在组织建设上形成了"稳规模、调结构、提质量"的发展思路，突出强调新设和现有的分支机构，要与服务国家重大需求、服务高等教育改革发展相适应。明确要求对于业务范围清晰、工作定位明确、符合发展需要的分支机构，在保留的基础上，推动形成特色和品牌。一批基础条件好、学术水平高、发展能力强、服务成效显著、内部管理规范的分支机构正在不断发展和壮大。

新时代中国高等教育学会及其分支机构应当围绕中心，服务大局，坚持问题导向，聚焦研究重点。需要特别强调要运用"新思维"、抓准"真问题"，探索"新模式"、做好"真研究"，开拓"新境界"、推动"真创新"，作出"新贡献"、确保"真管用"的研究原则。

40多年来我国高等财经教育取得了巨大发展和成绩，从1975年的2所院校发展壮大到2018年的235所院校；从单科性财经院校发展到独立设置的财经类院校、综合性院校的财经专业学科群、理工类院校的财经专业学科群三强并举的格局。学科建设步入历史最快时期，招生人数超速增长，为社会培养了大量经济管理人才。在人文社科类的研究中，已成为综合类高校之后的重要社会科学研究力量，不断彰显出"经世济民、服务社会"的伟大历史使命和价值追求，为改革开放和社会主义现代化建设作出了贡献。高等财经教育分会是中国高等教育学会历史比较长、影响比较大、特色较鲜明的分支机构，多年来为中国高等教育学会事业发展发挥了独特的作用，在高等财经教育战线上拥有很大的影响力和号召力，具有重要地位。特别是高等财经教育分会在学习贯彻落实党的十九大精神具体要求上更是做出了不懈努力。例如，2017年高等财经教育分会与东北财经大学联合主办的以"不确定的世界经济与中国经济发展"为主题的高峰论坛，邀请到了两位诺贝尔经济学奖得主和诸多全国著名经济学家同台演讲，发挥了很好的示范、引领作用，而一年一度的高等财经教育论坛更是对贯彻落实党的十九大精神的完美践行。

进入新时代，中国经济已由高速增长转向高质量发展阶段，亟须一大批理论基础扎实、综合素质优秀、实践能力突出、既了解中国发展实际又通晓国际规则的高素质、复合型、应用型的财经人才和经济管理人才，需要培养一大批经济管理领域的时代新人参与全球经济竞争，在全球化舞台上发挥更加重要的作用。党和国家对高等教育的需求比任何时期都更加迫切，对科学知识和卓越人才的渴求比任何时期都更加强烈。高等财经院校在我国高等教育事业总体格局中，在实施科教兴国和人才强国战略、建设创新型国家的进程中都是不可或缺的重要组成部分，在改革开放的新的历史阶段具有更加突出的地位和作用。新时代对高等财经教育的人才培养、科学研究、社会服务提出了新的更高要求，高等财经教育分会要带领并团结各会员单位，在"着眼世界水平、着力中国特色"上下功夫，要统筹好国内国际两个大局、用好国内国际两种资源，加快提升中国财经教育的世界影响力，办好中国特色社会主义大学，培养一流财经人才！

希望高等财经教育分会以习近平新时代中国特色社会主义思想为指导，认真贯彻落实全国教育大会精神，进一步提升新时代的政治站位，明确工作定位，坚持学术立会、服务兴会、规范办会、创新强会，充分发挥各会员单位的优势，谋划财经高等教育的"奋进之笔"，着力研究高等财经教育改革发展的重大理论问题和实践问题，努力成为中国高等教育学会标杆性的分支机构。

最后，预祝会议圆满成功，各位校长、老师身体健康、工作顺利、满载而归，高等财经教育分会越办越好！

谢谢大家！

在第九届中国高等财经教育校长论坛开幕式上的致辞

施建军①

尊敬的鲁昕副部长：

尊敬的陈锋主任：

尊敬的各位领导，各位嘉宾，老师们，朋友们：

大家上午好！

在这祖国北方寒气袭人的初冬时节，非常高兴来到温暖如春的花城广州，与大家聚会于广东财经大学华商学院，隆重召开第九届中国高等财经教育校长论坛。本次校长论坛时值中国改革开放40周年，是在全国教育大会刚刚结束不久的背景下召开的。今天，来自全国各地的专家学者集聚一堂，共同探讨我国高等教育事业深化改革的重要路径，共同破解我国财经教育领域中的诸多难题，共同交流立德树人协同育人的宝贵经验，这是我们财经学会年度工作中的一件大事，也是中国高等财经教育领域的一件盛事！我代表中国高教学会高等财经教育分会对在百忙之中拨冗出席今天校长论坛的鲁昕副部长，陈锋主任，各个大学的书记校长，专家学者和朋友们表示热烈的欢迎！对广东财经大学华商学院领导和师生为本次校长论坛付出的辛勤服务表示衷心的感谢！

今天的校长论坛，可谓是群英荟萃、高朋满座，出席的嘉宾规格之高、人数之多、规模之大、影响之广、期望之重，都超过了以往的任何一届。本次论坛共有近百家高等院校、科研部门、教育出版单位、教学研发机构等应邀出席，70多位校级领导，300多位专家学者在会场就座，尤其是鲁部长、陈锋主任不仅光临大会，还给我们作主旨报告，机会非常难得。其说明大家很重视这座平台，很关心这场峰会，很支持这项事业。我深深为之感动，非常感谢大家！

---

① 施建军，中国高等教育学会高等财经教育分会理事长。

本届论坛的主题是"特色·创新·人才·应用",主办方与承办方创新地采取主论坛与分论坛相结合、领导与专家相结合、主讲与座谈相结合的形式,目的是广开言路、集思广益、充分呼应、充分交流。希望大家各抒己见、探赜索隐、钩深致远,能够从主论坛和三个分论坛中汲取办学营养,拓展办学思路,增强校际合作。希望每一位发言人都能够提供自己最精辟、最精彩的思想,把会议开成沟通思想、交流经验、探索道路、形成合力的会议,达到他山之石可以攻玉的目的,使得每一位参加论坛的书记、校长、院系领导、教务、科研、教辅、行政等各个部门的人员都有所收获、有所裨益,进而促进本校发展,促进中国高等财经教学的发展,为国家经济建设和区域经济繁荣培养大批的合格的优秀人才。

高等财经学会自 2005 年 4 月在国家民政部注册成立以来,发展稳健,成员单位逐年增加,队伍不断发展壮大。十几年来,学会先后吸纳了全国财经高校、财经科研机构、财经出版机构、优秀教育网络机构等为会员单位,成为我国高等教育界唯一具有鲜明特色、具有代表性的财经学术性组织。财经学会始终致力于我国高等财经教育事业的改革与发展,努力为会员单位搭建学术交流平台,开启形象示范窗口,链接合作共赢纽带,架设校际友谊桥梁,全力推进"双一流"学校和学科建设,全力支持产教融合校企合作,全力打造"大智移云"背景下的在线教育平台,全力提高人才培养质量。在学术立会、服务兴会、规范办会、创新强会的工作方针指引下,扎实有效地开展各项工作。去年(2017 年),学会建立的"中国财经教育资源共享平台"和参与建设的"中国高校财经 E-MOOC 联盟"两大平台,已经成为分会的特色。"中国财经教育资源共享平台"紧密围绕高等学校发展目标,推进中国财经高校图书馆的合作交流,实现财经教育资源自建共享和开放共享。"中国高校财经 E-MOOC 联盟"以建设中国大学金课为目标,致力于推进我国财经教育在线开放课程建设与应用深入发展,推进教育公平,整体提升我国财经教育水平。两大平台不仅在财经高校形成了影响力,而且不断加强与综合高校及国际高校合作,在越来越大的舞台上发出我们财经高校的声音。另外,财经学会始终坚持大胆创新、积极探索与锐意改革。每年的校长论坛,专家们的精彩演讲,征集的学术论文,汇编正式出版发行的历届校长论坛的论文集,都具有重要的思想、先进的理念、宝贵的经验,引发全国高校的广泛关注。事实充分证明,我们每年举办的论坛并不仅仅是一次高峰论坛、一次学术年会,更重要的是在办学理念上的一次思想大碰撞!在学科建设上的一次蓝图大描绘!在人才培养上的一次教案大洗礼!在教育发展上的一次成效大检阅!因此说,我们一定要把学会的校长论坛继续办好,并推向一个更高的台阶。

最后提两点希望。第一,希望财经分会能够在中国高等教育学会的领导下,积极开展各项工作，巩固成绩、突出重点、严格管理、提高质量，充分发挥社会组织的独特优势，努力为全国财经高校服务。我去年（2017年）在上海财经大学第八届财经高校的校长论坛上，就强调财经学会是我们全国财经高校自己的精神家园，我们要把它办得越来越好，对学会工作要锦上添花，对学校服务要雪中送炭，真正成为一个与财经高校同心同德的学术性社会团体。第二，希望各会员单位能够切实落实全国教育大会的精神，积极参加学会活动，支持学会各项工作，开拓进取、务实奉献、齐心协力，为推进教育现代化、建设高等教育强国作出新贡献！

预祝校长论坛圆满成功，祝各位领导各位代表身体健康、工作顺利！

谢谢大家！

第二篇

主题发言

服务新时代的一流本科人才培养

王瑶琪①

　　摘　要：本科教育在大学人才培养体系中占据基础地位，服务一流本科人才培养，是新时代经济社会发展的需要，也是高等教育理应肩负的历史使命。本文从一流本科人才培养的时代紧迫性出发，从横向和纵向两个维度探讨面对世界发展复杂性和不确定性，面对科技进步对知识创新和人才培养提出的新需求，大学必须进行改革创新，要面向未来，明确一流本科人才特质，优化培养方案等建设路径，开展基于知识创新和知识探究基础上的"以学为中心"的互动式、探究式教学，并配套相应的教学管理体系和教学知识技术体系作为支撑，从而在服务新时代一流本科人才培养中担当责任，发挥出应有的作用！

　　关键词：人才特质　以学为中心　教学管理体系　教学知识技术体系

　　本科教育在大学人才培养体系中占据基础地位，本科生培养质量的高低直接影响着高等教育整体质量。日前，教育部发布了《教育部关于加快建设高水平本科教育　全面提高人才培养能力的意见》（以下简称《意见》），即"新时代高教40条"。《意见》明确指出，"办好我国高校，办出世界一流大学，人才培养是本，本科教育是根"；与《意见》配套，教育部印发了"六卓越一拔尖"培养计划2.0版，为新时代提高本科人才培养质量提供了政策支持，明确了建设路径。服务一流本科人才培养，是新时代经济社会发展的需要，是高等教育理应肩负的历史使命。

一、服务新时代一流本科人才培养的时代紧迫性

　　从横向维度看，当今世界正处在大发展、大变革、大调整的时代，经济全球

---

　　①　王瑶琪，中央财经大学校长、党委副书记，教授、博士生导师。

化、文化多样化、产业信息化深入发展，一些旧的机制正经历改革和转型，一些新的机制不断建立和发展，全球力量对比正在发生变化；与此同时，世界也面临诸多复杂的、不确定性的挑战，不同文化之间的冲突，此起彼伏的地区摩擦，经济和教育领域某些逆全球化的行为，等等，影响着人们的当下和未来。世界发展的复杂性和不确定性将成为常态并持续，更加凸显出一流人才培养在当今世界经济社会发展中的重要性。为此，世界各国特别是高等教育强国都把拔尖人才培养和引进作为国家战略予以高度重视。十年树木、百年树人，根深方能叶茂，拔尖人才培养，本科教育是根。建设一流本科教育、服务一流本科人才培养是大学的根本所在，是大学的实力表现。

从纵向维度看，大学自身需要回应时代发展和科技进步，通过改革创新，提供社会所需的人才。数据经济时代已经来临，信息技术和智能技术催生了一批新的产业技术和新的业态，对知识创新和人才培养都提出了新需求。高等教育人才培养正在"过去未去、未来已来"的交界处。一方面，国内大部分大学教师和管理者是通过以知识传授为特征的传统教育模式培养出来的。另一方面，大学要面向未来，开展基于知识创新和知识探究基础上的"以学为中心"的互动式、探究式教学。完成这样的转化，大学必须进行学科、专业和课程的调整，改变当前专业设置和教学内容不同程度地脱离时代的发展，教学方法和评价方式相对陈旧，资源配置趋向于硬件、偏向于科研等问题；实现面向学生进行资源配置，重视学生探究能力和实践能力培养；教师教书育人的重心由知识传授转移到知识探究、讨论指引和价值观传导等领域。在培养目标、课程体系设计、教学组织、学习模式等方面全面对接社会需求，加强自身精耕细作能力，从而适应并进一步主导未来社会对人才的需求。

二、服务新时代一流本科人才培养的建设路径

（一）明确一流本科人才特质

面向未来的一流本科人才培养，是当今中国高等教育由大到强的主题之一。放眼未来社会发展对人才的需要，是一流本科建设能够成功的关键。社会发展进步，有很多因素支撑，其中价值观和科学技术具有举足轻重的力量。大学必须牢牢把握住核心价值观的传承和重大科学技术创新对人才培养的要求，明确一流本科人才的特质。

一流本科人才，一是要有坚定的理想信念，即是否有坚定的理想和信念支撑青年学生终身为国家富强、社会进步和世界未来更好做贡献。二是要有问题意识、思辨能力、创新能力和合作意识。在信息化和智能化飞速发展的时代里，面

对世界发展的复杂性，会问问题，有能力发现问题，然后在海量的信息中学会思辨，去伪存真，有足够的能动力驱动自身的创新和创造能力，同时具备良好的合作意识，才能为社会进步作出贡献。三是要有耐力。随着科技的发展，虽然人类解决问题的能力越来越强，但同时人类所面对的问题也越来越复杂。面对世界和社会发展变革的复杂性与不确定性，特别需要个体从意志和体魄两个方面具有耐力，以面对各种可能是长期的挑战和压力。一流本科人才，不仅应该具备优秀的专业能力，也应具有坚定的信念和坚韧的生命力。

（二）围绕人才特质，优化培养方案

明确一流本科人才的特质后，要围绕特质优化培养方案，科学规划设计课程。培养方案是对人才培养过程的总体设计，包括课程体系设置、教学内容安排、教学过程组织、教学资源配置等，是实现人才培养目标的路线图。具体来讲，培养方案要始终贯穿信念引领，辅以科研牵引、通专结合、学业考核，终于学生的多元发展。信念引领，即以落实社会主义核心价值观为主旨，将其贯穿于人才培养全过程，统领融合第一课堂、第二课堂和第三课堂。科研牵引，是探究力形成的关键。科研的探究过程即发现问题、分析问题、提出并验证解决方案的过程，本身就是一种非常有力的教学形式，在教学活动中不断纳入科学研究过程和成果，其教学才会直接作用于受教育者探究力的养成，这是一流本科人才培养的必备要素。通专结合，是培养优秀人才的重要路径，要建立通识课核心课程和专业课核心课程，对课程目标、课程内容、教学模式、教材建设、师资队伍、教学评价等要素进行研究改进，提高课程的时代先进性和含金量，下决心、下功夫清理"水课"。学业考核，是实现一流人才培养的重要手段，以加强学业过程管理和设计科学合理有效的考核方式为核心，提高过程考核在总成绩的比重，优化课程成绩区分度，要能够体现学习效果差异度，而不是千篇一律地划重点考核，从而塑造学生的自主学习能力。多元发展，是一流人才培养方案的落脚点，要使每个学生在培养方案当中都能找到适合自己的发展路径，或者是学术型人才，或者是创新型人才，或者是管理型人才。

三、服务新时代一流本科人才培养的支撑条件

人才培养方案的落实落细，需要有相应的教学管理体系和教学知识技术体系作为支撑。

（一）以"学"为中心，改革教学管理体系

从教学管理体系上看，需要向以"学"为中心进行转变，立足于学生的自

主化、个性化、多样化的教学体系，赋予学生自主学习的选择权，包括专业的选择权、课程的选择权、教师的选择权和进程的选择权。其中进程的选择权包含两个内容：一个是学习的速度，一个是学习的深度，由学生自主牵引。围绕学生学习的选择权，很多高校都进行了尝试，包括大类招生、分类培养、主辅修制、完全学分制等改革措施。这些改革措施更多是在外围发生作用，还未能在人才培养体系上实现以"学"为中心的系统转变，赋予学生自我选择的权利，并承担相应的责任。因此，高校在教学管理体系上需要做到真正倡导宽口径、厚基础，打破学科专业之间的壁垒，深耕细作，支撑以"学"为中心的培养方案的制订和实施。

（二）更新教学理念，提升技术支撑能力

随着信息化智能化技术的推进，教师应尽快更新自己的教学理念，变知识的传授者为知识探究和知识创新的引导者与陪伴者。要通过以头脑引导头脑，以品格引导品格，以能力引导能力，来实现教学任务，进而实现立德树人的根本任务。教师应重视"教学学术"，积极开展关于教育教学理论、教学技术和教学方式方法等的研究。此外，应高度重视硬件设施对一流本科人才培养的支撑，现代化的智慧教室、紧密结合行业前沿发展的高水平实验室、专门的文献数据库等，对于一流本科人才培养来说，都是必需的技术支撑。

大学是推动人类社会进步的"发动机"。当今世界虽然面临的不稳定性与不确定性非常突出，但是，正如习总书记所讲，"这个世界，各国相互联系、相互依存的程度空前加深……越来越成为你中有我、我中有你的命运共同体"。作为大学，是不是能够服务于一个更好的人类命运共同体，取决于是否能够培养出具有引领、建设美好未来能力的优秀人才。服务新时代一流本科人才培养，大学必然应敢于担当责任，体现出立德树人的理念和价值，发挥出应有的作用！

"双一流"建设背景下
地方院校学科发展的路径选择
——以广东财经大学为例

于海峰①

摘　要： 对于地方院校而言，"双一流"建设带来的机遇与挑战并存，只有主动作为，转变发展方式，沿着优化学科治理机制、优化学科梯队建设、提升学科服务地方水平、提升学科育人质量的发展路径，才能办出特色、办出水平、争创一流。

关键词： "双一流"　地方院校　学科发展

党的十九大报告将"双一流"建设作为"优先发展教育事业"的重要内容，吹响了建设高等教育强国的号角。我们认为，面对"双一流"建设这样一个引领中国高等教育未来 50 年发展的重要战略，地方院校要努力办好人民满意的教育，就不能置身事外，必须与之同频共振，做好"如何在双一流建设进程中提高自身的学科建设水平"这一道必答题。

作为一所以经、管、法为主体、文理工艺多学科协调发展的地方院校，广东财经大学从建校伊始就以服务广东经济社会发展为己任，面对"双一流"建设浪潮，我们坚信没有等来的辉煌，只有拼来的精彩，作为地方院校必须找准定位、明确方向、主动作为，在创新和特色上做文章，在学科治理机制、学科方向凝练、学科团队建设等方面走出一条适合自己的道路。

一、挑战与机遇：地方院校面临的学科发展环境

"双一流"建设是一种国家行为，是从宏观层面对高校发展的统筹规划，尽

---

①　于海峰，广东财经大学党委副书记、校长，教授、博士生导师。

管国家教育投资占 GDP（国内生产总值）的比重逐年上涨，但教育资源配置投入"僧多粥少"的局面并没有得到根本性的扭转。"双一流"建设院校对人才、资金的"虹吸效应"使得地方院校所面临的人才短缺、资金不足等困境将更加严峻，数量众多的地方院校面临着角色边缘化的挑战。另外，地方院校自身基础存在先天不足的缺陷。据统计我国进入 ESI（基本科学指标数据库）全球前 1%的学科中约 80%来自部属院校，20%来自地方院校，且大多排名靠后，有的甚至在 1%线左右波动；此外，还存在学科团队中高水平领军人才少、有重大影响的标志性成果少、学术研究集约度低的"两少一低"问题。

从"双一流"建设给地方院校带来的机遇来看，第一，"双一流"建设包含一流大学与一流学科两个方面的命题，国务院印发的《统筹推进世界一流大学和一流学科建设总体方案》中强调，要"坚持以一流为目标，坚持以学科为基础"。广东省今年（2018 年）推出高等教育"冲补强"提升计划就是以学科为聚焦点，未来 3 年将投入 110 亿元，资源覆盖面扩大到全省 41 所公办院校的 147个重点建设学科，重点要解决高等教育发展不平衡不充分的问题。因此，地方院校在整体上达不到一流水平，但并不意味着没有建设一流学科的可能。第二，动态管理为地方院校的特色学科提升层次提供了难得机会。"双一流"建设打破身份固化，不搞终身制，这就给地方高校的特色学科提供了比肩 985、211 院校的契机，完全有可能在个别学科领域迎头赶上、变轨超车。

二、创新与特色：地方院校的学科发展思路

如何应对"双一流"建设带来的机遇与挑战？我们认为，地方院校在学科发展理念和思路上要主动求变，抓住创新、特色两个关键词，实现发展动力和发展方式的转变。

一是发展动力要从要素驱动向创新驱动转变。传统的学科建设逻辑主要依靠资源要素的投入推动，通过在一定时期内获得政府资源倾斜配置实现学科建设水平快速跃升。这种方式对于地方院校来说难以复制。以 2018 年为例，教育部直属高校中排名前 10 的院校的预算经费合计达 1 092.2 亿元，广东省预算经费最多的前 10 所地方院校合计仅 173.83 亿元，还不及前者的 1/6。所以，在我们看来，地方院校要提高学科建设的绩效，关键在于实现从经费投入的"要素驱动"向制度供给的"创新驱动"转变，减少对学科资源的依赖，专注于通过制度供给提升学科治理效率，让有限的投入发挥更大的作用。通过健全运行管理机制激发学科发展的内在活力，关键是要完善四种机制，包括校、院二级管理的服务保障机制，学科带头人领军、一级学科建设委员会集体决策的运行机制，不同类型学科

的经费投入、分配机制以及定性与定量相结合、个体与团队相结合的考核评价与激励机制。同时，要统筹内涵发展与外部拓展、结构布局与层次水平、教学与科研的相互关系，促进学科和谐发展。

二是发展方式要从跟随发展向特色发展转变。地方院校与部属院校不在同一起跑线上，如果采取盯住对手跟随发展的"红海"战略，单凭在传统领域化改革、追赶超越是无法获得竞争优势的。要避开追赶研究研究型大学的误区，避免与同类地方院校的同质化发展倾向，就必须在特色上下功夫，向"无人区"或"少人区"进发。特色具有不可替代性、独有性和不可模仿性，是一个学科的立足之根、竞争之本。地方院校要在"双一流"建设背景下通过培育学科特色谋求发展，可从以下几个方面着手：一是立足地方需要，与地方的特色产业、特色资源和特色文化相结合，在服务地方经济社会发展的过程中打造学科特色。二是实施错位发展，根据自身优势形成独有的学科风格，做到人有我优、人优我特。三是实施品牌战略，联系学科发展历史和现实，注重长期积累沉淀，体现个性和差异性。

三、愿景与措施：来自广东财经大学的实践

基于上述发展理念和思路，广东财经大学以习近平新时代中国特色社会主义思想为指导，全面贯彻党的十九大精神和习近平总书记视察广东重要讲话精神，坚持立德树人，牢固树立新发展理念，落实高质量发展要求，努力书写建设有特色、高水平财经大学的"奋进之笔"。

学校现有 8 个硕士一级学科和 12 个专业学位授权点，应用经济学、工商管理和法学是广东省高等教育的优势重点学科，同时也是广东省高等教育"冲补强"提升计划重点建设学科，理论经济学是省级特色重点学科。根据上海软科发布的"中国最好学科排名"，学校应用经济学、工商管理学科在 2017 年、2018 年连续两年进入全国前 25% 学科榜单。学校坚持"一个中心、两个面向"，即围绕内涵式发展这一个中心，面向区域经济社会发展现实需求、面向应用研究前沿领域，转变学科发展方式，打造学科品牌，实施"三高一新"工程，即高水平学科锻造工程、高层次人才倍增工程、高质量成果培育工程和学科治理机制创新工程，努力建设紧密对接广东现代服务业产业链和创新链的学科体系，力争实现博士学位授权的突破，更好地服务广东经济社会和粤港澳大湾区建设发展。具体地说，我们已经开展或即将开展的工作主要有以下几个方面：

一是优化学科治理体系，突破制约创新的制度壁垒。建设自主设岗、自主选聘、自主考核、自主定酬的学科特区，最大限度激发学科发展内生动力，助力优

势学科方向或具有较好发展前景的交叉学科方向实现超常规发展，对提升学校学科建设水平能起到明显的示范引领作用。建设学科特区，要将简政放权和绩效导向有机结合起来，避免落入"一放就乱、一管就死"的窠臼，要以开放、流动为特征，人员能进能出、能上能下。

二是坚持"有所为、有所不为"，把学科发展的重心调整到服务粤港澳大湾区建设上来，打好"区域牌"和"行业牌"。在大数据环境下的财税治理、数字经济、财经法治、审计治理与绩效审计等领域打造 4～6 个在国内有较大学术影响、独树一帜的特色学科方向。同时在文学、理学、工学、艺术学等门类择优建设一批具备较大发展潜力的新兴学科。鼓励这些学科主动对接优势学科，聚焦乡村治理和生态文明建设、马克思主义中国化与"四个自信"、智能计算、大数据与统计机器学习、金融数学等特色学科方向，促进创新要素与资源从孤立、分散的状态向汇聚、融合的方向转变，培育异军突起的学科增长极。

三是加快引进高层次人才，厚待重用现有人才，重点培育青年人才。强化团队领军人才的引育，未来 3 年引进和培育入选"长江学者""国家特支计划"领军人才、"百千万人才工程"国家级人选等人才项目的领军人物 5 名以上，具有博士学位教师占比超过 50%。按照攀峰团队、卓越团队和培育团队三个层次，择优支持打造若干在国内有一定竞争力和影响力的学科方向团队。推动学科交叉融合，加强青年学术骨干的培养，组建一批校级青年科研团队。

四是推进科研体制机制改革，提升科研成果的集约度和显示度。紧紧围绕国家与广东经济社会发展面临的重大、关键问题，把握"一带一路"、粤港澳大湾区建设等机遇，大力推进平台和智库建设。创新科研组织管理形式，实施分类管理，建立"进入"机制和"退出"机制。完善科研奖励体系和科研人员收入分配机制，尊重科研人员劳动付出，激发科研人员的活力。完善创新基础研究和应用研究并重的科研评价机制，建立以质量和贡献为核心的考核评价体系。加强重大科研项目培育，力争实现重大项目持续立项，实现省部级以上科研成果奖和重要研究咨询报告数量上的新突破。加强并拓展国际暨港澳台科研合作创新平台建设，扩大和提升国（境）外科研合作的范围与层次。

总而言之，"双一流"建设对于地方院校的价值，不仅仅在于竞争的结果，而在于为地方院校的发展树立标杆，引导其为达到一流的目标而奋斗，以此推动中国高等教育质量的整体发展和提升。地方院校面对外部环境的重大变化，唯有扎根本土、办出特色，以点带面，方能脱颖而出，实现跨越式发展。

参考文献

［1］国务院关于印发统筹推进世界一流大学和一流学科建设总体方案的通知［EB/OL］.（2015-11-05）［2018-09-20］. http://www.gov.cn/zhengce/content/2015-11/05/content_10269.htm.

［2］教育部　财政部　国家发展改革委关于印发《统筹推进世界一流大学和一流学科建设实施办法（暂行）》的通知［EB/OL］.（2017-01-24）［2018-09-21］. http://www.gov.cn/xinwen/2017-01/27/content_5163903.htm.

［3］教育部　财政部　国家发展改革委印发《关于高等学校加快"双一流"建设的指导意见》的通知［EB/OL］.（2018-08-20）［2018-9-21］. http://www.moe.gov.cn/srcsite/A22/moe_843/201808/t20180823_345987.html.

［4］蔡宗模，吴朝平，杨慷慨. 全球化视野下的"双一流"战略与地方院校的抉择［J］. 重庆高教研究，2016，4（1）：24-32.

［5］陈宝生："双一流"遴选重在多元客观评价［EB/OL］.（2017-03-09）［2018-09-21］. http://www.moe.edu.cn/jyb_xwfb/xw_zt/moe_357/jyzt_2017nztzl/2017_zt01/17zt01_mtkjy/201703/t20170309_298825.html.

［6］谭光兴，王祖霖. 处境与策略："双一流"战略背景下地方高校的学科建设［J］. 国家教育行政学院学报，2017（8）：53-58.

［7］李军红. 地方高校以特色优势学科引领学校整体提升的实践与思考［J］. 高等工程教育研究，2016（3）：152-156.

［8］冯志敏，单佳平. 地方大学特色学科的发展策略［J］. 中国高教研究，2010（2）：53-55.

［9］最高269亿，7所超100亿！教育部直属高校公布2018年预算［EB/OL］.（2018-04-29）［2018-09-21］. https://www.sohu.com/a/229722477_232611.

构建"大商科"学科生态体系
推动高水平大学快速发展

陈寿灿①

学科组织是构成大学结构的基本单元,它体现大学的本质现象。体现大学传播、应用、融合和创造高深学问的功能只能由学科来承担并实现。质量是大学学科建设的核心,质量内涵于结构之中,大学的学科实力并不是各学科实力的简单相加。一流的大学往往具有一个有机的学科生态体系,在这个体系中,各学科依据学科生长的内在规律建立起复合式的有机关联,而非学科孤岛的存在。经过几十年的建设,浙江工商大学围绕"大商科"的核心办学理念,已经初步建构起具有"大商科"核心特色的学科生态体系,有力地促进了学校的建设与发展。

一、"双一流"背景下大学学科建设面临的机遇与挑战

(一)从全球范围看,追求卓越和凝练特色是学科发展的国际性趋势

当前,学科发展的国际性趋势主要表现为追求卓越和凝练特色。卓越与特色是一流学科的一对核心内涵,它们互为表征、相互促进、共同发展,卓越是有特色的卓越,特色是建立在卓越基础上的特色,没有特色的学科难称一流,而不追求卓越的特色只会沦为平庸。因此,追求卓越和凝练特色是学科发展的国际性趋势。尤其是进入 21 世纪以来,世界各国纷纷实施一流大学与一流学科发展战略。2006 年,德国发起"德国大学卓越计划",通过资助一批精英大学的优势学科及其研究团队,帮助德国大学走向世界一流。2010 年,法国政府发起"大学校园改造行动计划",旨在通过联合大学和科研院所,打造世界一流大学。日本 2014年实施的"超级国际化大学计划",对入选大学的学科进行重点资助,助推其加入世界一流行列。追求卓越和凝练特色是当前学科发展的核心目标,也是高等教

---

① 陈寿灿,浙江工商大学校长,教授、博士生导师。

育内涵式发展以及提高学科国际竞争力的需要。

（二）从全国来看，国家"双一流"建设计划的出台深刻改变了现有高校学科发展的格局

2017年9月21日，教育部、财政部、国家发展改革委联合发布《关于公布世界一流大学和一流学科建设高校及建设学科名单的通知》，正式确认公布世界一流大学和一流学科建设高校及建设学科名单，首批双一流建设高校共计137所，其中世界一流学科建设高校95所，双一流建设学科共计465个。国家"双一流"是党中央、国务院作出的重大战略决策，总体目标是推动一批高水平大学和学科进入世界一流行列或前列，加快高等教育治理体系和治理能力现代化，提高高等院校人才培养、科学研究、社会服务和文化传承创新的水平。学校学科建设的最终目标就是要进入世界一流学科建设的行列。

（三）从浙江工商大学所在的浙江省来看，省重点建设高校计划和一流学科建设工程深刻影响了浙江高校学科发展的布局

2014年，浙江省政府发布了《关于实施省重点高校建设计划的意见》，决定实施"省重点高校建设计划"。计划指出要积极推动优势特色学科发展，以学科建设为龙头，推动学科、人才、科研三位一体发展。建立和完善学科评价体系，健全学科建设评估标准，实施对标管理，建成一批高水平、有特色、具有较大国内外影响力的学科。目前已建设包括浙江工商大学在内的省重点建设高校12所。2015年12月，为响应国家双一流建设的需要，浙江省教育厅发布了《关于开展省一流学科遴选工作的通知》，通知要求，以一级学科为对象，加大投入力度，强化对标管理，重点支持建设一批有望成为国内领先、国际先进的高水平学科，巩固提升一批能够跻身国内前列、在国内同类院校中有较大影响的优势学科，择优扶持一批对接浙江重大发展战略、促进经济社会发展急需的特色学科。目前已经建设省一流学科A类78个、B类200个。浙江省第十四次党代会首次提出了全面实施高等教育强省战略，要求瞄准"双一流"目标，实施好重点高校建设计划和产教融合发展工程，增加省重点建设高校和学科的数量、加大资金支持力度，扎实推进应用型本科和重点高职院校建设，支持重点高校的一批学科达到国内一流、争创世界一流，大力引进国内外著名高校在浙江办学，努力培养一流人才，发挥好高校在创新驱动中的重要支撑作用。2018年初，省两会政府工作报告中提出，要超常规发展高等教育，支持"双一流"建设高校、重点建设高校和优势特色学科发展。浙江省重点建设高校的政策对浙江工商大学学科发展起到了巨大的推动作用。

二、浙江工商大学学科建设的现状

在国家"双一流"和浙江省重点建设高校计划的推动下，浙江工商大学学科格局发生了深刻的变化。

(一)"大商科"学科生态体系逐渐确立，建设高水平大学的学科布局基本形成

学科是高校办学水平的核心标志，学校现已逐渐构建起具有协同效应的"大商科"学科生态。1911 年至 1947 年 30 多年，学校逐步形成"四科设教"（文、理、师范、商）的学科布局。1947 年至 2017 年是形成建设高水平大学的学科体系的 70 年。在此期间，学校先后开设过商业财会、商业计划统计、银行、商业物价、商业机械等 10 多个专业。1980 年，国务院批准建立杭州商学院，学校升格为本科大学。2003 年，学校获取博士学位授权单位。2004 年 5 月 17 日，教育部批准学校更名为浙江工商大学。2017 年，学校入选浙江省第二批重点建设高校，统计学、工商管理学科入选浙江省优势特色学科。在教育部第四轮学科评估中，学校共有 12 个学科上榜，其中有 1 个学科进入 A 类，6 个学科进入 B 类，5 个学科进入 C 类，超过 2/3 的学科进入全国前 50%。

学校现有管理学、经济学、工学、文学、法学、理学、历史学、哲学、艺术学九大学科。

首先，管理学和经济学是"大商科"的核心学科，从目前的实力看，除进一步巩固提升工商管理、应用经济学一级学科外，还应大力发展理论经济学、管理科学与工程、法学、公共管理等关系密切的学科。

其次，工学、文学、理学则是"大商科"的重要支撑性学科。需要大力发展与商务活动相关的学科专业及其方向，形成全校性的"大商科"合力。如理学中的统计学，工学中的食品营养与安全、物联网工程、环境与资源，文学中的商务外语、商业文化、商务传播学、财经新闻等。

最后，历史学、哲学、艺术学则是支撑"大商科"发展的素养型学科，同样应发展与商务活动相关的学科专业及其方向。如历史学中的经济史、商业（文化）史，哲学中的商业伦理、企业伦理，艺术学中的产品设计、艺术品管理等。目前，学校基本形成了"大商科"特色，已经具备向优势突出、国内一流、国际知名的高水平大学的目标迈进的学科布局。

学科高峰方面，统计学、工商管理两项省特色学科逐渐强化，高峰逐渐凸显。在第四轮学科评估中，学校统计学学科进入 A－类，位列前 10%；工商管理学科进入 B+类，这两个学科也是学校入选省重点建设高校的省优势特色学科。

学科高原方面，彰显"工商法文"相融合，形成了应用经济学、食品科学与工程、法学、外国语言文学等优势学科，高原显现。在第四轮学科评估中，学校应用经济学进入 B+，位列前 20%；外国语言文学、食品科学与工程两个学科进入 B 类，位列前 30%；法学也进入 B- 行列。高起点、高水平地谋划这些学科发展和学位点建设，充分利用一级学科博士点平台资源，积极进行学科交叉与融合，积极谋划学科交叉和目录外二级学科设置工作，争取在下一轮学科评估中取得更加优异的成绩。

（二）学科管理的体制机制初步形成

2016 年，为加强学科建设，学校成立学科建设办公室，并成立了学科建设领导小组，负责学校学位点建设、学科发展方面的重要事项。2017 年，为理顺学校管理体制，强化学术分类管理和教授治学的作用，推动学科、学院、研究所等各类学术机构形成合力，激发各类学术组织的活力和积极性，学校建立学部制，成立学部。它是学校相应学科领域实现学术分类管理和教授治学的重要组织形式，有利于强化学术组织的活力和积极性。

（三）学科建设仍然存在一定的问题

（1）领军人物与国家级支撑平台仍需补位。教育部第四轮学科评估中，学校的大多数学科高层次人才缺乏，教师的学源结构、层次梯队结构不够理想，没有形成合理有序的师资队伍结构。

（2）科研机构对学科建设的支撑作用不够显现。由于历史演变等原因，科研机构的设置较为分散，科研机构对学科建设没有起到强有力的支撑作用。科研机构在重大项目、重大成果上没有发挥应有的桥头堡作用。

（3）社会服务与学科声誉整体有待提升。学校 8 个学科"社会服务"这个二级指标的位次明显低于学科整体所处的位次。

（4）学科建设的国际化步伐缓慢。中外合作办学机构与项目过少，国际化师资队伍建设相对滞后，国际顶级期刊论文较少，国际化交流活动形式较为单一。

三、浙江工商大学的"大商科"学科生态体系构建

学校最大限度地利用国家"双一流"建设计划的政策举措和浙江高教强省战略，从强化优势特色学科、发展高原学科和强化学科协同三方面入手，平原起高原，高原起高峰，峰峦叠翠，构建具有协同效应的"大商科"学科生态体系。

（一）打造学科高峰方面，统计学、工商管理两个省优势特色学科要对标世界一流，打造学科高峰，争取进入世界一流学科行列

学校统计学主要专长在经济统计学，统计学在第四轮学科评估中的指标体系也与管理学门类相同，因此统计学可以归入广义上的商科。进一步优化协同平台、完善协同成长机制，打造"大统计""大管理"学科群，为"大商科"赋能。

统计学与计算机科学与技术、环境科学与工程、食品科学与工程、应用经济学、法学等协同，做强大数据科学、环境评价与绿色统计等交叉学科。

工商管理与应用经济学、管理科学与工程、法学、公共管理、设计学等协同，建设若干交叉机构。优化跨学科平台，实现学科联动发展。

（二）筑造学科高原方面，彰显"工商法文"相融合的特色，打造学科高原，力争进入下一轮教育部学科评估 A 类

彰显应用经济学、食品科学与工程、法学、外国语言文学学科特色，打造学科高原。围绕这个建设目标，应用经济学、食品科学与工程学科的学科定位为：力争进入下一轮教育部学科评估 A 类。法学、外国语言文学学科要整合力量，扎实推进一级学科博士点建设，争取在下一轮学科评估中位列 B+甚至更高位次。

（三）强化学科协同是构建"大商科"学科生态体系的关键，也是"大商科"特色的点睛之笔

统计学和工商管理既是"大商科"的内核，也是学校的优势特色学科，学校以两个高峰学科统计学和工商管理学为核心，大力推动这两个学科与学校相关学科的协同，形成"大商科"特色鲜明的学科有机生态系统。

（1）统计学学科协同的总体思路是：一是通过统计学基础理论与计算机、数学等其他学科进行相互融合，实现理论方法上的创新，取得更多重大的标志性成果。二是突出统计学的基础量化和现代分析工具作用，通过推动统计学与食品科学与工程、环境科学与工程、公共管理、法学、语言学等其他学科的交融互动发展，主动对接区域重大战略和经济社会发展重要领域，大力推进产学研合作，有效促进学科成果转化，主动服务新常态下的区域经济社会发展，特别是"八大万亿"产业及自贸区建设、跨境电商国家综试区建设等重大战略，为国家和区域经济社会发展作出更大的贡献。

（2）工商管理学学科协同的总体思路是：工商管理学科与其他管理类学科的协同，特别是和公共管理及管理科学与工程学科的协同。与法学、公共管理学科融合，共建公共企业管理、政商关系研究机构。加强与管理科学和工程学科融

合，推动跨境电商、智慧商务研究等的合作研究。工商管理学科与统计学、应用经济学等学科的协同：通过强强联合，融合发展，形成发展合力。

工商管理学科与其他学科的协同：根据学科发展交叉融合的趋势，与外国语言与文学、设计学等积极探索交叉融合机会，寻找学科发展增长点。例如与外国语言文学、中国语言文学等学科共同开展文创产业及中国文化走出去研究；与哲学、中国史、新闻传播学科等融合，推进商业伦理、商业传播、商业史等研究。

四、浙江工商大学"大商科"学科生态体系构建的举措

（一）改革教师聘用与晋升制度，打造跨学科研究团队

浙江工商大学建立弹性化的师资聘任和职务晋升机制，保障学科建设的稳步推进。推出年薪制，分为七个类别引进高层次人才。建立新引进人员"非升即走"的"准聘长聘"制度，每一轮聘期原则上为 6 年，学校根据年薪制人员聘期考核结果，决定是否续聘年薪制协议或转入传统结构工资制。学校以重点重大项目和研究机构为平台，积极支持跨校跨院学科团队建设，积极培育学科人才梯度和学科建设的有生力量。探索跨校院学科团队的协同工作模式和成果共享模式，形成互学共赢的合作机制。积极组建统计学学科协同发展的教师团队，积极引进具有交叉学科背景的海内外人才，加强对现有的教师协同培养；实施"学科特区"机制，在职称评聘、海外进修、人才荣誉等方面予以倾斜。

（二）改善研究机构管理办法，培育跨学科研究成果

浙江工商大学修订了科研机构管理办法，对校级科研机构实行分类管理，将跨学科研究机构单独成一类进行管理，通过柔性的考核和人事制度鼓励跨学科研究成果的培育。办法规定跨学科研究机构的申报应以两个及以上一级学科为依托，学科团队间具有互补性的研究领域和相近的科研目标。实行研究院长负责制，成员一般不脱离所在学院或部门的人事、组织关系。学校每 3 年对跨学科型科研机构进行一次科研成果考核，对于考核优秀的跨学科型科研机构，学校将给予表彰，考核不合格的将予以撤消。为加强学校文科优势的特色，浙江工商大学制定了智库建设与管理办法，智库依托学校重点学科和人才优势，组建专业团队，建设专题数据库，发挥战略研究、政策建言、人才培养、舆论引导、公共外交的重要功能。发挥学校学科门类齐全的优势，围绕重大现实问题，开展多学科的综合研究，提出具有针对性和操作性的政策建议。学校对立项支持的智库，根据建设任务的需求给予一定的建设经费资助。

（三）加强跨学科载体建设，搭建学科协同平台

浙江工商大学以重大学术问题和应用课题为纽带，搭建学科交叉、资源共享、机制灵活的创新平台，促进多学科联合、跨学科融合，形成协调发展的良好态势，建立了一批跨学科性质的新型研究机构和智库。围绕学校"大商科"的定位，在参与"现代商贸研究中心""浙商研究院"等省部级平台建设的基础上，探索"统计+"的"双中心"平台建设新模式。重点建设"统计数据工程中心"的理论与技术研究平台，在统计数据采集、统计建模、决策分析方面，加强统计学与计算机科学与工程、环境科学与工程、食品科学与工程等工科类学科的协同；建设"统计评估与公共决策中心"的智库平台，在数据开发、行业监管和政府决策方面，加强与校内外资源在土地管理、资源环境管理、舆情管理、信用管理、绩效管理等领域的协同研究。为整合学校公共企业与政商关系研究力量，进一步提升公共管理学科的办学水平，形成在公共企业与政商关系领域的研究品牌和特色优势，更好地为经济社会发展服务，学校成立了浙江工商大学公共企业与政商关系研究院。为有效整合学校计算机与管理工程学科的研究力量，进一步提升在智慧教育领域的研究水平，学校成立了浙江工商大学智慧教育研究院。为进一步整合学校统计学、计算机科学、管理工程的学科力量，全面推动大数据科学理论与应用研究，更好地为浙江省经济社会发展服务，学校成立了浙江工商大学大数据科学与工程研究院。为整合商科与人文类学科的力量，进一步推动学校在商业史领域的研究水平，学校成立了浙江工商大学商业史研究院。为进一步提升学校法学学科的办学水平，彰显学校的办学特色，打造环境法、海洋法和生态文明领域全国领先研究平台，整合学校法学和环境科学两大学科力量，成立了浙江工商大学蓝色文明与绿色法制研究中心。

（四）内外协同，构建多方联动机制

"大商科"学科协同发展既需要内部组织协同，又需要同外部主体合作，内外兼修实现共同发展。内部协同上，浙江工商大学通过各学科软、硬件的高度融合，形成学科集群。在硬件方面，相关学科共享实验室，共享数据资料等，在软件方面将相关学科的资源和教师队伍的跨学科相融合，建立畅通的交流沟通渠道，形成联动发展网络，以共同的研究目标，打破学科间的壁垒，以多学科的协同模式构建出多学科交叉、综合的联动网络，联合共赢。外部协同方面，积极与企业沟通，加强科研合作，进行科研攻关，共建研究基地，共享实验资源，了解行业前沿趋势，发现市场所需，及时调整学科规划和培养方案，增强学科建设的应用性。

（五）建立国际化的学科特区，积极推进跨学科研究

浙江工商大学根据国内一流国际化财经类大学的成功经验，建立了"大商科"特色的国际化学科特区——国际商学院。以最优秀的师资和最好的资源配置，培养具有国际视野、通晓国际规则、能够参与国际事务和国际竞争的国际化专业人才，对相关学科性学院开展国际化具有示范作用。在教学计划、教材选择、教师聘用、学术研究、管理服务等方面全面实施国际化，使其国际化教育水平达到国内一流。在经费投入、人才引进等方面给予重点支持，聘请海外学者任院长，年薪制延揽海外高层次人才，直接聘请海内外名师教授为本科生授课，将国际商学院打造成高层次海归人才的成长基地。

全面推进东亚研究，拓展与国际著名大学和科研机构在人才培养和科学研究的合作，培养精通英、日、韩等多国语言的"东亚学"复合型高级人才；着力开展与校内其他学院在经管、商贸、法律等方面的跨学科研究，进一步整合研究力量，凝练研究方向，提升影响力和显示度，将国际商学院打磨成国内一流、国际著名的特色研究基地和东亚文化交流的中心，成为外交部与浙江省政府有关东亚问题的决策智库。

五、结语

浙江工商大学是一所经管特色突出、学科门类较为齐全的院校，这为学校构建"大商科"学科生态体系打下了坚实的基础。为适应现代商业的转型发展，浙江工商大学逐步确立了以经管类学科为核心，法、文、理、工等学科为支撑，多学科相互支持、交叉融合、协同发展的新型学科生态体系，将"大商科"的元素和营养逐步植入学校的学科体系中，初步形成了基于"大商科"内核的学科建设的耦合效应，"大商科"学科生态体系的建设已经初见成效。然而，学科建设永无止境，学校目前离成熟完善的"大商科"学科生态体系还有一段距离，改革创新不会止步，浙江工商大学将在这条路上继续探索，砥砺前行。

新商科人才培养体系的探索与实践

孙芳城①

当前，教育部正全面推进"新工科""新医科""新农科""新文科"等建设，以形成覆盖全部学科门类的中国特色、世界水平的一流本科专业集群。如何加强新商科建设，构建高水平新商科人才培养体系，是财经院校面临的重要课题。

一、新商科的内涵及特征

（一）新商科的提出

商科是商品经济发展的产物，在学科分类上被称为"商科"，亦有"商学"或"商学科"之说。随着科学技术，特别是以信息技术为代表的新技术发展，催生了以知识驱动、智慧驱动、数据驱动、体验经济等为主要发展引擎的新消费观念和新商业模式。"新商业"赋予商科人才培养新内涵，高校需要建立新的商科教育体系，新商科应运而生。

（二）新商科的特征

1. 新商科蕴含新消费理念

随着社会经济的不断发展，人们的消费理念、消费习惯、消费方式、消费体验都发生了翻天覆地的变化。新商科必须适应这一重大转变，注入新的内涵，蕴含和体现现实与网络共生的新消费理念。

2. 新商科融入新技术

互联网、人工智能、云计算、物联网等智慧化新技术的产生，给传统商科教育带来了新的挑战。新商科教育必须站在科学技术的发展前沿，与现代信息技术深度融合，推动商科人才培养模式的变革。

---

① 孙芳城，重庆工商大学校长，教授、博士生导师，主要从事会计学和公司监管等方面的研究。

3. 新商科适应新商业模式

新的消费理念、新的商业组织、新的价值观逐渐改变人们的生活方式，同时也产生新的商业模式，如虚拟商业街、虚拟化商场等。商科人才的培养必须适应新的商业模式，围绕学生中心，需求导向，深入推动人才培养模式改革，着力构建高水平商科人才培养体系。

二、重庆工商大学构建新商科人才培养体系的实践探索

（一）立德树人，强化新商科教育思想引领

近年来，虚拟经济、电子商务等新兴商业模式的出现，导致了更多的商业欺诈行为，加强商科人才的道德品质教育更显迫切和重要。基于此，学校坚持立德树人，以培育"志存高远、诚信为本、以义取利、以利济世"的"新儒商"精神为抓手，不断加强大学生思想政治教育。建立健全"七育人"长效机制，着力构建"第一课堂+第二课堂+第三课堂"的全面育人体系。深入推进思想政治理论课建设"三项改革"，让学生在"感恩真情""感知社会"中自我提升。开设了"商业伦理""中华传统文化智慧""孙子兵法与团队管理"等30余门"新儒商"系列课程。

（二）需求导向，确立新商科人才培养目标

新商科教育必须紧跟新时代要求和新商业发展，培养具有创新思维和国际视野的复合型、应用型人才。基于此，学校确立了"三型一化"的新商科人才培养目标。一是注重培养学生的学科综合能力，探索"商+""人工智能+"复合型人才培养新模式，提升商科学生的大数据素养。二是将创新教育融入人才培养全过程，建立了"5222"科研促教学体系和"1434"创业教育实践体系。《融入风险、激活能力，构建分层递进式商科创业实践教育模式》获2018年国家级教学成果二等奖。三是深入推进国际化教育，拓宽学生国际化视野。与25个国家（地区）的近100所知名高校（机构）建立了广泛深入的友好合作关系，探索出"2+2""3+1""4+0"等多种形式的中外合作培养国际化商科人才的新路。

（三）多科协同，构建新商科专业生态群

学校围绕"建设一流专业、培养一流人才"，以开放的姿态接纳新形势、新技术、新理念，大力推进现有商科专业的转型升级和改革创新，着力构建多科协同的"新商科"专业生态群。一是确立"人工智能+""商科+"的学科专业发展思路，积极探索商科与人工智能、大数据的深度融合发展，商科与法律、数学、艺术、新闻等学科专业的深度融合发展，探索举办智能金融、智能商务、智

能物流等特色实验班。二是在人才培养方案设计上，打破专业选修课程限制，设置学生任选的全校性专业拓展课程，鼓励学生跨学科、跨学院选修第二专业、第二学位，成为具有双学科甚至多学科视野的复合型人才。

（四）学生中心，推进新商科教育教学改革

随着现代信息技术的发展，特别是有了大数据人工智能的支持，不论是教育手段、教学方法的创新发展，还是教学支持设施的更新完善，都更加注重"以学生为中心"的教育理念。为此，学校开展了现代信息技术与商科教育教学深度融合的教学范式改革，强化教学资源建设和在线课程建设；推广研究式教学，促进形成探究式、自主式、合作式学习方式，提高学生的自主学习能力；深化教学评价方式改革，推动由"教师、知识、考试中心"向"学生、能力、过程中心"转变；深化"四自主"学分制改革，使学生可以根据个人规划及创业需求设定学业节奏和发展方向。

（五）产教融合，搭建新商科协同育人平台

新商科必须走产教融合之路。学校坚持以开放办学为特色，大力推进产教融合协调育人，为新商科人才培养广聚资源，推动政产学研用一体化的深度融合。学校与 160 余家企事业单位和 30 余个地方政府建立了战略合作关系，设计并实施联盟合作型、实体合作型、项目合作型、过程合作型、自办实体型等多层次、多渠道、多形式的校企、校地合作模式，广泛开展资源共享与合作办学、协同育人。

三、构建高水平新商科人才培养体系的几个问题

（一）新商科如何引领行业发展

新商科建设，必须引领和推动经济社会发展。然而，当前的商科教育难以适应这一要求，甚至远远落后于行业发展。如何适应并引领经济社会发展，是当前新商科建设的重中之重。我们必须摒弃传统理念，加大新商科学科建设力度，加强对新商科发展趋势的研究，适应新形势，融入新技术，加快推进商科建设的提档升级。

（二）如何建设一流新商科专业

新商科专业建设如何适应国家总体发展战略布局、区域经济社会发展，如何适应新的经济形态、科技发展对人才的多样化需求，是当前面临的重大课题。高校必须深化商科专业改革，进一步建立健全专业动态调整机制，主动适应经济社会发展需求；加强专业改造升级，给传统优势特色专业注入新内涵，构建特色优

势新商科专业集群。

（三）如何建设一流新商科师资队伍

高水平新商科人才培养体系的构建，关键在人，没有一流的师资队伍，不可能培养出一流的学生。然而，目前商科教师队伍的现状不容乐观。为此，必须进一步创新引人用人机制，完善教师能力培养体系，大力提升教师专业能力。与行业企业建立共培共享机制，共同打造"双师型"教师队伍，为构建高水平新商科人才培养体系提供人才保障。

一流学科建设与应用型本科高校发展

夏　飞①

摘　要：加强"双一流"学科建设是应用型本科高校实现内涵式发展的重要抓手，但应用型本科高校在"双一流"学科建设过程中面临"先天缺陷"、资源导入严重不足、政策困境、文化的缺失与缺位等问题。为了解决这些"痛点"问题，必须找准自身的办学定位和发展模式，以应用性学科建设作为学科特色突破点，探索符合应用性学科建设内涵的发展路径。

学科建设是任何一所高校实现其大学职能的重要载体，也是体现高等院校社会地位和办学水平的主要标志之一。囿于不同类型、不同层次的高校所承担的历史使命以及在国家高等教育体系中地位的差异，学科建设的目标和任务也会有所差别。作为适应我国高等教育大众化背景而产生的应用型本科院校群体，其特殊的历史积淀、办学经历，尤其是薄弱的办学基础与短缺的办学资源，决定了这类院校学科建设的独特性。应该说，"双一流"政策的实施既是这类院校加快学科建设、实现内涵式发展的重要抓手，也是建设高水平应用型大学的重大机遇，那么如何科学认识这类高校的学科建设"痛点"，并通过科学规划、错位发展来夯实基础、彰显特色，进而提升服务经济社会发展能力就显得尤为紧迫和重要。

一、科学认识"双一流"建设背景下应用型本科高校学科建设的"痛点"

大学在本质上是按照知识和学科逻辑组织起来的学术机构，学科是一所大学最核心的细胞；没有一流的学科，就没有一流的学术，也没有一流的大学。应用型本科高校必须直面学科建设的真实问题，遵循学术（学科）的基本逻辑，才

---

① 夏飞，广西财经学院校长。

能真正适应和参与到"双一流"建设中来。

（一）学科建设的"先天缺陷"

很多应用型本科院校是从高职高专合并组建或升格而成，这类院校多以培养职业或技能人才为主要任务，在实现大学职能时往往只注重"人才培养"，"科学研究"的职能几乎处于从属地位，并且多年的高职高专办学历史与文化积淀导致这类学校学科建设意识不强、学科研究方向不明确、学科体系薄弱、学科建设环境氛围不浓，特别是高水平学科带头人及主要学术骨干匮乏。由此可见，长期的高职高专职业教育背景给肩负大众化教育使命的应用型本科院校开展学科建设带来的艰巨性可想而知。

（二）学科资源导入严重不足

一般而言，学科建设所涵盖的学科平台搭建、学科团队遴选、学科基地培养、学科方向凝练以及学科成果呈现等，都需要大量的人、财、物做基础和保障，但是地方应用型本科院校本身资金来源渠道单一，有限的资源多是要投入教学工作及基本办学条件的改造上，在相对短缺的资源上再去投入大量资金进行学科建设并不现实。除此之外，多数应用型本科院校分布在非中心城市甚至是县级市，其学科基础、区位劣势、学术平台及环境氛围导致在引进学科及学术带头人方面远比省会城市等中心城市的难度要大得多。总体而言，地方院校在获得有限学科资源导入下再来吸纳有关学科人才、团队及新的发展资源时往往感到力不从心。

（三）学科发展的政策困境

长期以来，有关学科点设置、学术带头人、学术研究基地、科研项目等学术资源多被"985工程""211工程"等重点大学所占有甚至垄断，留给地方应用型大学的学科发展空间是极为有限的。一些学科建设项目多是采用竞争性项目来进行立项，这类院校获取资源的可能性也很小，对于很多增量供给的学科资源大部分又被重点大学或老牌大学所瓜分。从国家学科和学位点建设发展的政策来看，目前博士、硕士授权学科专业布局较为完整，大多转入提质增效阶段，严控增设学位点已是趋势，且是按一级学科进行申报和审核，这给应用型大学申报新的学位点带来很大难度，势必会影响学科的建设和发展。更为严重的是，新的"双一流"建设政策出台，对于地方院校，特别是对于应用型本科院校来说，其真正参与到"政策红利"的学校非常少。例如，很多省份在制定"双一流"建设政策时只针对省属重点大学如何成为区域一流大学，而对应用型本科院校如何建设"双一流"则没有明确定位。这无疑是让这类院校的学科发展"雪上加霜"。

（四）学科文化的缺失与缺位

学科文化是大学文化的重要组成部分，一批批高水平学者的学术争鸣、一项项特色鲜明的学科专业课程、一个个彰显学科属性的科研创新平台等所散发的学科文化，既是建设一流学科的本质要求，也是一所学校持续健康发展的现实需要。很多地方应用型院校往往只注重专业课程文化、教学文化以及应用人才培养文化的营造，缺少对学科制度、学科管理以及学科内涵建设方面文化的积淀和思考，有时候甚至将学科建设的文化混淆为专业建设的文化，忽视了学科群的集聚效应。这对于在"双一流"建设背景下深入挖掘应用型本科高校学科文化的差异和特色，进而释放学科文化所彰显的学校内涵发展影响有百害而无一利。

二、应用型本科高校参与"双一流"建设的路径选择

学科建设是现代大学实现科学研究与社会服务职能的重要基石，也是任何一所学校办学特色与办学水平的重要标志，开展学科建设是应用型本科院校的必然选择。随着国家"双一流"建设的深入推进，应用型本科院校既不能沿袭"985工程"大学和"211工程"大学学科建设的基本路径，也无法全盘复制老牌本科院校的学科建设经验，而是必须找准自身的办学定位和发展模式，以应用性学科建设作为学科特色为突破点，探索符合应用性学科建设内涵的思路、对策。

（一）以精准的学科发理念来引领应用型本科院校的学科建设

一是突出学科建设的应用性特点。一般而言，基于学科属性的分类可以将学科分为基础学科、应用学科和职业学科。应用型高校最佳的出路便在于发展具有职业导向的应用性学科。例如，如何深耕于区域或行业发展以及产业结构需要确定学科领域，以构建应用性学科体系、形成应用性学科结构、培育应用性科研项目、培养应用型人才作为学科建设的总抓手，而不能沿袭传统的学科思维来推进学科建设。当前，我国大力提倡发展专业学位研究生教育也给应用型本科院校的学科建设带来了很大的发展空间，成为未来这类院校硕士专业学位点的人才培养方向。

二是突出学科建设的地方性特征。应用型高校多根植地方，立足非中心城市。这也决定其既要着眼于国家战略发展的需要，更要关注地方区域和行业发展的需求，突出学校区域特色凝练学科方向、组建学科团队，构建与之相适应的学科发展体系。为地方经济社会发展服务始终是应用型本科院校生存和发展最重要逻辑的起点和归宿。

三是突出学科专业群的创新性特征。目前很多重点大学和老牌本科院校都是

以通过构建学科群的模式来寻找新的学科增长点，进而发展交叉学科和新兴学科。而应用型本科院校发展不能完全模仿这类院校的学科群发展思路，不是去盲目开发新兴学科、边缘学科等，应该是在原有学科专业体系上以培育重点学科为抓手，形成以本科优势特色专业为支撑的学科体系，进而围绕地方新兴产业和技术创新的需求进行学科建设，突出地方需要和应用性学科发展的特点的双重属性。

（二）　以科学的统筹协调规划来指导应用型本科高校学科建设

在国内，"规划"一词通常和政府的工程化思维"形同姊妹"，因而很容易招致"传统计划思维"的非议，学科规划亦如此。应用型本科高校作为我国高等教育生态系统的重要组成部分，地方政府也应为应用型本科高校提供参与创建"双一流"的机会，制定相应的政策，积极引导这类院校参与"双一流"建设。因此，地方政府应从认识和政策上引导地方院校积极参与"双一流"建设。一方面，引导应用型本科高校正确认识"双一流"建设，摒弃"双一流"建设与应用型本科高校无关的错误认知，改变作为"旁观者"和"啦啦队"角色的思维；另一方面，在政策文本中要明确规定这类院校在"双一流"建设中的发展定位，鼓励它们结合自身特色和优势参与"双一流"建设。特别是在制定分类细则时不仅要考虑不同高校的实际情况，还应参照其他地区已出台的高校分类细则，进行对标及综合评价，这样可以方便包括应用型本科院校在内的不同层次、类型的高校在地区内部、地区之间进行全面的比较。从应用型本科高校自身而言，要注重学科和专业耦合度效应，即以按照学科与专业属性分别培养不同层次的应用型人才为导向来促进学科与专业一体化建设，整合学校资源、强化学科与专业建设的统筹规划，使有限的学校资源既满足学科建设的需要，又用于专业建设和本科教育，以缓和应用型本科高校资源需求与资源供给间的矛盾。

（三）　以卓越的学术文化来推动应用型本科院校学科建设

大学是教育与学术机构，本质上是一种文化性组织。不仅教书育人离不开文化的引导，学科专业建设在内的学术活动也离不开学术文化的支持和先进文化的熏陶。地方的应用型本科院校由于地缘劣势长期无法像中东部中心城市那样获取国家政策惠及，在引进人才、搭建平台、学术氛围营造时都强调"快餐式文化"，无法沉下心来推动学科建设的内涵式发展。例如在"大众创业，万众创新"的背景下往往聚焦于专业的单一应用性，而忽视一级学科建设来夯实专业的发展。即便是做成果转换也简单理解为办企业或应用研究，原始创新几乎为零。因此，应用型本科高校的学科建设尽管要突出应用学科特征，但是仍然需要在人才引进、社会服务、科学研究以及学术学科评价中营造出一种"定力"文化，摒弃投机式的急于求成做法；要想在"双一流"建设中有所作为，必须还要形成浓厚的学术氛围、追求卓越的组织文化和师生群体比拼学识才情而非权利财富的健康心理。特别是要消除当前大学的官本位倾向、市侩作风、不良学术行为与犬儒现象等不良倾向。

因此，要推动应用型本科高校的学科内涵建设，除以国际视野招揽一大批高水平的专家学者外，还必须用心尽力去建设与学科内在属性相一致的教育文化与大学文化。在学科文化的重建过程中，必须坚持以人为本的原则，重拾大学精神，重树应用性学科文化的丰富理念，重溯人文主义与科学精神相结合的大学教育文化，重振学术本位、追求卓越的应用型大学组织文化，从人的因素着眼，从制度层面着手，通过身体力行的切实努力来重建应用型大学文化，以卓越的学术文化来推动应用型本科高校学科文化建设。

（四）以科学的制度体系来保障应用型本科高校学科建设

无论是学科组织的运行，还是学术活动的开展，抑或是教育行政行为的实施，都必须有相应的制度来规范和保障。制度不仅是人们正确行事的规则体系，而且包含着特定的价值取向与行为规范，并渗透着特定的文化或传统。中国素有重人伦的教化传统和重人治的管理传统，因而似乎不太重视制度的作用，无论是学科发展还是大学组织的制度化水平都有待提升。好在当前高等教育系统的制度建设的重要性已成为社会的价值共识，建设现代大学制度的试点已在逐渐铺开。我们推动应用型本科高校的学科建设，实现高水平的应用学科建设，首先必须依托若干所高水平的应用型本科院校，这就要求这些应用型院校按现代大学制度的规律与要求开展大学制度层面的改革与创新。其次，还仰赖于这些应用型院校（包括处于行业龙头地位行业型大学）之间的密切配合、有效协同。这也要求各高校之间建立起良好的分工协作机制。最后，客观上还需要中央、省、市各级政府依法行政，在保持对大学进行合理的监督与调控的同时，减少和杜绝对高校的不当行政干预。

就当前应用型院校改革发展的客观需求而言，制度层面最迫切需要解决的问题有：政府必须尽快实现真正的依法治教、依法行政，按照《中华人民共和国高等教育法》等基本法律法规落实高校应有的办学自主权，自觉地保障对高校的常规财政经费投入，减少对高校办学行为的微观干预，松绑对高校干部人事事务的管制，建立"教育家（而非官员）办学"的制度格局。学校在学科群的发展上要确立好突出硕士专业学位的学科方向，打造应用性特征明显的学科专业群，以对接区域经济社会发展的产业集群，进一步发挥学科创新的综合效应；主动在涉及有关学科体系构建的学科专业带头人和骨干遴选、学科人才培养和学科成果转化等方面推动大学改革创新、保持适度外部影响的外部介入机制。总之，在推进应用型本科高校内涵建设的进程中，必须通过制度层面的改革创新来推动应用型本科院校系统的改革创新，并以制度的形式巩固改革的成果，才能够确保应用型学科体系的科学发展。

（五）以合理的资源投入来加快应用型本科高校学科建设

学科建设与发展需要大量资源的投入，应用型高校的学科建设更离不开各类资源的支撑。这里所指的资源，本应是涵盖先进的教育思想与理念、科学的政策与制度安排、优质的生源师资等人力资源、必要的仪器设备等硬件设施，以及充裕的办学经费等各种资源在内的、广泛意义上的资源。但聚焦于一流应用型大学的学科建设，就是指在财政性办学经费投入、相关教育与学术资源配置等方面向应用性的学科倾斜。唯有如此，长期弱势的应用型大学的学科方有可能在高强度资源投入与支撑的基础上尽快获得整体性的改观，提升应用性学科的竞争力与影响力。更为重要的是，办好应用性学科，必须有优质的学科人力资源，包括优秀的应用型师资队伍。相对而言，优质师资似乎较易解决，在高等教育趋于市场化的今天，应用型院校在获得政府重视、政策倾斜和经费支持的多重利好条件下，有可能以"不惜重金引进"的方式从各地延揽名师。当然，这并不意味着提高待遇就能全部解决应用型师资的全部问题。与此同时，应用型高等院校还必须在学科创新服务上"苦练内功"，如在优势学科上加强"双师双能型"教师队伍建设、构建政产学研用一体化的战略联盟等，因为只有某些应用性学科逐渐跻身于"主流圈"并获得相应竞争力、知名度的情况下，名师名家才有可能前往加盟。不过，在此之前，以柔性方式引进名师名家，却是可以考虑的、比较务实的选择。在生源方面，问题就复杂得多。高水平的应用型大学发展，如果没有优质生源的支撑，将毫无意义。而优质生源的供给，在相当程度上超出教育系统本身，而牵涉到就业市场。

因此，与行业、企业、产业深度融合是应用型高校可持续发展的必然选择。应用型高校只有始终注重面向地方行业、企业、社区、乡村等来精准确定人才培养目标，才能够获取持续不断的资源导入，建设一流应用性学科的目标才有可能真正实现。

加强高校"三观"内涵建设，
实现高水平大学发展目标
——以云南财经大学为例

陈　红①

摘　要： 高校内涵建设包括宏观层面的学科建设，中观层面的专业建设和微观层面的课程建设，强化"三观"一体化建设是高校发展的核心。文章在分析"三观"建设现状和原因的基础上，从国家顶层设计、省市联动响应、协会强化指导和高校落地落实四个层面进行了论述，并介绍了云南财经大学的建设举措和成效。

关键词： 三观　内涵建设　人才培养　云南财经大学

一、"三观"建设及关系

学科建设、专业建设与课程建设是高校的三大基本建设，三大基本建设的水平、质量和状态分别从宏观、中观和微观的层面决定了学校的办学层次和特色。

从宏观层面讲，高校的内涵建设就是抓学科建设。学科是科学学概念，是指对知识的分类和知识体系。学科是大学的纲，学科水平是大学办学水平和综合实力的突出体现。

从中观层面讲，高校的内涵建设就是抓专业建设。专业是社会学概念，是课程群的组织形式，是人才培养的基本单元和载体。

从微观层面讲，高校的内涵建设就是抓课程建设。课程是教育学概念，是一门门具体的教学科目，是人才培养的核心要素和元素。

学科、专业和课程三者之间相互交叉、甚至重合，三者之间存在着既相互区

①　陈红，云南财经大学副校长，教授、博士生导师。

别又密切联系的辩证关系。因此，决定了"三观"建设是既相互包含、相互联系、相辅相成，又互有异同、对立统一的关系。

学科的人才培养功能要以专业为依托，以课程为中介来实现，即通过课程传播和拓展学科知识。同时，要提高专业和课程水平，必须从根源上提高学科水平。学科是纲，专业和课程是目。坚持以宏观层面的学科建设为龙头，以中观层面的专业建设为依托，以微观层面的课程建设为基础，纲举目张，统筹规划，一体化建设，整体性推进。此外，应充分考虑三者的区别和特点，有所侧重，重点突破，使"三观"建设在学校建设中得到科学合理的整合，为实现三者的协调发展奠定扎实的基础。

二、高校"三观"建设现状

学科与知识的探究和分类有关，专业与社会的职业需求有关，课程着眼于讲授和传播；学科发展的核心是科研，专业建设的核心是教育，课程发展的核心是教学；学科主要用于研究生及以上的专门教育，而专业主要用于本科生及以下的专门教育。因此，高校学科建设具有系统性、学术性、自主性强等特点，而专业课程建设分散性、事务性、自发性更明显，加上一流大学评价标准主要以高水平学者和领先学科的数量来衡量，教师职称评聘主要以科研成果为依据，导致现阶段高校和教师都存在重科研轻教学、重学科轻育人的现象，学科建设受到高校和教师自发的重视，而专业建设和课程建设还需要高校充分重视。学科建设受到热捧，专业建设受到冷遇是之前高校普遍存在的不争事实。

（一）对学科重视的表现

学科开展了 4 轮全国性评估，而全国性专业评估还未开展。针对专业类的国标某种程度上限制了专业个性化、特色化建设。部分财经院校第四轮全国学科评估结果见表 1。

表 1　部分财经院校第四轮全国学科评估结果表

院校	参评数	A+	A	A-	B+	B	B-	C+	C	C-
中央财大	9	1		1	3	2	1	1		
对外经贸	8		2	2	1	3				
上海财大	9		2	1	2	3		1		
东北财大	7		1	2	1	2			1	
广东外语外贸	7		1				2	1	1	2

表1(续)

院校	参评数	A+	A	A-	B+	B	B-	C+	C	C-
中南财大	11			2	3	1		3	2	2
江西财大	9			2	1	3	1	1		1
西南财大	9			2	1	1	2	2		1
浙江工商	12			1	2	2	2	1	2	3
首都经贸	6				3	1	1	1		
山东财大	8				2		2	1	2	1
天津财经	5				2		1	1	1	
山西财大	7				1	2		1	2	1
浙江财大	6				1	1	1	1	1	1
北京工商	12					3		1	2	6
南京财大	9					2	1	2		4
哈商大	6					1	2			3
云南财大	7					3			2	2

　　在第四轮全国学科评估结果中，有 A 级的财经类院校有 9 家：①中央财大 2 个（其中一个是 A+）；②对外经贸 4 个；③上海财大 3 个；④东北财大 3 个；⑤中南财大 2 个；⑥江西财大 2 个；⑦西南财大 2 个；⑧广东外语外贸 1 个；⑨浙江工商 1 个。标志着这些学校的学科建设达到全国一流以上水平。有 B 级的学校有 9 家：①首都经贸 5 个；②山东财大 4 个；③天津财大、山西财大、浙江财大、北京工商、云南财大、南京财大、哈商大各有 3 个。标志着这些学科在全国处于中上水平。

（二）"三观"建设现状

1. 学科建设成果未有效转化为人才培养能力

　　重科研轻教学现象明显，教学和科研的融合、互动还不能令人满意。学科建设方面取得的学术成果和水平提升没有及时转化为优质教育资源，没有有效促进专业建设。相反，学科建设在某种程度上导致教师对教学工作的精力投入不足，存在备课不认真、教学内容陈旧、教学方法与手段落后、疏于课堂管理、教学研究流于形式等现象，严重影响了教学质量和人才培养质量。

2. 专业建设更多遵从学科逻辑

　　专业建设与社会需求脱节，与专业服务产业发展脱节，没有完全从培养学生素质和能力出发，更多遵从"学科逻辑"。专业建设过程中存在建设理念的误区：重立项轻建设，重科研轻教学，成果的形式更多停留在研究报告和论文课题上，把学术水平一流的专业当成人才培养能力强的专业。教学建设流于表面，教学改革难以推进，教学条件与利用不充分，专业建设水平有待提升。

3. 课程建设轻视学生能力培养

大学课堂教学以灌输为主，教师围绕考试开展教学，学生围绕考试进行学习，教学内容和方式不利于学生思维开拓、实践能力和创新能力培养，对教师教学质量的考核流于形式。

正因如此，党和国家、教育部才反复强调立德树人、以本为本，要求以"四个回归"为基本遵循，树立"三不""八首先"理念。

（三）原因分析

造成以上状况的原因是复杂的、多方面的，和学科建设的特点、评价机制等有关。一方面，学科建设关注的主要是学科前沿问题，专注于学术研究需要投入大量优秀人才的时间和精力，因此出现淡化人才培养功能的倾向。另一方面，全国范围内开展学科评估的力度越来越大，且学科评价指标体系导向明显，导致高校和教师更多关注关系学校和学者学术声望以及未来发展的学科自身发展状况，而忽视学科应当发挥的人才培养职能。此外，过高的科研要求和科研投入很多时候不能完全促进教学，科研的新成果、新动态不能及时充实到教学之中，严重挫伤了教师的教学积极性。教师为了满足职称评定和考评时的科研需要，放松教学工作，将主要精力放在课题申报、经费申请、论文发表、专著出版以及获得奖励上，不愿探讨教学方法、教学业绩的得失，指导学生的时间有限，教学内容陈旧乏味、教学方式采取照本宣科，从而使学生分析问题解决问题的能力和实践动手能力得不到提高。正如吴岩司长所说：教学是上坡路，必须奋力推；科研是下坡路，给点力就会加速跑。

三、"三观" 内涵建议举措

（一）顶层设计蓝图已经绘就

2018 年 6 月 21 日召开的"新时代全国高等学校本科教育工作会议"明确提出大学要以本为本，注重"四个回归"（回归常识——学生要刻苦读书学习，回归本分——教师要潜心教书育人，回归初心——高校要倾心培养建设者和接班人，回归梦想——高等教育要倾力实现教育报国、教育强国梦），建设中国特色、世界水平的一流本科教育。这是改革开放 40 年来召开的第一次全国高等学校本科教育工作会议。陈宝生部长提出的"老师是第一身份，教书是第一工作，上课是第一责任"道出了高等教育的本质。

2018 年 9 月 10 日召开的全国教育大会上，习近平总书记明确提出我们要培养德智体美劳全面发展的社会主义建设者和接班人，提出要加快推进教育现代化、建设教育强国、办好人民满意的教育。李克强总理在会上讲话。汪洋、王沪宁、赵乐际、韩正出席会议。这么多的党和国家领导人出现足见国家对教育的重视。

2018 年 10 月 8 日教育部发布《教育部关于加快建设高水平本科教育全面提高人才培养能力的意见》，即"新时代高等教育 40 条"，这是新时代全国高等学校本科教育工作会议之后，教育部针对本科教育改革给出的时间表和路线图，是建设高水平本科教育的顶层设计，是落实"新时代全国高等学校本科教育工作会议"的务实举措。"新时代高等教育 40 条"重点解决建设高水平本科教育和一流人才培养的方向问题，解决老师愿教、学生愿学的问题，给出了实现一流本科教育的路径、保障机制和评价措施等。

当然，"新时代高等教育 40 条"还比较宏观，关键要看如何落地和操作，当中提出的一流专业、一流课程"双万计划"等，如何建设和评比，如何体现地区差异和平衡发展需要有具体政策。

（二）各省市积极响应，新招实招频出

教育部高教司提出的全面振兴本科教育的主攻方向中，有两项就是课程和专业。为落实全国教育大会和"新时代全国高等学校本科教育工作会议"精神，为建设一流专业，培养一流人才，云南省已经在分管副省长直接倡导下启动本科专业综合评价工作，并计划连续 5 年开展评价。今年（2018 年）全省 12 个学科门类、86 个专业类、1 595 个本科专业点参加评价，建立专家库，在尽量不干扰正常教学的情况下，按照指标提供材料，结合实地抽查，进行专业排名并标注四个等级，评价出国际一流、国内一流、国内平均水平和平均水平以下四个档次。评价结果向社会公布，供学校自我定位参考、供政府决策参考、供教育管理使用，对排名靠前的专业在招生计划、生均拨款、学费收费等政策上给予倾斜。通过高校本科专业建设与竞争，使云南省本科水平达到全国平均水平以上。

（三）各协会发挥专家优势，强化指导服务

教指委、行业协会、专业学会等可以通过召开研讨会，创新专业教学评价体系、质量管理制度等，发掘、认证和总结优秀教改项目，引导和鼓励教师开展教学改革，组织开展师资培训，推广落实研究成果，发挥好指导和服务职能。

成立于 2016 年的会计教育专家委员会（以下简称会专委）是由国内会计学界知名专家学者联合发起的非官方全国性学术组织，致力于推动我国会计类专业教育改革与发展，配合教育部开展会计类专业教育改革，促进优质教学资源和研究成果在全国共建共享。

两年多来，会专委已形成"互联网+专业教学一体化改革"成熟理论并用于实践，超过200所高校用于专业教学，获得多项国家级和省级教学成果奖，其中，东北财大获国家级教学成果二等奖，嘉兴学院获2017年教育部"产教融合协同育人"项目20个优秀案例之一（财经类唯一）。

（四）各高等学校狠抓落地落实

全国教育大会、新时代全国高等学校本科教育工作会议的精神是新时代我国建设高水平本科教育和全面提高人才培养能力的行动指南。高等学校必须结合实际、因势利导、狠抓落地落实，从学校层面、管理层面、教师层面把"三不""八首先"理念切实转化，渗入"三观"内涵建设当中，抓实、抓细、抓深入、抓到位。

作为地方财经类院校，云南财经大学在抓"三观"内涵建设中，宏观的学科建设方面：学校下大力气抓师资队伍建设，打造高水平师资团队，现引进和培养了3位长江学者特聘教授。在政策方面，要求学校学科建设不仅要重视在学科发展前沿上取得成绩，而且要重视吸收和综合学科已有成果转化为本科教育优质资源。在具体操作层面，落实教授上讲台制度，同时以教学带科研，以科研促教学，防止教学科研"两张皮"，通过学科建设提升人才培养能力。我校教授主持的国务院"扶贫开发工作成效第三方评估"项目，先后组织3 000余名师生参加了27项国家和云南省各级政府精准扶贫第三方评估重大任务，学科建设以学生专业实践、调研的方式融入和促进教学，有效服务于人才培养目标的实现。再如，我校的少数民族财会博物馆在会计史论文发表、国际学术会议召开、国家"十三五"规划重点图书出版基础上，科研反哺教学，面向全校开设了"云南会计简史""中国少数民族会计史"等课程。在博物馆的藏品收集、展示、研究、调研过程中对学生进行专业教育和文化教育。

中观的专业建设方面：学校着力提升专业建设水平，调整优化专业结构，升级改造原有专业，构建经管优势专业群、服务"一带一路"专业群、服务地方重点产业专业群和交叉融合新兴专业群。根据新技术影响和经济转型发展需要，调整改造经管类专业，巩固和提升经管类专业优势；按照"经管+"思路打造非经管类专业特色，在法文理工专业中融入和渗透经管优势专业，构建具有经管背景和支撑的法文理工类特色专业。下一步，将继续推进教育教学综合改革，完善从招生、专业设置、专业分流、师生考核的教、学、管学分制综合改革，实行"通识培养、自主选课；教师竞聘、挂牌教学；尊重学生、竞选专业"，引入竞争淘汰机制，引导学院聚焦专业建设，淘汰办学水平低、社会需求小的专业。脚踏实地，真抓实干，学习贯彻落实好"新时代高等教育40条"，提高专业建设水平，在全校营造良好的教育教学氛围。

微观的课程建设方面：吴岩司长指出，课程是中国大学带有普遍性的短板、瓶颈、关键问题。课程是教育最微观的问题，但解决的是教育最根本的问题。课程建设的最终结果就是要提高课堂教学水平。因此，学校以提高课堂教学质量为抓手，把质量标准落实到教育教学各环节，着力营造质量文化。鉴于惯性和惰性，大部分教师是不乐意改革和竞争的，学校一是建立制度，营造氛围，通过"精彩一课"教学观摩、教学质量月、听课反馈机制的建立，让教师明白"老师是第一身份，教书是第一工作，上课是第一责任"。二是引入竞争，奖优罚劣。下一步学校将加强课程和师资建设力度，扩大选课范围和数量，实行挂牌选课制，教师薪酬与修读学生人数、教学质量挂钩。教学效果不好的教师安排进修、转岗。把淘汰"水课"、打造"金课"落到实处。

学校的顶层设计、政策制定、办学资源配置都要紧紧围绕如何抓好宏观的学科建设、搞活中观的专业建设、坐实微观的课程建设来展开。以一流学科增强人才培养实力和底蕴，以一流专业夯实人才培养基础和载体，以一流课程保障人才培养单元和要素，办人民满意的大学。

安徽财经大学"新经管"建设的思考与实践

丁忠明[①]

一、"安财新经管"的提出动因

（一）教育部"新工科"建设等高等教育改革发展举措的直接促动

2017 年，教育部分别在复旦大学和天津大学召开了"新工科"建设研讨会，形成了"复旦共识"和"天大行动"。此后，教育部推动高校深入进行"新工科"探索和实践，强调要把"新工科"建设作为引领高等教育改革的有力抓手。当前，新一代信息技术正在并将持续催生产业革命及其引发的经济社会发展变革，工科高校及综合大学相关学科专业先行一步积极响应，同样肩负培养专门人才、引领和支撑经济社会发展的财经类高校及相关学科专业理应快步跟进。

（二）实现教育现代化、办好人民满意高等教育的内在牵引

实现教育现代化、办好人民满意的高等教育是新时代我国高等教育改革发展的目标，是实现自身健康发展、由高等教育大国迈向高等教育强国的必然要求，更是主动适应新时代社会主要矛盾新变化的必然选择。党的十九大提出"要加快一流大学和一流学科建设，实现高等教育内涵式发展"。各省市也相应提出了"双一流"建设的配套激励办法。安徽财经大学作为安徽省地方特色高水平大学，主动融入国家和地方"双一流"建设，强化特色发展和内涵发展，大力实施"安财新经管"建设工程，引领和支撑区域和行业经济社会发展，可谓"因时制宜、正当其时"。

---

① 丁忠明，安徽财经大学党委书记、校长，教授、博士生导师。

二、"安财新经管"的思想基础

(一)"安财新经管"的基本内涵

"安财新经管"是在新时代、新技术、新变革背景下，满足经济社会发展对经济管理类高级专门人才的知识、能力、素质结构提出的全新要求，是在尊重教育发展规律和学生成长规律的基础上，以学生为中心，通过调整学科专业建设发展目标、学科专业人才培养目标，优化学科专业人才培养方案，科学建构学生知识结构，注重学生"跨界思维能力"以及互联网、大数据、人工智能等方面综合素养，更好地培养适应区域和行业经济社会发展新需求的高层次应用型经济管理类人才。看上去人才培养的类型和层次不变，但人才培养的品质规格已经变了：知识结构上更加强调跨界与信息技术等学科专业知识的交叉复合（口径更宽），思维能力上突出互联网、大数据、人工智能等技能和思维训练（要求更高）。

(二)"安财新经管"的指导思想

坚持以习近平新时代中国特色社会主义教育思想为指导，科学研判和准确把握现阶段高等教育发展新趋势以及经济社会发展新要求，特别是新一代信息技术给高等教育改革和发展带来的机遇与挑战，积极更新教育理念，坚持立德树人，坚持以学生为中心，以学科建设为龙头，以专业建设为抓手，以提高人才培养质量为核心，实现内涵式发展。

(三)"安财新经管"的基本原则

——坚持理念先行。主动适应教育终身化、教育信息化、教育民主化、教育国际化发展趋势，普遍确立以人为本、全面发展、素质教育、创造性、主体性、个性化、开放性、多样化、生态和谐、系统性等教育理念，坚持以学生全面发展为本，着力培养学生责任感、自主合作学习能力、生活能力、科学精神、创新意识和创造能力。

——坚持立德树人。全面贯彻党的教育方针，坚持为社会主义现代化建设服务、为人民服务，把立德树人作为根本任务，培养德智体美劳全面发展的社会主义建设者和接班人。尊重教育规律和学生成长规律，坚持以学生为中心，突出产出导向，加强社会主义核心价值观教育，加强理想信念教育，加强素质教育，加强实践教学环节，引导和促进学生全面发展。

——坚持内涵发展。科学处理规模、结构、质量和效益之间的关系，深化教育教学改革，创新教育教学管理，致力建设一流本科、一流专业、一流学科，致力培养一流人才，重点建设高水平教学科研创新团队，全面提高教育教学质量，有效提升学校核心竞争力，显著增强学校支撑和引领地方经济社会发展能力，努力推进学校跨越式发展。

——坚持协调推进。"安财新经管"是一项系统工程、长期工程，贯穿教育教学理念更新、教育教学管理制度变革、教育教学实践改革全过程，需要充分论证、科学实施，需要长时间探索实践并不断总结完善。要从学科建设、专业建设两个层面展开，建立健全自我改革、自我评价、自我完善、自我发展的持续改进机制。

（四）"安财新经管"的总体目标

学校人才培养供给侧和区域及行业经济社会发展需求侧的结构要素得到有效融合，学校支撑和引领区域和行业经济社会发展能力水平得到有效提升；毕业生适应大数据、云计算、互联网、人工智能等新技术要求的知识、能力和素质得到全面提升，高层次应用型经济管理类人才培养质量得到全面提升；学科专业动态调整机制更加完善，办学优势和办学特色得到进一步彰显。

三、"安财新经管"的任务设计

（一）开展"安财新经管"思想大讨论

学校组织广大师生员工、校友及社会用人单位进行研讨和座谈，组织召开了校外专家报告会、论证会，重点围绕经济社会发展新要求和高等教育改革发展新形势，就新一代信息技术背景下经济管理类高层次应用型人才培养规格形成共识，确立"学生中心、结果导向、持续改进"的教育教学质量理念。

（二）制定实施学校中长期学科专业建设发展规划

组织修订了学科和专业建设规划，重点解决适应"安财新经管"建设宗旨要求的学科专业建设发展目标定位、学科专业结构布局、学科专业建设发展任务及措施等问题，建立健全需求导向的学科专业结构优化机制。紧跟国家和省"双一流"建设，以硕士学位授权点合格评估和动态调整、学科评估等为抓手，优化学科结构，致力提升学科建设层次。紧跟国家高等教育人才培养领跑计划，按照《普通高等学校本科专业类教学质量国家标准》，积极参与"三级认证"，在确保"合格"基础上，争取"良好"，追求"卓越"，力争更多专业达到"一流专业"标准。

（三）全面修订人才培养方案

深入开展现阶段及未来一段时间各学科专业人才需求规格及其发展趋势调研，准确把握学生成长要求，优化调整人才培养目标，改革完善人才培养模式，调整设计课程体系及教学内容，进一步加强实践性教学环节，优化设计本科专业培养方案和研究生培养方案。积极探索建立校校、校企、校地及国际合作等协同育人新机制，以及跨院系、跨学科、跨专业的交叉培养新机制。

（四）有效推进创新创业教育

突出"安财新经管"建设要求，以创建深化创新创业教育改革示范高校为契机，完善创新创业教育体系，推进创新创业教育改革，将创新创业教育融入人才培养全过程，重点培养学生创新精神、创业意识和创新创业能力，有效增强学生社会责任感，促进和支持学生全面发展。通过创新创业教育有效促进教育教学理念更新、方式方法改革。

（五）着力加强优势特色课程建设

改革优化课程体系设计，全面更新教学内容。严格遵从国家标准规范开设学科基础课、专业主干课，着力打造体现学校自身优势、彰显专业人才需求的优势特色课程，大力支持体现专业知识交叉复合、学生创新创业能力提升以及有效采用现代教育教学技术的课程建设。

（六）改革优化实践教学体系

积极适应新时代新技术新变革及其新要求，加强实践性教学环节，改革优化实践教学体系设计。广泛利用各种社会资源，不断深化校企合作，分期分批新建和改造一批高水平实验室，重点建设一批高质量实践教学基地，为适应"安财新经管"建设目标要求的人才培养模式改革提供有效支持。

（七）有效提升教师教学科研能力

以"教师能力发展中心"为平台，建立健全制度体系，有效提升教师教学能力，建成一支满足"安财新经管"建设需要的高质量师资队伍。基于人才培养方案课程体系设计，重点围绕学科专业主干课程、学校优势特色课程，分期分批打造高水平教学团队。有效整合学校教育教学资源，结合设置的龙湖学者岗位和学科特区，进一步加强高水平科研创新团队建设。

（八）改革完善本科专业评估机制

严格落实《普通高等学校本科专业类教学质量国家标准》，科学制定人才评价标准；以专业评估为抓手，建立健全专业建设质量评价机制。注重把握各学科专业的共性与个性，也就是各个专业的不同定位与目标以及彼此之间的内在关联。

（九）切实加快智慧校园建设

更新优化校园网络、多媒体教学设备，重点加强信息资源整合与开发，全面推进教学科研和管理服务的信息化，积极推动传统教育理念、模式与方法变革，推动学习方式和形态转变，推动科研方式改变。

目前，学校已经制定实施《安徽财经大学新经管建设工程总体方案》以及《"安财新经管"建设工程思想大讨论及学科专业建设发展规划编制工作方案》《"安财新经管"建设工程智慧校园建设工作方案》等 5 个具体工作方案。结合管理干部和教师业务培训，积极邀请专家就新一代信息技术及其应用做了系列专题报告。完成了 2018 级本科人才培养方案修订工作。专业调整与改造也已全面启动，成功新设数据科学与大数据技术专业，正在申报共享经济学专业，有效促进了专业交叉融合。成功申报教育部"AI+智慧学习"共建人工智能学院试点学校项目。面向全校本科生开设数据科学导论等公共基础课，分别面向全校学生、老师免费开设"Python 语言""数据科学导论"等培训课程。学院层面则立足各自学科专业实际，积极邀请国内外专家学者，就"安财新经管"建设目标下的学科建设、专业建设、课程建设、教师教学科研能力提升、人才培养等展开研讨交流，积极联系接洽相关大中型企业，着力构建产学研合作平台。

未来实践中，学校将更加积极更新教育理念、有效解决思想认识问题，不断优化实施方案、有效解决工程蓝图问题，科学研制学科专业建设规划、有效解决工程建设顶层设计问题，持续优化人才培养方案、重点解决培养模式问题，高度重视机制改革、有效解决实施保障问题，确保"安财新经管"建设取得实效，努力探索一条地方普通财经类高校积极拥抱新时代、尽快实现跨越式内涵发展的成功道路。

面向地方产业急需　建设优势特色学科群

孙先民　程　伟①

摘　要： 在国家强力推行"双一流"战略的大背景下，省属高校定位、区位劣势、有限的办学经费等因素的综合作用倒逼哈尔滨商业大学深化改革，利用自身学科比较优势和特色，面向市场获取办学资源，拓展办学空间。健康产业学科群是哈尔滨商业大学学科优势与黑龙江健康产业发展需求高度契合的产物，并取得了良好的建设成效。

关键词： 优势特色　健康产业　服务社会　内涵建设

一、问题的提出

为贯彻落实"双一流"战略，2018 年黑龙江省制定并实施了高水平大学和优势特色学科建设方案，哈尔滨商业大学入围，成为黑龙江省优势特色学科中的"国内一流学科"建设高校。由此引发学科建设思路的反思：哈尔滨商业大学到底该如何定位自己的学科建设目标？优势与特色是什么？是否具备冲击国内一流的潜力？是否存在超常规发展路径？以往的学科建设经验在"双一流"背景下是否依然有效？

作为省属地方性商科大学，哈尔滨商业大学肩负着服务龙江（文中龙江指黑龙江——编者注）的天然使命与责任担当，是新龙江建设的重要参与者。这一学科属性要求学科建设目标具有清晰的产业导向，为龙江重点产业提供人才和智力支持。作为地处欠发达地区的普通专业类高校，寒冷而漫长的冬季和有限的办学经费从根本上制约了其吸引和留住高水平创新型人才的能力，不可能复制发达地区兄弟院校的发展路径，学科建设有赖于通过校企合作、校地合作等多种方式筹

---

①　孙先民，哈尔滨商业大学党委书记、教授、经济学博士，研究方向：产业经济学；程伟，哈尔商业大学副校长、教授、医学博士，研究方向：医学与哲学。

措办学资源，聚焦问题，挖掘内部潜力，整合资源，特色发展。

基于上述认知和反思，学校决定依然遵循"立足龙江、研究龙江、服务龙江"的学科建设思路，做实"立足区域和行业"的服务面向定位，发挥学科体系的比较优势，以服务龙江重点产业——健康产业为切入点，打造健康产业学科群，旨在"服务社会中深化内涵建设，内涵建设中强化社会服务"，实现内涵建设、特色发展与服务社会的同频共振。

二、健康产业的内涵与主要特征

（一）健康产业的内涵

自美国学者保罗·皮尔泽在《财富第五波》中提出保健产业将是继土地革命、工业革命、商业革命和网络革命之后第五波财富后，健康产业日益受到各界关注。但对健康产业概念的界定方面，却莫衷一是。例如，德国学者贝恩德·埃贝勒在《健康产业的商机》一书中认为，健康产业几乎存在于所有的产品领域，其中饮食（天然食品、功能型食品）保健药物和自用药物、身体保养品和化妆品、运动和保持身材、旅游、健康咨询和信息、住房及其他消费品等是代表健康产业的七大领域；《"健康中国 2030"规划纲要》则将健康产业涵盖医疗医药、健身休闲运动及健康与养老、旅游、互联网、健身休闲、食品融合的新业态领域；胡琳琳等（2008）认为，健康产业是指为维护健康、修复健康、促进健康的产品提供生产服务及信息传播等活动的总和。事实上，健康产业并不是特指某一具体产业，而是一个与健康直接或间接相关的产业链和产业体系，包括医疗服务、健康管理与促进、健康保险以及相关服务，涉及药品、医疗器械、保健用品、保健食品、健身产品等支撑产业和多个与人类健康紧密相关的生产和服务领域，主要分为医疗性健康服务与非医疗性健康服务两大体系。张俊祥等（2011）将健康产业归纳为四大产业集群，即以医疗服务机构为主体的医疗产业，以药品、医疗器械以及其他医疗耗材产销为主体的医药产业，以保健食品、健康产品产销为主体的保健品产业，以个性化健康检测评估、咨询服务、调理康复、保障促进等为主体的健康管理服务产业。

从健康的本体意义上看，健康产业是围绕人的全方位健康（包括心理健康与生理健康），提供健康解决方案的产业，旨在使人们更健康、更健美，生活质量更高。从产业活动的角度看，健康产业包括健康研发、健康生产（制造经营）与健康服务（服务活动），因而是一个泛产业概念，既包括医疗、药品和医疗器械等传统意义上的健康产业领域，还包括健康体育、健康饮食、健康休闲旅游、健康养老等新兴产业领域。

（二）健康产业的主要特征

1. 发展前景广阔。经济水平和科技水平的发展，引致人们对健康内涵的广度和深度的理解不断深化、拓展，对健康的需求不断提升。健康的广度不断延伸体现在诸如疾病治疗环节的前移和拓展、服务环节的精准和延伸、参与人群的主动和广泛等方面、健康的深度不断拓展体现在健康概念从客观化向主观化转变、从标准化向个性化转变、从医学向社会化转变等方面。对美好生活的新期待必将引致对健康产业的需求的快速增长，产业发展前景广阔，被誉为 21 世纪最具前景、最为重要的新兴产业之一。

2. 科技含量高。健康产业关系到人类的健康水平和生命质量，健康研发、健康生产、健康服务的核心产业融合了基因工程、细胞工程、蛋白质组学等专业生物技术和互联网大数据、移动互联、人工智能等新兴信息管理技术，具有极高的科技含量和附加价值。

3. 覆盖面广，产业链条长。健康产业几乎涵盖了所有产品领域，在健康产业体系和产业链中，既包括以药材种植为主的健康农业、以药品研发和制造为主的医药产业，也包括以医疗服务为主的医疗产业，以保健食品和健康用品研发、生产、销售为主的保健品产业，以个性化检测咨询和保健养生为主的健康管理产业等，而且不同的健康产业链之间纵横交错，形成相互交织的立体链式网络结构。

三、龙江发展健康产业的历史必然性

（一）需求视角

1. 满足人民对日益增长的美好生活的需要。黑龙江地处高纬度地区，森林覆盖率较高，夏季空气质量较好，但冬季漫长寒冷。高盐、高油、嗜肉、嗜酒等传统的饮食习惯和行为方式，导致高血压、冠心病、脑卒中等的发病率均居全国前列，但卫生与健康服务资源总量不足、结构不合理、分布不均衡、供给主体相对单一，食品药品安全、饮水安全等问题仍然突出，亟须大力发展健康产业，完善健康产业体系，从疾病预防、治疗、康养等各环节切实提高服务能力，有效满足人民群众多层次、多样化的健康服务需求。

2. 破解龙江产业结构偏重等"三偏"问题的现实需要。在我国社会主要矛盾发生转化的大背景下，黑龙江省发展不平衡不充分的问题更为突出，解决体制性、结构性、资源性"三大矛盾"及产业结构偏重、民营经济偏弱、创新人才偏少的"三偏"问题更加迫切。因地制宜，植根于人民日益增长的健康需求、现有食品、医药产业基础和北药、冰雪等独特的资源禀赋，加大对健康产业的科技投入，鼓励民营经济进入健康产业，形成良性竞争，在竞争中涌现一批健康研发龙头企业、健康服务龙头企业，大力推动健康产业的发展，无疑是破解"三偏"问题的一条重要路径。

3. 促进龙江经济可持续发展的内在需要。健康已成为促进龙江经济社会转型发展的关键因素。面对经济发展方式的深刻转变，经济转型发展将更加依赖于劳动者健康素质提高等要素瓶颈的突破。唯有加快发展健康产业，不断提高人群健康水平，切实保障人力资本的不断增长，才能有望形成经济持续健康发展的"源动力"，为全面建成小康社会奠定坚实基础。

（二）供给视角

1. 优质的资源禀赋。黑龙江省不仅拥有优质的天然冰雪资源，还拥有丰富的北药资源，数量巨大的医药人才，发展健康产业的资源禀赋优势显著。其中，北药特指分布于我国东北地区的中药材，包括植物、动物、矿物、其他四大类。黑龙江拥有北药物种 856 种，其中植物类 818 种，动物类 34 种，矿物及其他类 4 种。全国 42 个一、二、三类重点保护动植物中药材中的近 1/3 的品种资源分布在黑龙江。目前，水飞蓟、板蓝根、五味子、月见草、人参、万寿菊、刺五加、黄芪、防风、大力子、苏子、苍术、平贝等药材的种植面积均在万亩以上，实现了规模种植。

2. 良好的产业基础。食品产业与医药产业是龙江传统性支柱产业，并保持较快速度的增长，为健康产业的大发展提供了良好的产业基础。2018 年上半年，龙江规模以上工业增加值比上年同期增长 3.9%（若扣除石油和天然气开采行业，全省规模以上工业增长 7.1%），增幅低于全国平均水平 2.8 个百分点，同比提高 1.6 个百分点。食品工业增加值增长 13.3%，增幅同比提高 10.5 个百分点，高于全省规模以上工业增速 9.4 个百分点，拉动全省工业增速 1.33 个百分点；医药制造业增长 8.6%，医疗仪器设备及仪器仪表制造业增长 17.0%，分别高于全省规模以上工业增速 4.7 和 13.1 个百分点。

3. 日益改善的营商环境。为了深入贯彻落实党的十九大，十九届二中、三中全会，全国两会精神和习近平总书记系列重要讲话精神，特别是对黑龙江省关于"深入推进法治建设、着力打造全面振兴好环境"的重要要求，黑龙江省委、省政府高度重视，已启动《黑龙江省优化营商环境条例》的立法工作。省委书记张庆伟在 2018 年春节后的第一个工作日，即正月初七，就主持召开了全省整顿作风优化营商环境大会，并强调在他担任省委书记期间，每年春节后的第一个工作日，都要开整顿作风优化营商环境大会，每年重点抓几件事，重点解决几个问题，久久为功。制度的不断完善，必将为健康产业的发展提供良好的制度保障。

三、哈商大学科体系服务健康产业的优势

哈尔滨商业大学现拥有应用经济学、工商管理、食品科学与工程、中药学4个博士学位授权一级学科,形成以经、管、工、医四大门类博士学科为主干学科的商科学科体系,辐射经、管、法、工、农、理、医七大学科门类14个硕士一级学科和13个硕士专业学位授权点。在对接、服务健康产业方面,具有如下的独特优势。

1. 服务领域宽。学校以经管工为主的学科体系,既区别于一般财经类学校,拥有工科和医科,又区别于综合类大学,对经济、管理学科进行了细分。这种宽的、对健康产业而言近乎是全产业链的学科布局,可以对食品、中药、旅游等具体的健康产业提供多方位的服务。譬如,可以从云计算、研发、加工机械、产品储藏、冷链物流、市场营销等各环节为健康产业提供专业化服务;从行业环境监测与评估、行业发展规划、企业战略与运营管理、法律等方面为健康产业提供专门服务。

2. 可提供交叉学科服务。学校一直坚持"经管法融合、商工结合"的学科建设路径,重视优势学科的交叉融合发展。对健康产业而言,学校可以在很多层面提供交叉学科服务。譬如,对健康饮食而言,既可以利用食品科学和工程学科与中药学学科的融合,开发保健食品,也可以利用旅游管理和食品科学与工程学科的融合,开发健康饮食产品,宣扬健康饮食文化,还可以利用工商管理与计算机学科的融合,提供大数据分析与人工智能服务,利用食品科学和工程与市场营销的融合,提供专业营销策划服务等。

3. 可提供系统解决方案。与一般高校只注重提供单一服务(如只提供技术研发服务)不同,学校商科体系布局可以通过学科间的横向联合,组建项目团队,为产业、企业提供从行业发展规划、产业研发、冷链运输、市场营销到资本运营、法律服务等一揽子系统的解决方案。

四、健康产业学科群建设

(一)基本思路

坚持问题导向的学科建设范式,以"立足龙江、感知龙江、服务龙江"为基本遵循,坚持内涵建设与服务社会相互促进、深度融合的学科建设思路,创新学科建设机制体制,以食品科学与工程和中药学两个优势学科为龙头牵引,组建以市场为导向、以任务为驱动、开放式的跨学科团队,主动对接龙江健康产业发

展战略需求，推进产教融合，通过"商工结合"的交叉融合创新发展，凸显商工结合的学科优势，在内涵建设中强化社会服务，在服务社会中深化内涵建设，探索出一条地方高校特色发展的办学新路径。

（二）基本原则

1. 坚持问题导向。立足学科优势，主动对接市场、政府需求，找准服务切入点，创新服务提供方式，通过提供专业化的高层次人才、关键技术和高端服务实质性参与龙江健康产业的发展，在服务产业中寻找新的研究问题，培养产业急需的复合型人才，深化内涵建设，展现、固化学科群传统优势，并不断拓展新优势，形成具有可传承的、鲜明地域特征的学科特色，走出特色发展的新路子。

2. 坚持改革创新。传承"经管法融合、商工结合"的学科创新发展经验，围绕健康产业发展的内在要求创新学科建设机制体制，积极探索人才共享新模式，破除学科专业合作壁垒，以优势学科群为主要载体，以提供针对性和有效性的专业化服务主要内容，以"平台+学者+团队"为服务主体，以"问题聚焦—科学研究—政策建议"和"市场需求—应用研究—成果转化"为主要服务范式，通过服务龙江健康产业发展的具体"点"，带动学科这一"面"的创新发展，形成新的学科增长点，引领龙江新商科建设。

3. 坚持协同发展。科学认识学科内涵建设与服务社会的辩证关系，合理规划内涵建设与服务社会任务，实现二者有机统一。通过内涵建设提升服务社会的能力和有效性，在龙江振兴发展的关键历史进程中，以高端服务展现作为，以实质贡献巩固地位，以积极影响扩大声誉，稳步提高食品科学与工程以及中药学学科在区域发展中的话语权，为龙江振兴发展提供与学科专业实力和社会期许相一致的贡献力。通过服务龙江振兴发展行动计划推进产教融合、创新创业平台建设、学科动态调整，促进内涵建设水平的提升和特色的形成与强化，建成适应健康发展需求、结构合理、特色鲜明的学科体系。

（三）建设任务与实践

1. 加强开放式科研平台建设，深化"引企入教"改革，全面推动校企协同育人。面向龙江健康产业发展需求，整合优化学校科研资源，加快国家和教育部防治肿瘤药物关键技术工程中心和食品工程技术中心等科研实践平台建设，打造面向龙江健康产业现实问题的开放式产学研用共享科研平台。深化"引企入教"改革，以国家和省实施"高等学校创新能力提升计划"（简称"2011计划"）为契机，以"大健康"方向为纽带，整合食品学院、药学院、旅游烹饪学院、能建学院、轻工学院、计算机学院等力量，聚焦优势和特色，与政府、行业、企业相关专家和技术骨干共同搭建"2011 协同创新平台",与行业企业在资源共享、人才培养、技术合作、科技成果转化等多领域开展战略性合作项目,实现科学研究与经济社会发展的实地对接和成果转化效益的共享,推动企业技术创新和产品升级,引领新产业、新业态发展。

2. 聚焦健康食品,攻关产业化关键技术,推动食品行业创新发展。针对龙江人民对健康饮食和保健日益增长的需求,依托食品科学与工程、中药学等优势学科及抗肿瘤天然药物教育部工程研究中心等平台组建大健康产业学科群,推进产教融合,重点围绕绿色食品加工、高品质乳制品开发、养生保健食品开发、药膳开发、食品安全监测、低温储藏、冷链运输等领域,联合企业进行关键技术攻关及转化。与政府主管部门、行业协会等广泛合作,引领龙江绿色食品质量标准制定,建立绿色食品检测中心。加强大数据等在食品质量安全保障上的作用,形成具有闭合性的食品质量监控体系,建立食品质量可追溯机制,推动从土地到餐桌的全链条农产品质量及食品安全的有效保障。发挥在品牌营销、知识产权、产品质量等领域的研究优势,针对龙江特色食品品牌的营销推广、法律保护,提供包括前期策划、技术支持、法律服务等一体的保护模式。

3. 依托学科影响力,借助政府职能部门、行业协会等平台,牵头制定行业发展规划、技术发展路线图等关键性文件或规范,引领健康食品产业发展。作为研制出中国第一台食品机械——601 型饺子机、利用小球藻解决了替代食物对人体健康危害问题、开发出格瓦斯饮料的传统优势学科,食品科学与工程学科在黑龙江省食品行业和中国机械工程学会包装与食品工程分会具有举足轻重的地位。借助学科的影响力,食品科学与工程学科先后分别与黑龙江省工业与信息化委员会、中国机械工程学会包装与食品工程分会合作,牵头组建专家组,编制完成了《黑龙江省食品工业"十三五"发展规划》(黑工信规划发〔2017〕5 号)、《2030 食品与包装机械技术发展路线图》,引领食品产业向健康食品产业迈进。

4. 以商务部援外项目为依托,通过"商工结合",自设"烹饪科学"二级学科,深耕东北菜文化,面向世界弘扬健康饮食文化,助力健康食品产业发展。立足旅游管理学科在东北菜尤其是龙江菜烹饪方面具有的明显优势,通过食品科学、药学、冷链物流、食品机械等多学科的交叉融合,设置"烹饪科学"交叉创新学科,一方面是希望通过"商工结合",培育新的学科增长点,实现特色发展;另一方面是希望通过商务部援外项目,向世界推广龙江菜所特有的绿色饮食文化,形成龙江菜系制作标准,助力龙江饮食企业走向世界。截至 2018 年,学校承办商务部援外培训项目已有 11 年,其中通过"发展中国家旅游酒店与中国烹饪研修班"项目,先后为 50 多个亚非拉发展国家培训专业人员 1 000 余人,受到商务部、驻外使馆以及学员的一致认同和好评，实现了让龙江菜文化走出国门、走向世界的目标。基于这个良好的积累，2017 年起，学校开始招收商务部援外旅游管理专业硕士学历学位教育项目留学研究生，共接收近 16 个国家 30 多名学员。

参考文献

［1］黑龙江省委　黑龙江省人民政府.中共黑龙江省委黑龙江省人民政府关于印发《"健康龙江 2030"规划》的通知［EB/OL］.http://www.hlj.gov.cn/zwfb/system/2017/02/20/010813011.shtml.

［2］黑龙江省上半年经济运行情况出炉 宏观经济运行总体平稳［EB/OL］.https://www.sohu.com/a/243275225_99960365.

［3］保罗·皮尔泽.财富第五波［M］.路卫军，庄乐坤，译.2 版.北京：中国社会科学出版社，2013：36-37.

［4］贝恩德·埃贝勒.健康产业的商机［M］.王玉芳，译.北京：中国人民大学出版社，2010：28-32.

［5］中华人民共和国中央人民政府.中共中央国务院印发《"健康中国 2030"规划纲要》［EB/OL］.http://www.gov.cn/zhengce/2016-10/25/content_5124174.htm.

［6］胡琳琳，刘元立，李蔚东.积极发展健康产业：中国的机遇与选择［J］.中国药物经济学，2008（3）：19-26.

［7］张俊祥，李振兴，田玲，等.我国健康产业发展面临态势和需求分析［J］.中国科技论坛，2011（2）：50-53.

［8］海青山，金亚菊.大健康概念的内涵和基本特征［J］.中医杂志，2017，58（13）：1085-1088.

［9］张庆伟.紧密团结在以习近平同志为核心的党中央周围　奋力走出黑龙江全面振兴发展新路子——在中国共产党黑龙江省第十二次代表大会上的报告［EB/OL］.http://www.sohu.com/a/197266035_759006.

［10］商维兴，常忠宝.黑龙江省北药产业发展研究［J］.奋斗，2017（11 下）：34-36.

新时代财经类大学建设"双一流"的路径探索

——以山西财经大学为例

刘维奇①

摘　要："双一流"大学和"一流学科"建设已进入实施阶段，财经类高校如何在重重压力中更好地完成建设任务，成为亟待破解的难题。山西财经大学坚定不移地走内涵式发展道路，将"一流"的精神推进到学校事业发展的方方面面，形成了"创新发展、人才强校、素质立校、文化引领、国际化"的"双一流""1331工程"建设路径。

关键词：财经类高校　"双一流"　"1331工程"　高质量内涵式发展

2018年9月10日召开的全国教育大会，标志着我国教育事业进入现代化建设新阶段，开启了加快教育现代化的新征程。这是教育工作的新方位、新坐标。

统筹推进世界一流大学和一流学科建设，实现我国从高等教育大国到高等教育强国的历史性跨越，是党中央准确把握世界创新经济发展的新形势和全球高等教育发展格局的新变化，高瞻远瞩、审时度势作出的重大战略决策。为紧密对接国家"双一流"建设方案，山西省委、省政府提出了促进山西省高等教育振兴崛起的"1331工程"：第一个"1"是坚持立德树人这一根本任务，促进高等学校"一校一面"特色发展，培养高素质创新人才；第一个"3"指全面加强重点学科、重点实验室和重点创新团队3项建设，促进高等教育内涵式发展；第二个"3"是全面加强高校协同创新中心、工程技术研究中心、产业技术创新战略联盟3大平台建设，促进高等教育与经济社会融合发展；最后一个"1"指努力产出一批具有重大贡献的标志性成果，促进高等教育引领创新驱动发展。可以说，"1331工程"是山西省高等教育事业改革发展的整体布局和顶层设计，更是山西

---

①　刘维奇，山西财经大学党委副书记、校长，教授、博士生导师。

高等教育的"突破性工程"和"引领性工程"，吹响了山西省高校朝"双一流"建设进军的号角。

站在新的历史方位，"双一流"建设要以习近平新时代中国特色社会主义思想为指导，找准新坐标，瞄准发展方向，科学选择建设路径。山西财经大学将抓住"双一流""1331工程"建设机遇，牢牢把握新时代教育工作的新规律，将"一流"的精神推进到学校事业发展的方方面面，将"有特色高水平国内一流财经大学"作为战略目标，将"创新发展、人才强校、素质立校、文化引领、国际化"作为"双一流""1331工程"建设路径，始终与党和国家、省委和省政府的事业保持同心同向同步同行。

一、构建以激发内生动力和办学活力为关键的创新发展体系

地方高校要发展，外部的资金是基础保障性条件，人才是关键性要素；而内部的改革与建设才是牵引性的动力。新的历史机遇下，"坐等"中央和地方政府支持无法解决眼前困境；只有主动贯彻中央精神，集中精力、凝练方向、内涵发展、办出特色，才能"吸引"更多支持。所以，笔者认为，激发内生动力，就需要进一步完善内部治理结构问题，着力解决学校当前建设和未来发展中的重点和难点问题，必须做好创新发展这篇文章。

一是加大学校战略转型力度，推动办学模式的深刻转变。现今，中国大学正处在转型时期，需要回归社会、回归本源，这是历史趋势；在回归过程中需要去探索，形成新的治理体系，从而决定怎么办大学。基于这样的逻辑，学校启动"学院办大学"试点工程，将相对集中的管理模式向统筹管理、分类指导的管理模式转变，逐步下放人事和财务权限，实施学院全额预算制，推进"人才培养落实在学院、学科建设主体放在学院、管理重心下沉到学院"，不断增强学校发展内生动力，赢得发展先机。

二是加大学校特色发展，实现发展方式的深刻转变。顺应国内国际高等教育改革的发展趋势，优化学科结构，形成拳头优势，提升学科竞争力和优质率。对山西财大而言，必须寻找差异化发展战略，将资源和区位优势转化为学校的学科优势，再把学科优势转化为人才培养优势，就是做优资源经济，助力转型发展；做强晋商研究，助力文化强省；做大合作经济，助力乡村振兴。这样学校就能错开与全国同类高校、省内兄弟高校发展竞争的空间与路径，走出一条符合财经特色的高质量发展之路。

三是加大学科转型升级，推动内涵建设的深刻转变。从未来教育的发展趋势来看，美国国家学术出版社2015年发表的一份报告研究了1960—2013年的SCI

（科学引文索引）论文的合作者人数，发现 1960 年左右单独撰写论文的作者很多，但到了 2013 年由 11~100 位作者合作的论文数量增长近 1 万倍。这种数字上的变化表明，"知识"已呈现出爆炸式增长的趋势，这种趋势也改变了大学的研究方式、组织模式，这向大学治理发出了重要信号。基于这样的考虑，山西财大实施"抱团作战"战略，一方面推进"学科学院大调整"，按照一级学科设置学院，实现学科资源优化配置；另一方面依托应用经济学和理论经济学两个一级学科博士点，辅以工商管理一级学科博士点和法学、公共管理一级学科硕士点组建成转型经济学科群，力争建成精准服务于资源型经济转型发展的特色学科群，实现学科水平最大限度地提升。

二、构建"领军人物引领、青年教师腾飞、学科团队创新"的人才强校体系

人才资源是学校发展的核心资源，高水平师资是大学可持续发展的原动力，更是高校推进"双一流"建设的突破口。山西财大抓住国家对中西部人才扶持政策、山西省人才新政的发展机遇，营造良好的人才生存、发展、成长的生态系统。近年来，共引进博士近 200 人，培育青年三晋学者 1 人，省级学术带头人增至 25 人，新增省级重点创新团队 2 个。当然，学校的人才队伍建设目前还处在广种薄收阶段，还需要以高端人才和青年人才为重心，才能进入深耕细作的阶段。

一是实施"国字号人才突破计划"，加大高层次人才引进和培养力度。一个学科甚至一个学院，没有一个、几个或一批高端领军人物，这个学校是谈不上一流的。近年来，学校出台了新的人才引进办法，目标是到 2020 年，引进 10 名左右以"长江学者""千人计划""杰青""优青"等为代表的领军人才，力争 1~2 个省级重点创新团队跻身国家级行列。

二是实施"学术骨干影响力提升计划"，多领域实现高端人才引育新突破。学校清醒地意识到，跟国内一流财经大学最根本的差距是人才，如果学校人才队伍的质量没跟上，这个差距不知道会持续多少年。所以，学校实施"人才评价改革行动"，营造更有利于优秀人才成长的学术环境。实施"青年人才支持计划"，精准培育一批国字号青年骨干人才。建立学术骨干国内外合作研究机制，推动学术骨干尽快进入主流学术圈，真正让机制"活起来"、让学术组织"硬起来"、让青年人才"飞起来"。

三、构建"以未来为导向、以学生为中心"的素质立校体系

一所大学办得好不好，看什么？主要看这个学校培养的学生优秀不优秀。可以说，人才培养是我们建设国内一流财经大学的生命线，人才培养质量是衡量我们办学水平的最主要标准。因此，需要把更多的资源对准人才培养，想方设法创新人才培养手段和措施，持续推进本科教育教学培养模式综合改革，真正把学生培养成一流的人才。

基于这样的考虑，山西财大提出了素质立校的战略，倡导"育人为本、德育为先、能力为重、全面发展"的素质教育理念，强调"全方位、全员化、立体式"的育人大格局，遵循教书育人规律，遵循学生成长规律，充分保障学生德智体美劳全面发展，培育更多面向未来的卓越财经人才。

一是树立以学生为中心的理念，修订人才培养方案，着力创新"更多自主选择权、更大自由发展空间、更强社会竞争力"的人才培养模式。实施"专业布局优化计划"，对专业进行升级改造，优化专业结构，并且把一些专业做大做强做精为特色专业，以专业认证和专业评估为推动，加强专业的标准化建设；整合相近的专业，布局大数据等新工科专业，使本科专业从58个调整至45个左右；实施"特色人才培养计划"，推出"金融工程与量化投资人才培养计划""数据科学与大数据应用专门人才培养计划""晋商人才培养计划"等特色人才培养计划，开设资源型经济卓越班，探索交叉学科人才培养。

二是树立以未来为导向的理念，打造良好的学生成长环境，着力培养"更有智慧、更有情怀、更有视野"的新时代财经人才。实施课堂教学创新计划，调整教学评价激励机制，实施个性化教育，鼓励和支持教师引入"慕课""翻转课堂"等新思路新方式，不断创新教学手段和方法，形成通识课程、专业基础课程、专业核心课程与跨学科选修课程"四结合"的课程体系，不断激发学生学习的积极性、主动性和创造性。建立产教融合协同育人机制，积极邀请知名企业、行业协会、科研院所等机构人员来校讲学和交流，引导社会导师深度参与专业规划、课程开发、教学设计、实习实训，促进社会需求融入人才培养各个环节；以创业学院为平台，与企业共建创新创业教育基地，形成"学校教师以课程形式和创新创业竞赛活动培养学生的创新精神、创业理念和创造能力，企业专业技术人员主要负责创新创业各阶段、各环节的实际操作知识，企业家则依靠自身的创业和经营经验帮助学生走向成功"的创新创业教育局面。

四、构建"以文化人、以文育人"的文化引领体系

文化是一个国家、一个民族的灵魂。文化兴国运兴，文化强民族强。具体到一所大学，是指一所大学办学理念、治学精神、管理风范经过长期积淀而形成的学术生态环境和精神引领力量，能为师生提供坚强的思想保证、强大的精神力量、丰润的道德滋养。因此，要建成一流财经大学、培养一流财经人才，必须立足办学传统和实际，以社会主义核心价值观为引领，构建"崇尚学术、追求卓越"的一流大学文化，形成优良校风、教风、学风。

一是营造崇尚学术的氛围，释放师生的创造潜力。近年来，山西财大创新学术交流方式，创设校院两级学术交流平台，汇集国内外各专业领域知名学者与学校学科带头人以及学校国家级科研项目、省部级重点项目和重大横向项目等主持人，开展多方位的学术交流，形成学术创新高地。组织国内外访问学者、参加国内外学术会议教师开展"大师讲座""博士论坛""成果分享"等高层次学术交流活动；设立学术交流专项经费，资助教师和科研人员参加高层次、高水平国际性学术会议和全国性学术会议，使之真正成为教师成长、学术进步的平台。另一方面，出台学校研究生参加高水平学术会议资助办法，鼓励和支持研究生积极参加国内外高水平学术交流活动，资助具有较高外语水平的优秀研究生参加国际学术会议并做交流发言。通过举办研究生暑期学校、博士生学术论坛、学科创新竞赛活动等项目，搭建研究生广泛参与的高水平学术交流平台。

二是实施"大学文化构筑计划"，以探究新知、追求真理、服务国家和区域发展为己任，彰显大学理想。一所有追求、有担当的大学，应成为探索未知、创造新知的理想之地，要将人才培养、科学研究、社会服务和文化传承创新融入高度的自觉行动中。在为经济社会发展培养和输送急需优秀人才的同时，必须注重融入国家战略和区域发展布局，将社会服务作为人才培养、科学研究、文化传承创新、国际交流合作等功能推动经济社会发展的落脚点，解决区域、行业、产业发展中的关键问题，提升对国家战略和区域经济社会发展的贡献度。基于这样的考虑，一方面，山西财大重点围绕资源型经济转型的战略需求，依托转型经济学科群、工商管理优势学科攀升计划、资源型经济转型协同创新中心、经济数量化工程技术研究中心等，全面整合学科、人才、科研等优质资源，建设好山西转型发展研究院，聚集学校内外研究力量，在资源型经济等领域深入研究，主动担当地方政府部门与社会改革发展的"智囊"；鼓励教师和科研人员主动参与高水平决策咨询和研究服务。另一方面，助力乡村振兴战略，是高校的使命和责任所在，也是高校自身发展和推动"双一流"建设的需要。山西财大积极对接农村

农业和供销合作发展需求，依托农林经济管理一级学科、农产品流通研究中心以及电子商务专业等学科资源，联合地方职业技术学校和供销合作社等涉农机构共建乡村振兴研究院，区域农产品贸易数据库、区域农产品合作社数据库等，推动科研成果转化为生产力，助力培育乡村新业态、新模式、新产业，助力地方精准脱贫；精心培养一批乡村振兴人才，加快形成一批乡村振兴的科技成果，大力培育一批高效特色乡村产业。

五、构建"特色品牌项目培育+特色国际化人才培养"的国际化体系

国际化是跨越发展的重要捷径，是以本为本的重要体现，国际化的关键在"化"，要化到学科、队伍、教育教学、信息化和环境氛围等各方面；要聚焦学术能力，打造具有国际声誉的一流学科；要聚焦核心竞争力，引育一流的国际化人才队伍；要聚焦学生中心，形成支撑全球胜任力的人才培养体系。因此，山西财大从理念、政策到实践，正在努力完善国际化格局，探索一条财经类大学国际化发展之路。

一是实施"国际化特色品牌项目计划"，不断拓展学校国际化的广度和深度。按照"小规模、高水平、大品牌"的理念办好中德学院，通过3~5年时间，力争建成国内一流、具有较大国际影响力和鲜明财经特色的国际化示范学院。推进"AACSB、EQUIS、AMBA、NASPAA国际认证行动计划"，学校在相关学院人才引进、职称评定、经费匹配、办公用房等方面予以倾斜，力争在"十三五"时期实现学校国际认证零的突破。启动"世界晋商研究计划"，利用世界晋商网、中国晋商俱乐部、山西晋商大会等海内外晋商活动，搭建海内外合作研究平台，推广晋商文化国际化。

二是实施国际化人才培养计划。每个学院都要有世界一流的参照对象，有稳定的合作伙伴、实质性的学术交流活动。开展"国际课程周"，聘请专业类外籍专家、教师来学院从事教学工作，让每一个学生不出校门就能共享世界一流大学教学资源；选派优秀教师出国（境）访学进修，推进教师国际化。开设"一带一路"试验班，培养懂得"一带一路"语言文化的经济管理人才。拓展留学交流项目，建立课程与学分认定制度，鼓励学生赴世界名校交流学习，大幅度提高海外留学人数；加强与世界500强公司合作，提高具有国际体验的学生比例，拓宽学生的国际视野，提升学生的跨文化能力。

站在新时代新起点，建设国内一流财经大学，山西财大将以习近平新时代中国特色社会主义思想为指引，坚定不移地走内涵式发展道路，力争在服务转型发展、推动高等教育改革、加快"1331工程"建设上做标杆。

参考文献

[1] 范跃进，刘恩贤. 以习近平高等教育思想为指导　扎实办好中国特色社会主义大学 [J]. 中国高教研究，2018（1）.

[2] 陈杰，徐吉洪. 高等教育如何高质量内涵式发展 [N]. 中国教育报，2018-04-16（5）.

[3] 眭依凡. 引领高等教育内涵式发展：高等教育研究恰逢其时的责任 [J]. 中国高教研究，2018（8）.

[4] 郑世珠. "双一流"战略下地方高校构建"国合基地"的思考 [J]. 中国高教科技，2017（3）.

[5] 刘国瑞. 地方高等教育的迷局与出路 [J]. 现代教育管理，2016（10）.

新商科：内涵、挑战与行动

董仕节①　索凯峰　刘足云

摘　要： 新科技的广泛应用使得商业生态发生了颠覆式的变革，迫切需要新商科人才。可喜的是，新商科人才培养已逐渐成为财经高校教育教学改革的新阵地。本文探讨了新商科所涵盖的范围，并借鉴新工科的视角，从新要求、新理念、新模式、新内容及新质量标准等方面对新商科范式进行了解读；分析了当前新商科人才培养面临的主要挑战，并简要介绍湖北经济学院新商科人才培养的初步探索。

关键词： 新经济　新商科　人才培养

以大数据、人工智能、区块链等为主的新一代信息技术在全球范围内引发了新一轮科技革命，新科技的全面渗透与经济的全球化使得传统的企业价值链乃至商业生态发生了颠覆式的变革，培养熟悉新科技、具备新思维和智能决策能力、综合素质高的商科人才对于支撑服务以新技术、新业态、新产业、新模式为特点的新经济发展具有十分重要的现实意义和战略意义，也是建设创新型国家的重要前提。

一、新商科：商科教育发展的风向标

2017 年被誉为"新工科"建设元年，产生了"复旦共识""天大行动"和"北京指南"系列重要成果，标志着高等工程教育改革进入一个新的阶段，是对国际工程教育改革发展作出的中国本土化的回应。可以说，"新工科"只是此轮教育改革的第一个大浪，能为"新医科""新农科""新文科""新商科"等理论和实践探索提供借鉴和参考。商科院校密切关注这一发展趋势，"新商科"人才培养的星星之火慢慢燃起，并呈现从理念到行动的转变，成为教育教学改革的新

---

①　董仕节，湖北经济学院党委副书记、院长。

阵地。如西安交通大学管理学院采用"2+4+X"模式，通过工科试验班（工科与管理贯通）的形式培养具有较强理工基础和管理能力的复合型人才；上海财经大学通过实施"3×3"卓越财经人才培养模式，面向全校学生构建了通识教育、实践与科研和国际交流平台；上海交通大学安泰经济与管理学院紧跟国际一流商科发展趋势，开办了"经济管理试验班"，通过主修和辅修专业为学生提供多样化的知识和技能，培养复合型拔尖创新人才。而浙江工商大学、重庆工商大学、湖南商学院等地方财经高校经过多年的实践探索，凝练形成了"大商科"的办学特色，其核心思想和办学理念是以经济学和管理学为主体，将商科教育、理工教育与人文教育相融合。主要举措是打破专业壁垒，通过跨学科协同创新，开办特色跨学科专业方向、开设跨学科课程。2016 年，湖北经济学院在多年探索的基础上实施"荆楚卓越经管人才协同育人计划"，致力于培养适应新经济发展，服务国家和地方产业新需求的新型商科人才。2017 年，安徽财经大学提出了"新经管"建设工程，着力培养适应新时代发展需要，掌握现代信息技术，强实践、重创新的高层次应用型专门人才。

与此同时，民间召开的两个会议对于新商科建设具有里程碑意义：一个是2017 年在上海召开的"中国新商科人才培养创新大会"，会议认为"我国商贸服务业进入到消费升级、互联互通、大数据、人工智能、智慧物流、共享经济、商业 3.0 的新时代"。这些新时代的创变"也要求有科技知识普及和人才培训的需求。这给商科教育带来了新课题、新内容、新空间和新的发展机遇"。另一个是2018 年 10 月底在天津召开的"新时代　新商科"主旨论坛，29 所国内商（管理）学院院长共同探讨新时代背景下"新商科"的内涵与本质，展望未来管理教育的发展方向，并发表了新商科"天大宣言"。

尽管教育部在有关文件中指出，在新一轮科技革命和产业变革大潮中出现了大量新兴技术领域，如人工智能、区块链、基因工程、虚拟技术等，其对社会生活的巨大影响与合理运用等问题都是哲学社会科学的重要创新突破口，上述表述意义重大，方向正确，但对于商科而言，过于笼统不具针对性，不能有效指导"新商科"建设。因此，在科技日新月异的时代，在新商业形态嬗变之际，商科承担着重要而特殊的使命，有必要也正是时候将"新商科"从"新文科"中分离出来，上升成为与"新工科"一致的国家战略行动，这样才能更好体现商科教育的内涵与本质。

二、新商科：范畴与内涵

商科涵盖范围广、涉及专业多，不同国家、不同高校在专业细分上也有所差异。在联合国教科文组织制定的国际教育标准分类中，商科表述为"Commercial and Business Administration"，主要是指研究市场交易以及商业运行原理的学科专业。这里有必要进一步厘清新商科涵盖的专业群，明晰今后改革的对象与主要内容。

（一）新商科范畴

我们认为，新商科范畴的确立应当从两个方面考虑：一是"新商科"首先是商科，是基于"大商科"视角的广义上的现代商科，主要以工商管理学、应用经济学和管理科学与工程3个一级学科专业群为主。二是"新商科"是以服务新经济下的产业需求为导向的。新科技对商业活动的影响包括两方面：一方面，新科技在商业应用的过程中直接转化为新服务，当这些服务的规模扩大到一定程度就形成了新产业，如电子商务等；另一方面，新科技作为一种使能技术，驱动传统生产方式、业务模式和商业职能转型升级，如人工智能将"管理决策"升级为"数据决策"。

因此，新商科，它不只是开设一些新的专业，而是既开新专业，也改造老专业；既包括电子商务、大数据管理与应用、互联网金融等新兴商科专业，同时也包括传统商科专业的转型升级。表1中，参照教育部最新本科专业类目录列出了相关专业范畴（含特设专业）。

表1　"新商科"所涵盖的专业

学科门类	专业类	专业方向
管理学	工商管理类	全部
	管理科学与工程类	管理科学、信息管理与信息系统、大数据管理与应用、保密管理、房地产开发与管理
	农业经济管理类	农林经济管理、农村区域发展
	物流管理与工程类	全部
	工业工程类	全部
	电子商务类	全部
	旅游管理类	全部
经济学	经济学类	经济统计学、商务经济学
	财政学类	财政学、税收学
	金融学类	全部
	经济与贸易类	全部

（二）何以为"新"？

"新商科"建设的顺利推进，关键有赖于实施者对"新"的正确把握与认识。虽然"新工科"的五个"新"从某种意义上可以参考和借鉴，但真正具体迁移到本学科，尚有很多具体内容需要明晰。如要求新在哪里？理念新在何处？如此等等。尤其在当前众多高校正在摸索前行的节点上，整体思维目标较为宏观，偏于总体方向牵引，实施方法不系统、不完整，大部分依靠改革者和实施者的经验，对于如何落地还需要更细致的研究，缺乏可复制性。因此，商科之"新"亟须进行全链条和全方位分析与思考，探寻科学、系统且可复制的商科人才培养行动指南。

1. 要求新

以智能产业牵引的新一轮科技革命和产业革命如火如荼地进行着，我国的商贸服务业进入消费升级、互联互通、大数据、云计算、人工智能、共享经济和商业的3.0时代，已经完成了由过去的传统商业实体店到互联网电商，再到现在互联网线上加线下的发展。数据逐渐成为最重要的生产要素，信用成为个人和企业重要资产，移动支付、财务机器人、新零售、共享经济等新应用、新模式层出不穷，不断冲击着企业的经营活动、社会组织的运行方式以及人们自身的思维和行为习惯。在新兴产业壮大发展和传统产业优化升级的进程中，必须形成与之相适应的经济管理方式、企业组织形式、产品流通和市场运作模式。以阿里巴巴、腾讯为代表的国内互联网公司在优化资源配置、识别行业痛点和服务市场需求方面有较强的商业运营能力，在网络购物、移动支付等领域处于世界领先水平，它们的成功充分印证了商业人才在"新经济"下大有可为。

从新经济发展的特征来看，其突出表现为"云、网、端"新信息基础设施日益完善，大数据应用更加广泛，信息正以指数方式甚至更快的速度增长，并成为一种新的资源形式，深刻地改变着人们的生活习惯和思维方式，从而促进协同治理机制的逐步形成，生产率空间的日益提升，跨界创新融合的源源不断，使"平台经济""共享经济""微经济"三位一体，相辅相成，带来持续的技术进步和商业创新。新经济的这些特征表明，新商科已与信息技术、大数据紧密联系在一起，不再是一个单一学科的问题，其解决方案也自然跨越了单一学科的范畴，这类问题的解决必然需要多学科、多层面和多方位的交叉融合形成综合解决方案。为此，新商科的目的就是要培养能够提供上述综合解决方案，具备新思维和智能决策能力、综合素质高的商科人才。基于这样的认知，新商科对人才的知识、能力、素质结构提出了全新的要求：知识结构更加强调经管类学科专业知识与信息技术等学科专业知识的交叉融合，口径更宽，突出互联网、大数据、人工智能等现代科学技术及其应用的充分了解和基本掌握的能力与素质要求，思维模式、专业技能培养和训练更加强调创新性、系统性、开放性、科学性。

2. 理念新

著名科学哲学家托马斯·库恩（Thomas S. Kuhn）认为，一个领域里出现了新的发展，原有的理念、假设、法则、价值等已不再适合新的转变，从而迫使人们在该领域中作出根本性的改变。换言之，要实现范式转移，不能只是单纯改变"外在"的做法、行为和工具，相反地，"背后"的信念、价值和基本假设等都要有所改变。如果价值观和信念没有改变，就很难完成行为的改变。

理念是行动的先导，是发展方向和发展思路的集中体现，新商科建设首先应以理念的率先变革带动商科教育的创新发展。以学生全面发展为本，着力培养学生责任感、自主合作学习能力、生活能力、科学精神、创新意识和创造能力，这些广泛认同的教育基本理念及其支持的"突出学生中心、产出导向、持续改进"等核心理念，是建设新商科的思想基础。

其次，新商科突出实践价值，体现应用倾向。商科是一门理论性和实用性兼具的科学性学科，它不仅要学习理论知识，也要将商科的课程内容设置与商业实践活动形成对应关系，在此基础上通过大量的教学实践和现场实践来保障理论运用上的正确性和处理商业问题的精准性。因此，新商科教育更加注重产教融合、校企合作等途径。

最后，新商科遵循新商业伦理和新商业文明的规律，培养学生的使命感和价值感也是应该注入的新元素。新的商业文明下，产生了新的基础设施、新的商业模式、新的商业组织、新的价值观和新的社会生活。业务素质固然重要，但是法律素质、道德素质和社会责任感也不能缺失。当前经济转型期，市场经济固然增强了人们的效率意识，但也诱发了人的利己主义、拜金主义。在商科教育中，教师不能仅仅向学生灌输赚钱之道，而应该培育社会主义核心价值观，让他们学会承担相应的社会责任。同时，新商科强调在信息时代，遵循商业文明的规律，利用新电子商务、新金融、新物流等手段服务商科教育。

3. 模式新

知晓新商科的新要求、有了新理念，这还不够，必须建立与之相适应的商科教育新模式。至少应该包括：一是总结中国商科教育改革经验，借鉴符合国情的国际上成功的商科教育模式，创建中国特色、世界水平的人才培养新模式；二是知晓国际精英商学院协会（AACSB International）等国际权威机构要求的知识、能力和职业素质，根据科技、产业和社会发展，分析未来商科人才应具备的知识、能力和职业素养等；三是根据新技术和新产业，识别商业新问题，确定人才培养目标和毕业要求，制定系统化、整体化的人才培养计划和课程体系，加强商科与理工学科、人文学科的交叉融合，将创新创业能力贯穿到人才培养过程中。四是遵循学生的认知规律，融入新技术和新方法，探索商科教育教与学的新范式。事实上，互联网、大数据、人工智能、物联网等事物只是新技术发展的一个缩影，未来的知识和技术更替必将变得越来越快。因此，要教授学生如何学习新技术、运用新技术，培养学生持续学习新技术的能力与习惯。同时，"以学习者为中心"，改变传统的教学环境、方法、评估方式，及时创新教学和学习方法。鼓励教师采用体验式教学、基于项目的学习、基于问题的学习、探究式学习、各种主动学习方法，运用案例教学、翻转课堂等教学方法，激发学生的学习兴趣，将先进方法、工具和学习内容集成，形成商科教育人才培养新模式。五是协同培养，走校政行企协同育人之路。商科的应用性、实践性决定了商科教育必须与市场和实务部门紧密联系，充分发挥政府、行业、企业的作用，强化产教融合、校企合作、协同育人。

4. 内容新

知晓新要求、有了新理念、建立新模式，还必须有先进的教学内容和学习内容。与信息变化速度相比较，商科教学的课程知识结构陈旧一直饱受诟病。正如帝国理工学院（Imperial College）副院长大卫·甘恩（David Gann）所言，很多教材和教育者一样：散发着腐朽的气息，既不关心社会环境的发展变迁，也不关注人的成长。

快速发展的科学与技术，促进知识更新和新知识产生，因此要求教学和学习内容特别是涉及快速发展的商业新业态的专业内容应及时更新，体现当前科技发展的新成就和新知识。当前，高铁、移动支付、共享单车、网购并称为我国的"新四大发明"，构成了新商业的"新场景"，这就要求商科教育的知识体系、能力水平、技能和工具使用、决策思维习惯等不断更新。教师应掌握最先进的知识、能力和先进企业最新生产实践，以保证教学内容与现代企业和商业发展要求的知识和能力相匹配。如果课程内容不及时更新，学生学到的知识比较陈旧，缺乏现代商业需要的思维能力、技能和学习习惯，就无法满足现代企业对商科人才的要求。所以，不断更新教师教学和学生学习内容至关重要。

5. 质量标准新

人才培养是商科教育质量的最终检验标准。因此，需要建立健全商科专业类教学质量国家标准、卓越经管人才培养计划标准和商科专业质量标准和质量保障体系。同时，要支持行业部门发布人才需求报告，推动企业行业参与人才培养质量标准制定、毕业生质量评价等工作。根据这些标准和要求，不同高校根据自身实际，制定本校的质量标准和保障体系。其中，开展 AACSB 认证是商科教育质量认证的重要举措之一，能促使相关机构建立符合商科教育规律的治理体系，促进在使命践行、教育质量、学科发展、传承创新及社会影响等各方面得到国际认可，培养的商科人才具有国际竞争力。

需要指出的是，要想准确地解释"新商科"并不是一件容易的事情，新商科本身内涵十分丰富，涉及范围也很广泛。新要求、新理念、新模式、新内容和新质量中的"新"包括"新"和"创新"，从上述五"新"构建融合创新的商科教育新范式的基本框架（见图 1），希望能够体现"新商科"教育在专业层面包括多学科和跨专业培养、改革需要考虑的基本内容。

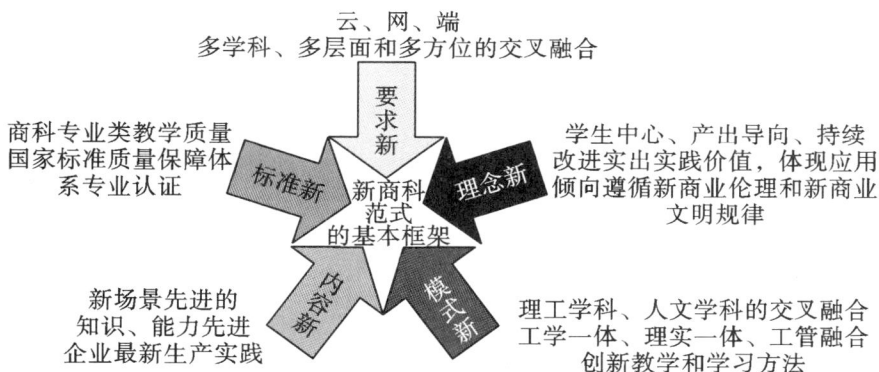

图 1　"新商科"范式的基本框架

三、"新商科"人才培养面临的挑战

"新商科"是一种全新的商科教育范式，是在继承传统商科教育优点基础上的全面创新和模式构建，而不是对传统商科教育的修修补补、零敲碎打。因此，就当下而言，"新商科"人才培养面临的挑战是全面的、深刻的，从认识到实践，从理念到制度到行动，等等。本文仅从人才培养要素的视角，谈谈"新商科"人才培养面临的主要挑战。

（一）人才培养理念滞后，与社会需要脱节

传统商科人才培养仍停留在商科知识为主导的"专业型人才"层面，培养思维仍然是应用知识为主流，理论教学局限于书本、课堂，囿于传统的课程体系；实践教学满足于校内实验室经典架构，与社会需求及行业产业需求脱节，不能真正以问题为导向，以数据为驱动，面向实际问题，有效利用大数据来进行实

证分析和研究。

（二）人才培养体系格局狭隘，缺乏系统性与整合性

经济管理学科经过多年的沉淀发展，已经形成了清晰的学科边界和完备的课程体系，缺乏多元学科和专业的交融与相互契合；同时，传统商科人才培养专业教育、通识教育和双创教育等各说自话、相互分立。但新时期商业、技术和人文愈发深层次融合，要求经管类高校对专业人才培养的内涵与外延进行重新设计和精准定义，培养符合时代要求的多学科交叉融合的新人才，其学科体系就必然要求有着显著的多学科交叉特征和多向度知识结构。

（三）人才培养动力机制缺位，培养动力不足

新商科人才培养不再是单一的课堂育人、学校育人，而是以能力培养、素质提升、个性发展为目标。新型培养机制下，对学生的评价不再单纯地以学业结果为评价标准，而是更注重对学习过程和学习行为的观照，评价标准是多元化的；对教师综合素养和教学能力有了更高的要求，教师既要有厚实的商科专业学养，又需具备大数据及相关学科的专业知识和能力，教学创新能力也要进一步开发。传统商科人才培养的评价机制、教学创新能力的开发机制缺位，教师投入不足、学生成才受限，商科人才培养动力明显不足。

（四）教学组织方式落后，新技术应用不够

传统商科课堂教学仍以讲台为中心、教师为主体、陈旧的商科知识为主要内容、"满堂灌"的单向传授为主要教学方式，现代信息技术与教学的融合性不够，翻转课堂方式使用不够，信息化手段运用不足，教学方式方法改革还有很大的提升空间。

四、新商科：湖北经济学院正在路上

在新形势下，湖北经济学院面向湖北省新经济的发展并结合学校办学理念，组建"新商科"战略研究团队，实施"荆楚卓越经管人才协同育人计划"，对学科专业布局、搭建跨学科平台、人才培养方案制定等方面进行了顶层设计，科学优化调整专业结构，深化人才培养模式改革，着力打造具有双师素质的教学团队，完善课程体系设计与建设，加强校政行企协同育人。

（一）革新人才培养理念，加强顶层设计及落实落地的组织架构

打破原有各专业培养的藩篱，整合统计、计算机科学、管理科学与工程等学

科资源，组建大数据新机制学院，探索跨学院、跨学科、跨专业交叉培养人才的新机制。

有了"新商科"建设的顶层设计还远远不够，不能总是悬在空中，落不了地，需要好的组织结构来组织实施，因此，学校建立了由校级领导决策，教务处牵头，核心团队撰写实施方案和设计培养方案，专业教师实施课程变革和教法变革，校内各部门支持配合，用人单位、学生、认证机构等利益相关方评价的组织架构，如图2所示。其中，在核心团队中，包括一支开展专业教学的骨干教师队伍，一批参与教学改革的积极分子，一支具备良好素养进行科学研究的教师队伍。此外，学校还给予经费重点支持"新商科"研究及建设。

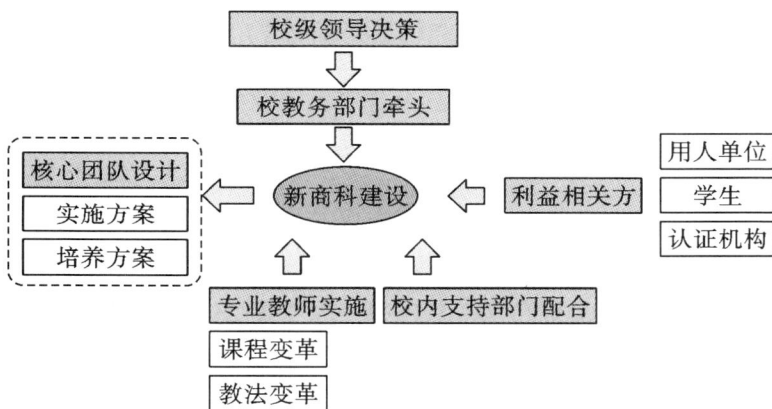

图2　"新商科"建设的组织架构

革新实践教学理念，推进实践教学改革。推动实验教学中心向教学实体转型，将其建设成为组织实验实训教学、培养学生实践能力和创新精神的重要教学基地。加大投入实验教学区域案例、行业案例、企业案例等的数据库建设，积极开展虚拟仿真实验等信息化手段建设。加强校外实践基地建设，推行校企一体化育人，加强学校与行业企业共建特色专业方向、专门实验室、实习就业基地等，完善实习实训机制，有计划地安排学生到企业单位、实践基地锻炼，体验现实场景，对接真实案例，熟悉业务流程，增强实际业务的感性认识和理论知识与实践的理性认知。

（二）打破学科壁垒，打造学科协同发展的人才培养体系

以新机制学院建设为契机，打破原有学科专业壁垒，以需求为导向，跨学院、跨学科、跨专业整合资源，探索一流本科教育的人才培养机制，培育优势特色专业集群，面向产业行业企业培养高素质应用型复合型创新型人才。

强化学科协同发展，围绕现代服务业学科群建设，在学科群建设项目库基础上，进一步推动学科建设向系统化、规范化、组织化转变，推动学校传统优势学科、新兴特色学科和重点支撑学科协同发展。成立财经高等研究院等特色学院，统筹推进应用经济学所辖的区域经济学、财政学、金融学、产业经济学、低碳经济学等二级学科和学科方向协同发展。

完善人才培养方案设计，以人才培养方案统筹课程体系重塑。学校启动新一轮本科人才培养方案修订，制定关于修订 2018 级人才培养方案的实施意见，内容涵盖重构课程体系、再造课程形式、优化教学模式和革新教学方法等，在低年级基础公共课程模块中增设计算机运用、互联网、大数据导论等相关的通识课程；在高年级专业课程中结合现代信息技术应用调整互联网金融、大数据税务管理等课程教学内容。以"互联网+"为载体将各种相关知识有机整合起来，不断丰富课程资源。2016 年，学校创办大数据特色实验班，是全国第二批、湖北省第一个获批数据科学与大数据技术专业的高校，以此为基础，学校与行企合作共同开展大数据相关课程建设，积累了物流、电商、交通、供应链、教育、商贸等多个领域的海量数据，并基于目前的数据集，开发设置了仓储、运输、供应链等领域的多个创新实验课程方向，从而更好地培养"新商科"人才。

（三）完善学生学习评价机制

尝试完善学生学习评价机制。获取教务系统、学工系统和一卡通信息（含图书借阅、消费等信息）等数据，通过大数据的挖掘与分析，对教学运行、教师教学及学生的学习过程和学习行为等实施精准的管理和控制，形成有效的信息反馈，辅助教学管理和质量评价，有针对性推进教学改革。

建立激励教师参与教研教改教学创新的长效机制。鼓励并支持教师参加国内高水平的教学研讨会，学习最新的教育教学理念；在职称晋升机制上，将教师完成教育教学改革的情况作为前提条件之一；不断完善激励机制，学校组织教师授权竞赛、优秀教学奖评选、创新教学奖评选等活动，鼓励教师进行教学创新；出台教学奖励各类制度，鼓励教师积极投入教学改革和创新。

（四）改革教学组织和管理方式

注重教师信息化素养的培养，为教师革新课堂奠定技术基础。培育"数据至上"的学校文化，在教师专业标准中纳入数据素养要求，在教师职前培养阶段增加数据素养训练，在日常教育教学中推广使用教育数据，在职后专业发展中强化数据素养培训，对教师进行互联网、云计算、大数据等技术运用的培训，不断提升教师信息素养和大数据技术应用能力。依托学科群组建学科团队，采用项目式管理，鼓励协同分工，合作研究，促进不同学科间教师的交流融合。

改变传统的教学环境、方法、评估方式，鼓励教师运用现代信息技术开展信息化教学，凝练更新教学内容，大力实施MOOC化、混合型、翻转课堂、情境教学、案例教学、小组讨论、虚拟仿真等教学方式改革，推动教师开展信息化教育教学改革，激发学生的创造力，力求建立"以学习者为中心"的教学新范式。鼓励学生积极运用网络开展自主学习，逐步推进信息化学习模式变革。

参考文献

［1］陈国青，等.中国高等院校信息系统学科课程体系［M］.北京：清华大学出版社，2011.

［2］纪宝成.我国高等商科教育人才培养模式探讨［J］.中国高教研究，2006.

［3］申作青.财经类高校的大商科办学特色分析——以浙江工商大学为例［J］.浙江工商大学学报，2015.

［4］王晋卿.国际高等商科教育比较研究［M］.北京：中国财政经济出版社，2002.

［5］牛华勇.高等学校商科教育国际化比较研究［J］.商学研究，2017.

［6］董少校.上海财大商科教育赓续百年荣光［N］.中国教育报，2017.

［7］唐未兵.地方商科院校应以培养应用型人才为己任［J］.中国高等教育，2006.

［8］王祥翠.基于大商科理念的创新创业人才培养模式研究［J］.中国电力教育，2013.

［9］郭照蕊.大数据时代传统商科教育存在的问题及应对策略［J］.创新与创业教育，2018.

［10］刘玲娅等.社会经济发展对高等商科类人才的需求分析及启示［J］.现代经济信息，2018.

［11］陈国青，等.管理决策情境下大数据驱动的研究和应用挑战——范式转变与研究方向［R］.北京：国家自然科学基金委管理科学部，2018.

［12］赵新洁.我国商科教育国际化战略与商科教育改革［J］.教育教学论坛，2013.

［13］刘松鸽，张洁.商学院内部教育质量保障体系建设的研究——基于 AACSB
　　　认证的视角［J］.上海管理科学，2014.

［14］李华，胡娜，游振声.新工科：形态、内涵与方向［J］.高等工程教育研
　　　究，2017.

［15］商科学位不再吃香？［EB/OL］.（2013－10－15）［20185－11－12］.http://
　　　bbs.pinggu.org/thread－2748187－1－1.html.

基于创新、开放、联动、包容视角的
在线开放课程建设与运用的思考

蒋先玲①

摘　要： 随着在线开放课程的迅速发展，给高校传统的教学方式和管理方式带来了挑战。基于此，本文从创新、开放、联动、包容四个角度，提出了如何建好慕课、用好慕课的意见与建议，并对高校在线开放课程建设及优质教学资源共享进行了有益探讨。

关键词： 创新　开放　联动　包容　在线开放课程

2017 年、2018 年教育部已认定两批国家精品在线开放课程（MOOC，以下简称慕课）1 291 门，截至 2018 年我国上线慕课数量已达 8 100 门，高校学生和社会学习者选学人数突破 1.4 亿人次，超过 4 300 万余人次获得慕课学分，这表明"互联网+教育"的中国高等教育模式实现了变轨超车②，原有的教学形态、教育形态、组织形态都在发生变化。在高等教育已进入"互联网+教育""智能+教育"的新时代背景下，部分高校在对慕课建设与应用上却还在观望，一种观点认为，建设一门慕课学校至少要投入 10 万元，建设 100 门，就是 1 000 万元，这样的大投入到底值不值？一种观点认为，大量引用优质教学资源对本校教师教学是否存在替代效应，导致部分教师工作量受到影响？诸如此类的问题，需要高校教育者从新的角度理解并接受新技术给教育带来的挑战与机遇，高校教育管理部门更是要引导教师接受这种教学模式的转变。对此，本文从创新、开放、联动、包容四个角度对建好慕课、用好慕课提出了一些想法，希望对高校慕课课程建设及优质教学资源共享具有一些启发和借鉴意义。

---

①　蒋先玲，对外经济贸易大学教务处处长。
②　摘自教育部高教司吴岩司长在郑州高校教务处长会议上的讲话稿《打好全面振兴本科教育攻坚战》，2019 年 1 月郑州。

一、用创新意识推动慕课建设与应用

慕课课程拓展了教学时空，颠覆了教学传统，正引领一场教育的大变革。高校推动慕课建设只是手段，目的是推动"课堂革命"，即将更多的慕课引入高校学分课，但是，从目前数据看，高校慕课学分课只占1/3，这就意味着有2/3的学习者要么是社会学习者，要么只是学生自由学习，相对高校大量的投入而言，这样的效果并不理想。那么，问题出在哪里呢？

（一）高校慕课学分认定存在不确定性

目前国内慕课课程学分认定大致有三种形式：自建课程的自我认定、引入外校课程的合作认定以及基于高校联盟的校际学分互认。其中，第一种形式应用较多，即便这样，在作者工作的高校，也有部分教学管理者认为不合理，认为老师不上课，让学生网上自学，就承认老师的全部工作量，易助长老师"偷懒"！对于后两者学分认定方式在操作过程中遇到的主要问题是：慕课课程质量参差不齐、标准不一；慕课成绩分数过高，易产生新的"水课"。[①]

（二）学生学习模式仍沿用传统模式

按理说，90后、00后大学生是互联网的"原住民"，慕课学习对于他们应该具有很强的适用性。但是，相比线下课堂，在线课程平台所构建的学习环境更易受外界因素的干扰，如平台其他课程的影响、其他网站信息的诱惑等。在线学习的有效性与学习者自身的主观能动性和自主学习能力息息相关。作者作为慕课课程负责人之一也进行了校内学分学习的试验，让学生在线上自学1次，下次课在线下进行课堂的重点、难点讲解，通过学生抽查发现，大多数学生仍然希望老师在线下上课，理由是："老师课堂教学可以展开并联系实际""课堂的学习氛围，让注意力相对集中"等。因此，当代大学生的自觉性和自控能力在一定程度上限制了慕课高校学习者的规模和质量。

因此，需要教学管理者和学习者从创新角度理解并接受新技术已来临，慕课势不可挡。

1. 创新学分认定方式

不一定非要在固定的教室、固定时间上课学习才认学分，通过慕课的应用，一方面将学习的自主权交给学生，另一方面又可最大限度节约教室资源。作者所

---

① 作者所在高校引入某公开平台慕课，近3 000人次学习，在学校组织线上集中考试的情况下，近90%的学生的成绩在90分（积点4.0）以上。这样的成绩缺乏学习过程评价的有效区分度和可信度。

在的高校通过 3 个学期的试点，在保证人才培养质量的前提下，采取了以下三种慕课学分认定方式：一是完全采用慕课线上学习的课程，学生线上学习，教务处设定一个线上学习的完成率，如低于 80% 不能参加考试，然后由教务处组织集中线上考试，所获成绩认定学分，所选课程记入通识选修模块。二是采用慕课线上学习+线下课堂翻转学习。这样的课程学习过程考核比重可以高达 50%，最后由线下教学老师出题组织考试，认定学分。三是全部采用线下教学，慕课只是作为学生自学的平台，这样的课程与校内线下课程同等对待。

2. 创新学习模式

我国的慕课课程应用与国外不同，国外企业的招聘机制与大学的教育质量决定了他们的慕课学习者以社会学习者为主。例如，美国的一些慕课课程（包括 coursera、Udacity、edX 上的课程）推出不久，就获得了第三方评估机构——美国教育委员会的学分推荐，承认美国教育委员会认证的高校可以直接给慕课的学习者授予相应学分和颁发证书，社会学习者凭此证书去找工作能被雇主认可。但我国国情决定了企业在招聘员工时还是与学历证书即通俗说的"文凭"挂钩，而且，慕课建设大多是由高校出资建设，这决定了我国的慕课学习者应以在校生为主，因此，高校应加强学生学习方式改变的培训与动员，并提供校园线上学习平台与考核机制，为学生提供随时学习的机会和条件。

3. 教学模式创新

在获取信息渠道多样化的背景下，教师要转变观念，积极应对教育生态的新变化，实现三个转变，即教学方式由过去的"苦口婆心地讲解""填鸭式教学"的"教得好"向"既要教得好、更要学得好"的"研讨式教学"转变；课堂教学主体由"教师"为主向"教师+学生"共同主体转变；教学效果由要求"抬头率"向要求"参与率"转变。

二、以开放姿态建设与应用好慕课

在"互联网+教育"的背景下，教育者在秉承开放姿态和价值坚守的前提下，应以开放姿态建设与应用好慕课，利用慕课优势实现以下效用。

（一）优质教学资源共享

慕课教学质量相对较高，且制作精益求精。慕课提供的课程大多是一流高校的最好的老师讲授的课程，且配备了丰富的教学辅助学习资料。同时，慕课都是对外开放的，只要有一台可链接到互联网的移动终端，任何人都可以通过慕课选择自己感兴趣的内容开始学习，从而可以降低高校获取优质教学资源的成本，提高优质教学资源的利用效率，尤其是对无法获得政府财政支持的民办高校和独立学院来讲，这方面尤显突出。

（二）促进教育公平

慕课的出现为教育改变提供了数字化的支撑，让优质的教育资源得以高效地传输，让全民共享，在资源提供上助推教育公平。这是因为慕课学习成本低，不需缴纳任何费用，大大降低了学习的"本钱"；慕课灵活的教学方式和一流高校的声誉可以刺激学习者的积极性，从而，为无法通过高考进入一流大学学习的学生提供一个聆听一流大学教授上课、享受一流大学优质教育资源的机会，实现"你无法拥有一流大学的文凭，但至少你可以享有一流大学的教育"的"相对公平"效应。

（三）弱化高校学科建设短板对创新人才培养的约束

大学的学科建设与创新人才培养是相互促进、相互支撑的。学科建设和科学研究的新成果促进人才培养，同时，通过人才培养进一步促进知识创新和学科发展，实现学科建设与创新人才培养的统一。但是，各高校由于各种原因存在着学科建设短板。例如，对于一些财经类大学，在自然科学领域存在学科短板，导致其在强化创新人才的通识教育时，难以提供教学性、方法论的课程；而一些工科类院校，在进行人文通识教育时也缺乏学科建设支撑。

在此情况下，引用慕课上的相应优质教学资源进入学校培养环节，便可在一定程度上快速破解上述问题。如作者所在的高校，作为财经类高校，可以引入"人工智能""家园的治理：环境科学概论""精读'未来简史'""舌尖上的植物学"及"爱因斯坦的革命：被一人改变的 20 世纪"等优质课程，这样一方面能丰富学校通识教育资源，另一方面还可以拓展学生的视野，提高学生的综合素质。

三、以联动机制借助慕课推动课堂革命

对于高校来讲，大力推动慕课建设只是手段，用好慕课推动课堂教学方法改革、推动课堂革命才是目的。因此，只有构建起"线上线下联动机制"，让课堂"翻转"起来，才能真正发挥慕课的效用，从而提高人才培养质量。

翻转课堂可以满足学生个性化的需求。学生可以在课前、课后根据自己的实际情况灵活安排学习时间和学习步调。学习能力强的同学在较短的时间就可以完成学习，从而去参加更多自己感兴趣的活动，发展个性；接受能力差的同学学习同一个知识点时，相比优秀学生可能需要更多的时间，他们可以制订出符合自己

特点的学习计划，让自己拥有更多的时间去思考，去接受新信息。

那么，如何提高翻转课堂的效果呢？作者认为，至少应在以下两方面加强教学管理。

（一）加强学生的线上学习过程考核

通过大数据进行过程管理，监督学生完成线上基本知识学习，设计线上学习的完成率、单元考试参与度、参与课堂讨论的参与度等过程考核指标，只有这样，才能保证线下参与课堂翻转，提高对知识的运用能力和分析能力。

（二）加强线下翻转课堂质量考核。

线下翻转不等于老师没做什么事，让学生在课堂任意讨论，而是要求老师在课前做大量的准备工作。例如，了解学生的学习状况和困难所在，再有针对性地设计课堂教学内容，决定教学节奏，课内作业、测试和有针对性的交流讨论、拓展练习等，完成知识的建构、吸收和内化。因此，在翻转过程中，尽管有部分时间是由学生在线上学习，但是，由于老师要做大量的上述准备工作，因此，一般要求教务管理部门承认老师的全部教学工作量，以激励老师认真进行翻转。例如，作者所在的高校规定，翻转课堂中，线上学习时间 1/3，线下课堂教学时间 2/3，但学校承认老师的全部教学工作量，鼓励老师多做课堂翻转的教学辅助准备。

四、用包容心态看慕课课程建设与应用

为了高效推广与应用慕课，建议教育行政部门以包容的心态对待各高校慕课的建设与应用，即保留差异化和承认线下教育的重要性。

（一）保留差异化。

我国高等教育发展类似于地区社会经济发展特征，不同类型的高校具有不同的校情，发展水平不一致。因此，在慕课建设上，切忌搞全国一盘齐，尤其是地方高校，不宜大张旗鼓地建设慕课，而是要大力引用一流高校的慕课资源，这样才能做到优质教学资源的高效利用。事实上，教育行政部门也在进行这样的引导，即教育部公布的"万门"课程中，3 000 门是建设的精品慕课，而 7 000 门是要评选应用慕课进行线下翻转的精品课程！因此，各高校教务主管部门应承认校情，因校制宜地制订本校的慕课建设与应用计划。学校不论强弱，都应平等对待，真诚相待。尤其是一流高校，得到了政府大量的一流学校和一流学科建设资金，有义务帮助其他高校提高人才培养质量，共同为社会培养"合格公民"，为国家输送社会主义建设者和接班人。

（二）线下教育不可缺少

"互联网+教育"丰富了教育的形态，使课堂教育实现了"线上"＋"线下"的变身，教育行政部门也更加偏重互联网教育资源和信息化手段向课堂教育渗透。但是，"变身"不等于"替代"，学校和网络是差别迥异的场域，需要认真审视两个场域对教师、学生以及教学互动的影响，尤其是线下教育不可缺少。

线下课堂教育的优势至少表现为：一是老师的人格魅力对学生的潜移默化的影响。慕课教育在"知识传授"上具有一定的灵活性和吸引力，但是，在对学生的价值观、世界观的引导上，线下课堂教学中老师的言传身教可能更有优势和吸引力，因为，线下教学中教师可以针对当时最新的时事或案例，理论联系实际进行剖析，更能影响学生。二是线下课堂的学习氛围。当代大学生是"互联网"的"原住民"，对互联网的依赖使其存在一个缺陷，即他们容易受互联网的吸引而分散注意力，而线上慕课学习需要学习者具有相当强的自控力。线下课堂教学中，周围学习者的认真听课也会传染到其他学习者。事实是，作者在进行慕课应用时，让学生先在线上学习一次课，下次课时作者进行了线下翻转，虽然有部分认真学习的同学能跟着老师的节奏进行知识的复习与应用，但是，仍有大部分同学表示更希望老师线下上课。这一方面说明同学们还没有顺应教育形态的转变，另一方面也说明线下教学的重要性。因此，老师们要用包容的心态接受慕课，慕课的引用不会"抢老师们的饭碗"，只会为老师们进行课堂教学方法改革提供便利性。

总之，在线开放课程的迅速发展，给高校传统的教学方式和管理方式带来了挑战。只要本着创新、开放、联动和包容的态度，便能更好地建好慕课、用好慕课，从而真正推动"课堂革命"，淘汰"水课"，打造"金课"，提高课堂教学的"挑战度"，促进人才培养质量上一个台阶。

参考文献

[1] 汪基德，李博. 在线开放课程学分认定：形式、问题与建议 [J]. 开放教育研究，2018（5）：39-45.

[2] 周雨青，万书玉."互联网+"背景下的课堂教学——基于慕课、微课、翻转课堂的分析与思考 [J]. 中国教育信息化，2016（2）：10-12.

[3] 李德强. 国内外优质课程教学资源开放共享及研究现状 [J]. 科教导刊，2017（4）.

[4] 姜睿馨. 学科建设与创新人才培养的协同互动 [J]. 长春大学学报，2017（4）.

第九届中国高等财经教育高峰论坛总结

王廷惠[①]

尊敬的施建军理事长、张国才秘书长，各位领导、各位专家：

上午好！为期一天半的第九届中国高等财经教育校长论坛顺利完成各项议程，按照秘书长指派，向大会作总结陈述与报告。

在我看来，本届校长高峰论坛有几个特点：

一是领导高度重视，启迪发展方向。鲁昕副部长亲临会议指导，做了《数字经济时代中国财经教育》的主旨报告，指出财政学科滞后于时代、脱节于需求、学科建设弱化的供给侧瓶颈，结合数字经济新时代要求对高等财经院校未来发展提出了问题，指引了方向，指明了路径。鲁部长的报告高屋建瓴、洞察深刻、理论深厚、意义深远，秘书长高度精练为"震撼精彩"；中国高等教育学会王雪涛主任自高等教育发展的宏观视野和前瞻视角，梳理高等财经教育的国际形势，结合国家战略需求，对全国230所财经高等教育大学及机构，提出了高等财经教育培养一流财经人才的国家担当、光荣责任和历史使命。中国高等教育学会高等财经教育分会施建军理事长结合全国教育大会召开的最新背景，围绕立德树人根本任务，对论坛召开及高等财经教育的努力方向提出了要求。教育部学校规划建设发展中心陈锋主任关于"新金融、新商科智慧学习工场的建设思路"，以产教融合、链式革命的前瞻视角，以教育时空结构的深邃洞察，以生态机制解决复杂问题的独到智慧，开启了新技术、新变化、新挑战、新机遇下高等财经教育的学习环境营造、学习条件建设、学习空间创新、学习时间延伸的新格局与新视野。

二是高端智慧碰撞，共破发展难题。在习近平新时代中国特色社会主义的高等教育思想指引下，本届论坛结合全国教育大会和全国教育工作会议精神要求，围绕立德树人根本任务，聚焦培养德智体美劳全面发展的社会主义合格建设者和接班人，就有特色高水平学科建设、有特色高质量人才培养模式创新、高水平治

---

① 王廷惠，广东财经大学副校长，教授、博士生导师。

理体制机制等主题展开智慧碰撞，引领前沿思考，共商建设大计，凝聚发展合力，共谋战略发展，共享创新智慧，同议改革思路，分享发展探索，实现了施建军理事长提出的吸取思想营养、拓展发展思路、推动高等财经教育的目标。校长们围绕机遇与挑战、理念与实践、学科与专业、技术与内涵、通识与专业、能力与素质、体系与生态、守正与创新、变与不变，教与学、师与生、道与术、德与才，思考与探索、创新与融合、协同与开放、重构与再塑、质量与内涵、特色与发展、治理与支撑、高水平、高质量等一系列关键词，超越教学，提升教育，以前瞻思考、先进理念、不渝情怀、不懈追求，站得高、思得远、谋得前、落得细、行得实，分享了高等财经教育的最新思考、最新探索和最近经验。

8 位校长主论坛的主报告，从顶层视角分享了高等财经教育发展的前瞻思考、创新先进和改革路径。对外经贸大学王稼琼校长以跨越五大门槛的战略思考和前瞻谋划，树立了顶尖财经大学的发展标杆；中央财经大学王瑶琪校长基于对世界发展复杂性和不确定性的战略研判，分享了新时代一流本科人才培养的战略路径及支撑条件；江西财经大学卢福财校长精练了引领中部崛起的"一擎四轮"人才培养模式，展示了一流本科教育 2018—2025 行动计划；西南财经大学马骁副校长以超学科思维，突破传统财经院校专门化、专业化、单一化办学格局与框架，分享了智慧重构高水平财经人才培养体系的"西财高度"；东北财经大学赵建国副校长以学科引领高度，分享了东财"双一流"建设的先进经验；天津财经大学刘金兰校长关注世界银行《2019 世界发展报告》工作性质变革的世界主题，智慧梳理了新时代财经人才培育的核心素养；广东财经大学于海峰校长结合广东高等教育"冲补强"工程部署，提出了地方财经院校服务地方战略发展、服务区域持续发展、坚持特色、错位发展的战略发展可行路径；山西省财政税务专科学校赵丽生校长追溯西南联大足迹，从西南联大的文化故事引申并扩展出大学文化培养和铸造大学灵魂的深度思考及实践方向。

在校长平行论坛环节，10 位校长先后分享了智慧见解和探索经验。重庆工商大学孙芳城校长分享了新商科内涵，介绍了重庆工商大学培养新儒商诚信教育的先知先觉先动，"三型一化"新商科人才培养模式的令人耳目一新；暨南大学张宏副校长基于现代治理理念，分享了"333"本科教育治理体系的全新构建和创新实践；江苏财经职业技术学院程淮中校长不忘初心、不忘初衷，自立德树人永恒追求出发，分享了德智体美劳全面发展人才培养体系的践行标杆；广西财经学院曾凡平副校长结合地方财经院校服务地方、区域经济社会发展的精准定位，分享了最新探索及新近变革；中南财经政法大学的邹进文副校长对学科与专业关系的深度剖析和智慧总结，对大学办学的变与不变的智慧解读，引起了与会者的共鸣;浙江工商大学陈寿灿校长立足新时代、新产业、新商科,自构建大商科学科生态体系的战略高度,分享了高水平大学快速发展的浙江先行先进模式;内蒙古财经大学金桩副校长勇扛奋进之笔,分享了民族地区财经教育的大动作与新篇章;安徽财经大学程刚副校长自动因、思想基础和任务设计角度,分享了安财新经管建设的宝贵经验;云南财经大学陈红副校长自顶层学科发展设计的宏观、专业建设的中观和课程设计的微观的独特视角,分享了高水平大学发展的可行、有效路径;广东财经大学华商学院郭银华校长分享了应用型人才培养目标导向的实践教学体系构建;来自母体学校我们广东财经大学,更有超越态势和提升亮点。

"行政管理与服务创新"平行论坛有6位领导和专家分享了新技术背景、大数据时代科研评价、实验室建设、教学质量评价体系、学术资产管理及学科建设等方面的思考、实践和经验;"学科建设与发展"平行论坛立足高等财经人才培养,分享了高等财经教育"能力重构""专业融合""协同教学""课堂革命"的前沿思考、最新见解和创新努力;3个平行论坛还带来了中联企业管理集团和同方知网技术有限公司对优化人才培养生态、开放协同育人的实践思考。

刚才,3个分论坛汇报了分论坛的研讨成果,5位领导和专家交流了学科、专业建设经验。总体而言,本届校长论坛结合新时代新要求,探索了新挑战和新机遇;立足新教育新使命,探讨了新理念新路径;围绕新财经新支撑,探究了新治理新体系。本届高峰论坛围绕立德树人根本,进一步坚定了高等财经教育发展方向;结合发展战略环境,进一步增强了建设有特色高水平财经大学的紧迫感;立足国家战略需求,进一步明确了高等财经教育战略发展思路;顺应经济社会发展需要,进一步明晰了应用型高素质财经人才培养路径;立足高等财经教育实际,高质量分享了完善大学治理的改革实践探索。相信会议集聚高端智慧,达成了战略共识,引起广泛共鸣,形成发展合力,借助学会平台,主动迎接挑战,加强共商共建共享,让我们齐心协力,砥砺前行,推动中国高等财经教育再上战略发展新台阶、更有高质量新发展,努力培养新时代财经新英才!

三是会议组织精细,有序保障全程。正如广东财经大学华商学院陈新滋院士、校长所言,也如施建军理事长看到的那样,本届论坛与会领导多、参会人数多、规模最大、规格最高,书记校长云集,专家教授毕至,大咖名流亲临,财经精英荟萃,会务繁杂细琐,在张国才秘书长领导下,学会秘书处和广东财经大学华商学院克服困难,主动沟通,全面落实、落细各项服务要求和条件保障,在各位领导和专家理解和支持下,圆满完成会议服务工作。

最后,让我们再次以热烈掌声感谢教育部、学会领导的拨冗亲临指导!感谢各位校长的精彩睿智报告!感谢各位领导和专家的深邃战略思考与创新探索分享！感谢大会及平行论坛的各位重量级主持人的精彩智慧主持！感谢对论坛成果的精准梳理和智慧总结！感谢每位参会老师的积极热情参与！感谢广东财经大学华商学院的服务支持和勤勉付出！同时，感谢各位领导、专家对广东财经大学以及广东财经大学华商学院建设与发展的宝贵支持！盛大会议，圆满收官，再次祝贺高峰论坛取得完美成功！

第三篇

书面发言

凸显商科办学特色　服务区域经济社会发展
——兰州财经大学应用型复合人才培养的探索与实践

王学军①

摘　要：当前，经济社会发展新常态、"双一流"战略的深入推进等都对财经类高素质人才培养提出了更高的要求。兰州财经大学积极应对"双一流"建设和高水平本科教育的发展机遇，适应新时代经济社会发展对财经类人才培养的新需求，科学定位人才培养目标，厘清本科专业建设和人才培养思路，明确本科教学建设和人才培养改革内容，不断夯实商科专业内涵建设，打造一流商科专业，努力培养财经类应用型复合人才，为区域经济建设和社会发展提供强有力的人才支撑和智力支持。

关键词：商科专业　财经类人才　一流本科

兰州财经大学作为黄河上游甘、青、宁三省区唯一一所财经类普通高等学校，长期坚持以地方经济社会发展和行业需求为导向，形成了强化商科优势、注重交叉融合、力行商务实践的人才培养模式。学校围绕西部大开发、"丝绸之路经济带"建设等国家重大战略和甘肃省循环经济示范区、华夏文明传承创新区、生态安全屏障综合试验区等"三大平台"建设，依托经济管理类学科和人才优势，形成了以政府决策咨询、现代商贸流通、文化产业发展、地方法制建设为主的特色研究方向和融入发展、智力支撑、协同创新的服务路径，为甘肃乃至西北地区经济社会发展做出了积极贡献。近年来，学校牢固确立本科教学工作在学校各项工作中的中心地位，坚持以立德树人为根本任务，以提高人才培养质量为核心，以创业就业为导向，以改革创新为动力，以质量评估为保障，持续加大教学投入，不断强化教学管理，深入推进教学改革，扎实开展"本科教学十大改革工

---

① 王学军，兰州财经大学副校长，教授、硕士生导师。

程"和"30100 质量工程"建设，初步形成了以商科专业为主体、"商文""商法""商工""商艺"融合发展的专业结构与布局，财经类应用型符合人才培养质量明显提高，为区域经济建设和社会发展提供了强有力的人才支撑和智力支持。

一、充分认识财经类人才培养面临的机遇与挑战

长期以来，为适应社会经济发展对高素质经济管理人才的新需求，有效应对大众化教育阶段对财经类人才培养提出的新机遇和新挑战，各高校纷纷加快了经济管理类专业建设和人才培养模式改革步伐。通过实施一系列的改革措施，各高校在财经类人才培养目标定位、人才培养体系和培养方案的优化、人才培养途径和方法创新等方面均取得了显著成效，为地方经济建设和社会发展培养了一大批高素质应用型经济管理人才，在很大程度上缓解了社会经济发展对经济管理人才的需求矛盾。但与此同时，我们也应清醒地认识到，当前我国财经类本科专业建设和人才培养中仍存在诸多不容忽视的问题，面临严峻的挑战，尤其是随着产业结构的转型升级、"一带一路"和创新驱动的深入推进及高等教育综合改革的不断深化，财经类本科专业建设和人才培养面临的机遇与挑战并存。

（一）全国教育大会和新时代全国本科教育工作会议的召开，对加快建设高水平本科教育，全面提高人才培养能力提出了明确要求

为深入贯彻习近平新时代中国特色社会主义思想和党的十九大精神，全国教育大会和新时代全国本科教育工作会议明确提出，本科教育是提高高等教育质量的最重要基础，建设高等教育强国必须坚持"以本为本"，推进"四个回归"，加快建设高水平本科教育，培养大批有理想、有本领、有担当的高素质专门人才。建设高水平本科教育要求各财经类高校必须进一步深化教育教学综合改革，充分发挥高校办学优势和特色，增强学科专业和综合竞争力。财经类本科专业建设和人才培养必须抢抓机遇，全面推进专业内涵建设，进一步强化商科专业优势，突出商科人才培养特色，促进专业建设水平的整体提升和人才培养质量的显著提高。

（二）新时代经济社会发展的新需求，为财经类专业建设和人才培养提供了新动力，明确了新任务

经济发展新常态和供给侧结构性改革的推进，要求财经类本科教育必须主动对接产业行业需求，进一步优化调整专业布局和人才培养模式，加强专业内涵建设，实现专业布局与区域经济社会发展的深度融合，确保专业建设的协调和可持

续发展。创新驱动发展战略的深入实施，要求财经类本科专业建设和人才培养必须以创新创业为引领，深入推进本科专业结构调整和人才培养模式改革，搭建创新创业教育平台，优化创新创业课程体系，努力培养学生的创新精神、创业思维和创新创业能力。当前，财经类本科专业建设人才培养必须进一步依托优势学科，重点建设适应"一带一路"倡议和沿线国家与地区经济社会发展所急需的应用型商科专业，着力打造若干个紧密对接产业链、优势突出、特色鲜明的专业群，不断提升专业建设的核心竞争力，为培养高素质财经类应用型人才奠定坚实基础。

（三）"双一流"战略的深入推进，对地方财经类高校人才培养体系提出了新的挑战和发展机遇

"双一流"战略的深入实施，要求财经类高校进一步发挥办学优势和特色，增强学科专业和综合竞争力，不断提升人才培养能力和水平。从实践情况来看，当前各地方高校财经类人才培养中培养目标趋同、培养规格和培养途径单一、缺乏实践和创新能力培养等问题仍十分突出，与"双一流"建设的要求还有一定差距。这就要求各地方财经类高校应进一步凝练优势学科专业建设方向，充分论证学科专业发展的趋势，瞄准区域发展需求和地方经济建设与社会发展急需，培育和打造优势特色学科专业。通过抢抓"双一流"和优势学科建设的良好机遇，全面推进专业综合改革和人才培养体系建设，建设一批教育观念先进、商科优势更加突出、商科特色更加鲜明的专业群，不断优化和健全财经类人才培养体系，促进财经类本科专业建设质量和人才培养水平的整体提升。

二、科学定位财经类人才培养的基本思路与发展目标

为有效应对新时代经济社会发展对财经类人才培养的新需求，全面贯彻落实新时代全国本科教育工作会议精神，认真落实"新时代高教 40 条"，兰州财经大学通过深入研讨和充分论证，进一步明确了"十三五"期间学校本科专业建设和人才培养工作的指导思想、建设思路和发展目标。

（一）明确指导思想

全面贯彻党的教育方针，以习近平新时代中国特色社会主义思想为指导，按照"夯实基础、突出特色、创新引领、融合发展"的工作思路，以立德树人为根本任务，以社会需求为导向，以提高人才培养质量为核心，以创新创业教育改革为引领，以专业内涵建设和特色发展为主线，以重构课程体系和优化教学内容为重点，以创新教学方式方法和手段为支撑，以完善教学质量监控体系为保障，

全面深化本科教育教学综合改革，不断优化人才培养体系，着力培养具有社会责任感，富有创新精神、创业意识和实践能力的应用型复合人才，为区域经济建设和社会发展提供强有力的人才支撑。

（二）全面厘清发展思路

（1）夯实基础、科学发展。不断夯实专业建设基础，补齐专业建设短板，重点加大传统优势专业的升级改造和新办专业的扶持强化力度，通过加强师资队伍和教学科研团队建设、实验室和实习基地建设、创新创业平台和体系建设等教学条件建设，提升专业的可持续发展能力。

（2）优化结构、协调发展。瞄准国家和地方经济社会发展的战略重点与目标，紧跟高等教育发展的新趋势，主动适应全面建成小康社会和区域经济社会发展的新要求，以社会需求为导向，调整和优化专业结构与布局，增强人才培养的适应性和符合度，重点建设一批适应区域经济建设需要的财经类应用型专业。

（3）提高质量、内涵发展。牢固确立人才培养的中心地位，全面深化教学改革，积极探索学校专业建设和人才培养的新模式和新路径，推动专业建设由规模扩张向内涵建设的根本性转变。通过优化人才培养模式，改革课程体系，加强创新创业教育和实践教学体系建设，强化专业综合评估，着力提升专业建设质量和水平。

（4）突出特色、创新发展。重点支持和整合能够体现学校特色的传统优势专业，瞄准经济社会发展新需求，以省级重点学科和一级硕士学位授权点学科相关专业为龙头，发挥优势、挖掘潜力、突出重点、集中资源，优先建设好有国家和省级"质量工程"建设项目的专业点，能体现学校办学特色与优势的专业点。同时，加强各学科专业间的交叉融合和学科专业结构的优化组合，科学合理地规划和调整学科与专业布局，以优势学科专业带动其他学科专业的发展，真正形成自身的优势和特色。

（三）科学定位发展目标

"十三五"期间，学校确立了以下本科教学建设和人才培养工作总体目标：到 2020 年，使全校牢固树立以创新创业教育为引领、以内涵式发展为核心的教育发展观，形成以"一个中心、两大平台、四大体系"为内涵的人才培养新机制。

（1）坚持"一个中心"：以学生发展为中心，围绕高素质应用型复合人才的培养目标定位，努力培养学生的自主学习能力、实践能力和创新创业能力。

（2）构筑"两大平台"：构筑理论教学平台和实践教学平台。一是优化学分制人才培养方案，把创新创业教育融入人才培养体系，促进通识教育课程、学科基础课程、专业基础课程与创新创业课程有机融合，构建四位一体、层次分明、比例协调的理论教学平台；二是深化实践教学改革，大力推进协同育人，构建产教融合、校企合作、协同发展的实践教学平台和协同育人机制。

（3）优化"四大体系"：优化专业体系、课程体系、实践教学体系、质量监控与保障体系。一是形成以商科为主体，规模稳定、内涵提升、特色鲜明、优势突出的本科专业体系；二是打造以精品课程群和在线开放课程为主体的优质课程资源共享平台，形成信息化、优质化、交互式的课程体系；三是优化实验课程体系，创新实验教学方法和手段，形成以创新创业能力和实践能力培养为目标，以专业实验、社会实践、创新创业实践为主体的多层次、模块化、体验式的实践教学新体系；四是强化教学管理和质量监控，构建全方位、网络化、动态化的教学质量保障体系。

三、明确财经类人才培养改革的主要任务及建设措施

（一）优化专业结构与布局，打造一流商科专业

（1）以传统商科专业为重点，实施一流商科专业建设计划。坚持"主动适应、适度超前、分类指导、示范引领"的原则，实施"一流商科专业建设计划"，着力建设一流传统商科专业。围绕省级重点学科覆盖专业，以现有国家级、省级特色专业为重点，通过建设一流平台、引进一流师资、打造一流课程、产出一流成果、培养一流人才，打造一批教育观念先进、改革成效显著、商科特色更加鲜明的西部一流专业点。通过一流专业建设，使传统商科专业在西部地区同类院校中形成较强的示范性和引领性，并带动学校其他专业的改革建设，促进专业建设水平的整体提升。

（2）以新兴商科专业为主体，实施品牌专业建设计划。按照"突出优势、创新机制、提升内涵、打造品牌"的要求，进一步加大品牌专业培育和建设力度，建设一批商科品牌专业。以新兴商科专业为主体，支撑区域经济社会发展，服务经济转型升级，通过优化人才培养方案和课程体系，健全产教融合、协同育人新机制，重点建设适应"丝绸之路经济带"甘肃段发展所急需的应用型商科专业，着力打造若干个紧密对接产业链、优势突出、在西部同类高校中具有较强竞争优势的品牌专业。

（3）以交叉商科专业为重点，实施特色专业建设计划。进一步加大特色专业建设力度，充分发挥学科交叉、融合度高的优势，建设一批人才培养质量高、毕业生就业率高、社会声誉好的特色专业。围绕社会经济发展的迫切需求，发挥

商科专业传统优势，结合新兴学科特点，整合不同学科专业的教学资源，在传统优势专业结合点上形成新的专业领域和专业方向，积极探索和培育以"商文""商工""商法""商艺"等交叉学科专业为主体的特色专业群。

（4）加强专业内涵建设，实施专业结构动态调整计划。进一步加大传统优势专业的升级改造力度，充分结合新时代经济社会发展对专业建设和人才培养的新需求，坚持升级改造和动态调整相结合的原则，建立专业动态调整机制。对于就业不尽理想的专业，压缩招生计划或暂停专业招生，通过进行深入改造，发掘新的生长点，实现传统专业的新发展。严格新专业立项申报与审批制度，进一步明确专业设置与管理的程序和要求，对于新申报的专业明确建设规划和发展目标，在规定时间内未能完成目标的给予停办。

（二）深入推进人才培养模式改革和创新，构建人才培养新机制

按照"分类指导、分级设计、分流培养"的原则，全面修订学分制人才培养方案，使培养方案更具科学性和可操作性，更加体现学校的办学特色和学科专业优势，更加符合学分制人才培养的需要。以特色专业、重点学科、人文社科基地、协同创新中心和国际交流项目为依托，探索实施以实验班培养有特色的复合型人才、以专门人才培养班培养高素质的应用型人才等多种人才培养模式创新实验区；大力实施卓越会计人才、卓越金融人才、卓越营销人才、卓越法律人才、卓越农林人才、卓越新闻人才等一系列"卓越人才教育培养计划"，努力形成有利于多样化创新人才成长的培养体系，持续提高人才培养质量。

（三）着力优化课程体系，促进信息技术与教育教学的深度融合

围绕人才培养方案的修订，全面梳理课程体系，科学合理设置各课程模块及学分要求，构建由"通识教育课程、学科基础课程、专业基础课程、创新创业课程"四位一体、有机融合、层次分明、比例协调的课程体系。注重大数据和"互联网+"等现代教育技术在课程建设和教学内容、教学方法手段改革中的应用。依托互联网在线技术，引进和自行建设网络资源课程平台，建设一批以通识教育课程和素质教育课程为主体，以覆盖面广的学科专业课程为补充的优质网络在线课程。鼓励教师加强"慕课"（MOOC）、微课、翻转课堂等教学模式在课程教学中的应用，激发学生的学习兴趣，拓宽学生课堂学习的途径，全面改进课堂教学效果，提升课堂教学质量。

（四）强化实验实践教学环节，构建产教融合协同育人机制

根据人才培养目标和培养规格，坚持实验课程设置的分层次性，按照因材施教的原则，为不同学生开设不同层次的实验课程；大幅度提高开放性、综合性、

设计性实验课程的比例，加大实验室开放力度，引导学生自主设计实验项目，自主安排学习进度，自主进行实验操作，形成有利于学生潜力发挥和能力培养的实验教学新模式。不断完善公共基础实验、专业基础实验、专业综合实验、课程综合实验、创新创业模拟实验五大实验教学模块，进一步优化"共建、共管、共享、开放"的实验教学运行机制，推动形成线上线下融合、注重过程体验、突出创新创业能力培养的实验教学新体系。进一步加大各专业实践教学学分比例，强化实践教学环节，加快校内外实习与实践教学基地建设步伐，建设一批满足学生专业技能实践和创新创业能力培养需要的高水平实习和实践教学基地。主动适应新产业、新业态和新技术的发展，大力推进校企、校地、校校合作，探索与政府、社会、行业的协同育人新途径，建设一批联合培养与协同育人基地，逐步构建起产教融合、协同育人新机制。

（五）强化教师教学主体责任，着力提高教师教书育人能力

为促进教师教学能力的提升和教学质量的改进，学校高度重视教师职业发展，成立了兰州财经大学教师工作部和教师发展中心，针对性地开展教学理念、教学技能、信息化教学手段、教学方法等专项培训，着力提升教师教学水平。学校一贯重视师德师风教育，制定并严格执行《兰州财经大学教师本科教学工作规范》《兰州财经大学本科教学质量"一票否决制"》《兰州财经大学关于建立健全师德师风建设长效机制实施办法》等文件，强化教师在教学中的主体责任，把本科教学质量作为教师专业技术职务评聘、绩效考核的主要依据，在教师职称晋升、评优评奖、升学进修中施行本科教学工作考评"一票否决制"，对于教学过程中师德表现失范的教师，依法依规严肃处理。

（六）全面加强课堂教学和学生学习过程管理，确保课堂教学质量

认真贯彻落实教育部"新时代高教40条"和《关于加强高校课堂教学建设提高教学质量的指导意见》精神，修订和完善《兰州财经大学全面提高课堂教学质量的实施意见》《兰州财经大学本科生课堂教学管理办法》《兰州财经大学教师本科教学工作规范》等课堂教学建设和管理的相关规定，从教学大纲、教材、教案、课件、教学组织、课堂纪律等方面，进一步强化教师课堂教学管理，把从严管理的规矩立起来，把课堂教学建设强起来，把课堂教学质量提起来。全面梳理各门课程的教学内容，通过淘汰低质量的"水课"，打造高水平的"金课"，合理提升学业挑战度、增加课程难度、拓展课程深度，切实提高课程教学质量。切实加强学习过程考核，加大过程考核成绩在课程总成绩中的比重。修订《兰州财经大学重修重考管理办法》，严格执行考试不及格的课程补考、重修的规定，取消毕业生"清考"制度。

四、兰州财经大学财经类应用型复合人才培养的实践成效

（一）专业结构与布局不断优化，初步形成"四商"结合的本科专业体系

学校高度重视本科专业内涵建设，对标本科专业建设国家标准，按照"传统商科专业争一流、新型商科专业创品牌、商科交叉专业办特色"的建设目标，大力开展"专业结构与布局优化工程"，通过实施"传统优势专业提升计划""新办专业扶持计划""品牌特色专业培育计划"等建设项目，深入开展本科专业综合改革和结构调整工作。坚持需求导向、超前布局，主动适应国家经济结构战略调整，鼓励跨学科设置交叉专业，积极组织申报"数据科学与大数据技术""互联网金融"等人工智能、大数据相关专业。通过持续改进与建设，初步形成专业结构基本合理，以传统商科专业为主体，以新型商科专业为支撑，以"商文""商工""商法""商艺"等交叉专业为特色的本科专业体系。

（二）深化"平台+模块+组"课程体系改革，不断创新人才培养模式

学校依托学科专业特色和优势，在狠抓课程基本规范、大力加强课程管理的基础上，坚持以优质课程建设为突破口，不断深化课程体系和教学内容的改革，构建起"通识教育课程、学科基础课程、专业基础课程、实践教学课程"四位一体的课程群和"平台+模块+组"的课程体系。通过实施"学分制改革推进计划"和"卓越人才培养计划"，积极探索多元化的人才培养模式，着力优化人才培养体系，不断完善选课制、学分绩点制、主辅修制等学分制管理运行机制，形成"强化商科优势、注重交叉融合、力行商务实践"的人才培养模式。

（三）引进和建设一批优质课程资源，推动教学模式的转变

学校依托互联网在线技术，通过引进和自行建设网络资源课程平台，建设一批以通识教育课程和素质教育课程为主体，以覆盖面广的经管学科专业课程为补充的优质在线课程。近年来学校引进"学堂在线""超星尔雅""优慕课"等慕课教学平台，在全校范围内开设以综合素质选修课为主体的慕课共120余门次，允许学生通过慕课形式获取10个综合素质选修课的学分。通过鼓励教师积极参与慕课教学，探索基于翻转课堂的混合式教学模式，促进优质教育资源的开放和共享，切实提高了课程建设和课堂教学质量。

（四）创新创业教育改革深入推进，学生创新精神和创业能力不断提升

学校大力实施"学生创新创业能力提升工程"，不断加强学生创新精神和创业能力培养，促进了学生创新创业能力的不断提升。通过树立"从一个想法到一

个企业"的创新创业教育理念，优化创新创业教育课程体系，搭建创新创业教育平台，促进创新创业教育与专业教育的深度融合，把创新创业教育融入人才培养全过程。按照"专业横向融通、教学纵向递进、注重创业实践、突出创业孵化"的建设思路，构建了"1+2+N"创新创业人才培养模式。近年来，在创新创业教育改革实践中，学校共获得创新创业教育省级试点改革专业 3 个、省级教学名师 3 人、省级教学团队 2 个、省级慕课 2 门、省级"众创空间" 1 个，在创新创业竞赛及学科专业竞赛中，学生共获得国家级奖励 200 余项、省部级奖励 500 余项。2017 年学校被教育部评为第二批"全国深化创新创业教育改革示范高校"。创新创业实训平台框架图如图 1 所示。

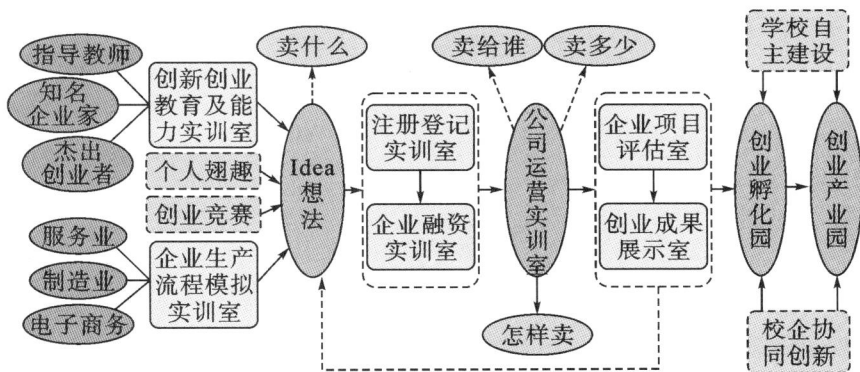

图 1　创新创业实训平台框架图

（五）加强教学质量评估，健全教学质量监控与评价体系

学校着力实施"教学质量监控与评价体系优化工程"，通过健全教学管理规章制度，细化管理办法，完善教学工作流程，促进校、院两级教学管理水平的提高，确立了学校以目标管理为主、学院以过程管理为主的教学管理模式。不断加强全方位、多层次的教学质量监控网络，强化领导听课、教学督导、教学检查、学生评教、专家评教等多种教学质量监控措施，形成了教学目标监控体系、教学过程监控体系、教学信息监控体系等有机结合的教学质量监控系统，实现对教学质量的全面监控和全程监控。学校借鉴全面质量管理理念和 PDCA 方法，结合实际，建立了"决策、运行、监控、改进"闭合循环的教学质量保障模式，形成了"教学质量决策系统、教学资源保障系统、教学过程管理系统、教学质量监测与改进系统"四位一体的教学质量保障体系（见图 2）。

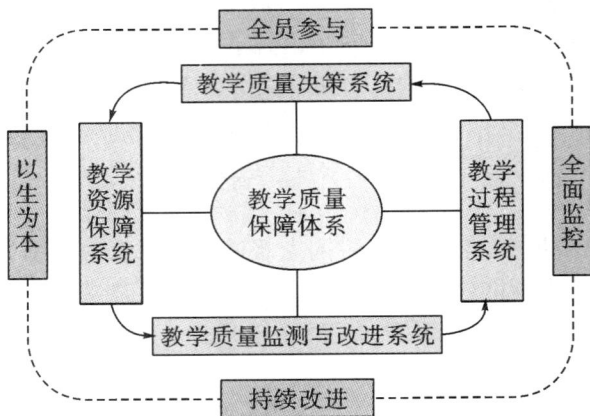

图 2 教学质量保障体系

参考文献

[1] 李萍."双一流"背景下山西省地方高等院校学科建设研究 [J]. 教育理论
    与实践，2017（33）：15-17.

[2] 傅雷鸣，陈一飞. 学科"品牌特色"的构建与形成路径 [J]. 黑龙江高教研
    究，2016（8）.

[3] 郑慕强，周攀，徐宗玲. 商科人才培养的协同创新模式探索 [J]. 中国现代
    教育装备，2016（1）.

[4] 蒋辉. 经济管理类专业教育的核心理念与教学改革路径之研究 [J]. 现代经
    济信息，2016（9）.

[5] 朱亮. 高等院校商科类教育存在的问题及改革研究 [J]. 企业科技与发展，
    2014（8）.

[6] 柳贡慧. 地方大学"双一流"建设的逻辑与途径 [J]. 中国高等教育，2017(18).

[7] 韦联桂. 经管类院校"双创"型人才培养供给侧——基于广西财经学院的
    个案研究 [J]. 湖北函授大学学报，2018，31（12）.

[8] 孙宝军. 财经类高校大数据复合型人才培养模式研究 [J]. 内蒙古财经大学
    学报，2018（5）.

关于新时代地方财经类高校应用型人才培养的实践与探索
——以吉林工商学院为例

郭文君①

摘　要："大智移云"时代，人才的培养理念、培养方法、培养路径、培养内容等都需要优化和创新。作为地方应用型本科院校，吉林工商学院进一步凝练、强化特色，努力打造财经、粮食、餐旅三大特色品牌，积极探索符合吉林省地方经济发展需要的应用型人才培养定位和办学模式。

关键词：地方高校　应用型　特色品牌

"大智移云"时代，传统产业发展和商业模式正在经历颠覆性的变革。进入新时代，人才的培养理念、培养方法、培养路径、培养内容等都需要优化和创新。作为地方应用型本科院校，应立足实际情况，明确办学定位，充分发挥行业优势和专业特色，创新和优化人才培养模式，走内涵发展和质量提升之路，坚持"以本为本"，推进"四个回归"，以更好地服务于地方经济。下面就以吉林工商学院为例谈谈地方应用型高校人才培养的实践。

一、吉林工商学院的基本情况

吉林工商学院是 2007 年 3 月经教育部批准，由原吉林财税高等专科学校、吉林商业高等专科学校和吉林粮食高等专科学校合并组建的省属公办财经类本科院校。校址位于美丽的北国春城——吉林省长春市，目前总占地面积 100 万平方米，总建筑面积 35 万平方米，在职教职工 1 000 人，现有全日制本、专科在校学生 1.5 万人。学院办学历史可追溯到 20 世纪 50 年代，财会、餐旅、粮食等是学

① 郭文君，吉林工商学院党委副书记、院长，教授。

校建设最早的一批学科，学科总体实力处于省内领先水平。

2015年12月，吉林工商学院被批准为吉林省首批地方本科高校转型发展试点单位，作为应用型本科院校，学校秉承"育人为本、突出特色，改革创新、服务社会"的办学理念，积极探索符合吉林省地方经济发展需要的应用型人才培养定位和办学模式，努力为地方经济建设服务。

二、吉林工商学院在应用型人才培养方面的主要做法

（一）重构应用型人才培养机制

1. 基于学科交叉融合的人才培养方案修订

根据三部委印发的《关于引导部分地方普通本科高校向应用型转变的指导意见》以及2017年教育部高等教育司制定的《普通高等学校本科专业类教学质量国家标准》，进一步明确人才培养目标定位。实行"3+1"培养模式，压缩总学时以及理论教学课时，加大实践教学课时比重，将各专业相关的执业资格证书教育和创新创业教育纳入人才培养方案，通过通识教育、专业教育和创新创业教育的深度融合，培养复合型、创新型人才。

2. 以市场需求为导向优化学科和专业结构

根据吉林省经济发展和重点产业发展情况，学校重点打造两大学科：工商管理学科和粮食工程学科。与延边大学和吉林财经大学联合培养会计专业硕士（MPACC）和审计专业硕士。2018年，学校制定本科专业评估指标体系，对学校现有的本科专业开展专业评估工作。根据专业评估结果分析各本科专业的建设质量，对评估中存在问题的相关专业进行整改，进而达到深化教学改革、突出专业特色、优化专业结构、提升专业水平、全面提高人才培养质量的目标。

3. 重点打造"双师双能"型教师队伍

积极打造"知行合一"的高质量实践教学双师队伍。对现有教师进行学科知识能力、教学创新能力和实践教学能力培训，选派突出教师到国内国外相关院校进行学习与交流，加强与其他高校联系。要求专业教师尤其是青年教师必须下企业锻炼，为保证效果进行相应的考核，以真正提高教师的实际操作能力。引进和外聘学科与专业急需的高层次人才，发挥其在教学科研工作方面的引领和推动作用。经过近10年的建设，形成了主要学科有专家级人才引领，各专业方向带头人和骨干教师梯队有序，普通教师理论和实践能力较强的应用型师资队伍。

4. 加强课程建设与改革

通过课程思政、课改课程、校企合作课程以及在线课程的建设等项工作的推进，深化课堂改革和课程改革。将兰墨云班、超星等信息化手段运用于课堂教学

中，加强课堂组织管理，调动学生的学习兴趣，从而提高课堂教学质量。

5. 发挥实践教学优势

发挥学校在实践教学方面的传统优势，以应用能力培养为主线，系统构建实践教学体系和教学内容，运用学校优秀的校友资源加强与地方政府、企事业单位之间的合作，建立稳定的校外实习实训基地。综合运用校内外资源，建设满足实践教学需要的实验实习实训平台。加强校内实验教学资源建设，构建功能集约、资源共享、开放充分、运作高效的实验教学平台。

6. 创新教学管理模式、提高服务意识和教学管理效率

坚持教学工作的中心地位，组织全校性教育思想学习研讨活动，请专家来校做学术报告。院长作为学校教学质量第一责任人亲自抓教学质量，健全了领导干部听课制度和校级领导联系教学单位制度。完善政策机制激励教学，制定了《教学部门新增奖励绩效管理考评办法》，根据考评结果划分奖励等级，以奖优奖勤的方式提高广大教师的工作主动性和积极性。积极开展对外合作交流，引进国外优质教育资源，实现了与美国、新加坡、韩国、日本等国家和我国台湾地区相关高校的联合办学和学术交流。

7. 转型发展，校企深度融合

建立与社会用人部门更加紧密的人才培养合作机制。截至 2018 年 10 月，共有 6 个教学单位与企业签订校企合作协议，并联合制定人才培养标准，完善人才培养方案。采取设置实验班、单独招生等多种联合培养模式，并统筹专兼职教师队伍建设，促进双向交流，提高实践教学水平。

（二）主动服务地方社会经济发展

办学 60 多年，学校学生遍布省内和全国各地，为国家尤其为吉林省的经济建设做出了突出贡献。

1. 服务地方经济，实现产学研深度融合

积极参与政策设计，突出面向企业需求开展研究和服务，积极开展咨询服务和产学研合作，取得了显著成效。受吉林省节能办委托，主持修订了吉林省节约能源条例，现已在吉林省实施。参与吉林省政府旅游采购评标工作，参与吉林省政府旅游资源规划开发质量评定及可行性论证。多次接受吉林省财政厅委托，完成企业会计准则、财务通则、内部控制规范等的培训任务。财务与会计理论研究及应用研究团队制作的"农村经济组织会计核算、财务管理、三资管理"系列电教片，得到吉林省财政厅与广大农村基层管理人员的好评。撰写高质量、有针对性的研究报告。6 项研究成果获得吉林省主要领导批示并被吉林省工信厅等政府部门采纳。

2. 与吉林省重点产业发展相对接，打造"大粮食"特色

积极与省粮食和物资储备局共建吉林省粮食大数据中心，而将省级粮情信息监管平台建在高校在全国尚属首例。为突出学校对国内粮食行业发展的咨询建议和技术支持，学校先后成功申报并承担"粮油食品深加工省高校重点实验室""吉林省烘焙食品产业公共技术研发中心""吉林省农特产品高值化利用及生物制造工程实验室""吉林省粮食技术工程研究中心""吉林省粮食安全与利用及产业发展研究智库"等平台建设任务。助力"吉林大米"品牌建设，承担了吉林省粮食和物资储备局"吉林大米质量标准"建设项目，提高成果转化能力。

（三）积极筹划三大特色品牌

学校在合并升本之前，3所专科学校都具有十分鲜明的行业特色。合并升本后，作为一所地方应用型大学，学校必须进一步凝练、强化特色，努力打造财经、粮食、餐旅三大特色品牌。坚持以财经类为主导，三大特色协调发展，有针对性地为行业培养骨干人才，积极探索符合吉林省地方经济发展需要的应用型人才培养定位和办学模式。

1. 打造"财经类"特色品牌规划

从国内其他财经类高校发展态势看，大家均纷纷抢抓机遇、深化改革、强化特色、跨越发展，呈现出千帆竞发态势，学校发展的外部空间受到挤压，办学水平和实力的竞争将更趋激烈。

学校的实施策略为：巩固财经类学科发展的优势，树立错位竞争及创新发展的理念，科学整合财经类学科资源。在国家层面，立足"高水平、应用型"的办学定位，围绕新颁布的财经法规、准则、制度的热点领域积极参与国家级课题申报，为申报硕士点、提升办学层次打下坚实基础，力争成为国家级的重点专业。在省内层面，一是立足"地方性"，根据吉林省经济发展实际，着力为地方培养用得上、留得住、干得好的财经类应用人才，满足吉林省县、乡两级公务员需求，使学校培养的人才能够热爱家乡、服务家乡，根植地方。二是依托学校在省内财经领域优势，推进校政、校企、校银、校行业协会等的战略合作关系，寻找新的合作增长点，有效推动区域经济发展。三是利用已有的研究基地和平台，开展"一带一路"、东北经济振兴、保税区贸易港等研究，建设特色鲜明的财经智库。四是进一步巩固省级特色专业。校内层面：一是加强学术方向凝练和引导，引进和培养会计、财税、金融等优势专业的高层次人才。二是突出"互联网+"特色教育，根据智慧校园建设，形成"互联网+会计，互联网金融"等特色教育。三是坚持国际化战略，利用已有的中外合作办学经验，加强与海外知名大学交流合作，启动中外合作办学本科项目申报建设。四是相关学科的交叉融合，制

订应用型本科专业设置和结构优化改造方案，逐步调整、改造传统专业，设置应用性强、复合交叉型新专业，形成特色鲜明的专业群，形成新时期学校财经类人才培养新的增长点，提升财经类专业人才培养核心竞争力。

2. 打造"大粮食"特色品牌规划

新一轮科技革命和产业变革正在悄然进行。2017 年 2 月以来，教育部积极推进新工科建设，全力探索形成领跑全球工程教育的中国模式、中国经验，助力高等教育强国建设。

传统的办学理念以专业为基础，而现代办学植入了学科的理念。"新工科"建设的核心是发展学科和学科群。粮食工程学科建设迎来了新的契机。吉林省粮食产量在 350 亿千克以上，"东北四盟"的粮食产量高达 1 250 亿千克，供养我国超 4 亿以上人口。从国家战略层面看，我国农业正在走向适度规模化、现代化。从省情层面看，粮食既是战略资源又是经济资源。学校作为全国最早的设立粮食工程专业高校之一，与时俱进，努力打造"大粮食"特色品牌，积极发展"新粮工"建设，为国家管理好粮食，为吉林省发展好粮食，"把中国人的饭碗牢牢端在自己的手中"，意义十分重大。

我们的实施策略为：设立专门粮食学院，打造"大粮食"发展平台。在国家层面，一是积极谋划和国家粮食与物质储备局、吉林省人民政府共建方案。二是积极策划与河南工业大学、武汉轻工大学、南京财经大学等涉粮高校，成立"全国粮食高校科技创新联盟"。在省内层面，一是积极策划与吉林农业大学共建粮农研究院。二是向省教育厅申报"吉林省粮食安全与利用及产业发展特色智库"。三是向省科技厅申报"吉林省粮食储运装备重点实验室"。四是与省粮食局共建"吉林粮食工程技术研究中心"；争取成为吉林省粮食应用型人才培养基地，行业高技能人才的培养基地；成为粮食储藏加工科技创新基地，粮食科技成果转化示范基地。在校内层面，一是引进高层人才，强化队伍，在粮食的收储、物流运输、粗精加工方向寻求重大突破。二是强化粮食科研：以现有的省级平台－省级粮食安全智库、粮食工程研究中心、粮农研究院、粮油食品深加工重点实验室、中小企业发展研究中心（含粮食企业发展研究）和现代经济体系研究中心为依托，侧重开展粮食安全、粮食经济等方面的研究。三是设置与特色品牌打造相适应的课程体系。四是相关学科的交叉融合，通过现有传统学科专业与粮食学科的交叉融合发展，逐步发展粮食机械、粮食管理、粮食物流、粮食信息等专业方向，形成整体优势，促进财经类学科专业发展。

3. 打造"旅游+烹饪"特色品牌规划

2017 年 2 月 27 日，中共中央、国务院印发了《关于加强和改进新形势下高校思想政治工作的意见》，指出了高校的五大使命，增加了国际交流合作使命。这要求我们积极融入和参与"一带一路"建设等。

学校的实施策略为：在国家层面，一是有效整合资源，联合扬州大学、四川旅游学院、湖北经济学院等烹饪高等教育 1.0 起步阶段合作关系密切的兄弟单位以及中国烹饪协会、吉林饮食文化研究会等相关行业组织，制定了"一带一路"饮食文化教育发展规划，建立中国"一带一路"饮食课堂联盟，发布《中国"一带一路"饮食课堂联盟宣言》，依靠国家级烹饪大师、长白山技能名师、国务院特殊津贴获得者等烹饪专业高端人才，通过对外传播中华文化的重要场所——孔子学院，展开系列推广中华优秀饮食文化的活动。二是不断跟进热点领域、提升研究质量，积极参与课题和基金申报。在省内层面，一是与吉林省文化和旅游厅、长白山管委会旅游局、长春市旅游局、长春市贸促会积极联络，以期形成战略合作，积极参与政企各项大型活动智库工作。二是以吉林省旅游文化研究中心为基础、现代经济体系研究中心为依托，扩大文化研究中心在省内学术影响。三是通过吉林烹饪研究所平台与企业联合开发吉林美食文化产品，拓展健康养生食品研究领域，开发药膳食品并尝试标准化、工业化加工途径。在校内层面，首先加强学术方向凝练和引导，基于现有的吉林省旅游文化研究中心、吉林烹饪研究所、长吉图旅游休闲产业高等教育研究基地，打造"共享开放式"科研平台，鼓励全体教师开展旅游特色科学研究。二是建立优势特色的课程体系和实践教学平台。实现"理论教学-实践育人""技能传承-文化传承"的有机结合，打造"美景+美食+文化"的品牌特色。

实践证明，进入新时代，地方财经类本科高校的应用型人才培养，必须坚持习近平新时代教育思想，必须坚持"以本为本"、推进"四个回归"，必须坚持自身实际、特色发展。只有这样，才能走出一条契合国家战略、立足省情、符合实际的特色发展之路，融合发展之路，才能写好各自的故事，以更好地服务于地方经济。

西南财经大学创新人才实验班优化与升级研究

王 宇 王 征 李 瑶①

摘 要: 西南财经大学光华创新人才实验班已成功运行了 10 年,在取得很多成绩的同时也迫切需要与时俱进,实施优化与升级。针对实验班建设过程中暴露出来的问题与现状,需要进行一些改进:①优化实验班定位设置与培养目标;②完善和增补匹配度高的教学资源;③深入优化和完善培养过程;④全面提升过程质量保障水平。

关键词: 实验班 优化 升级

一、引言

西南财经大学光华创新人才实验班已运行 10 年。2007 年,学校秉承"经世济民、孜孜以求"的西南财经大学精神,实践"育人为本,理论为基,应用为重,创新为魂"的人才培养理念,从根本上转换传统过于偏重专业教育的本科人才培养模式,从"定位经管复合、强化通识基础、突出专业特色"三个方面着手,全面创新经管类人才培养思路与培养方式。以金融+X 的培养思路,创设了 4 个光华创新人才实验班(分别是金融与理财,金融服务与管理,金融统计与风险管理,金融智能与信息管理),后又增设了法学金融、金融数学 2 个光华创新人才实验班。学校着力把实验班打造成培养卓越人才的摇篮和基地,使学生的潜力在这里尽可能得到挖掘,才华得到充分而全面的发展。学校将在实验班进行人才培养模式创新的综合改革,探索全新的教育理念、培养体系和管理方式,并以人才的高品质优势赢得良好的社会声誉。但本研究发现,在这些建设成绩的背后,仍然存在一些问题。例如,校内跨专业课程师资力量不足、一对一导师制无

---

① 王宇、王征,西南财经大学经济信息工程学院副教授;李瑶,西南财经大学经济信息工程学院本科教育工作办公室工作人员。

相关跟踪保障机制、金融+X 的培养模式尚未完全达到融汇交融，难以形成复合合力等。针对上述问题，本研究进行了下列优化与升级设计。

二、优化定位设置与培养目标

"实验班"顾名思义是想通过实验去验证人才培养的一些基本设想，探索创新发展思路。近些年来，国家频繁出台的有关人才培养模式改革政策文件，鼓励和要求进行人才培养模式的改革和探索。在国家相关政策的支持下，学校先后尝试建立了多个创新人才实验班，进行了有益的探索。但是，如何在建设目标、功能定位等方面理顺各种实验班的关系，整合各类实验班，选择恰当的学院与专业，避免重复建设始终是实验班建设需解决的问题。学校与实验班所在学院应及时总结各类实验班建设经验，推广成功的人才培养模式，充分发挥实验班的试点推广功能。培养目标是指引实验班建设的航标，清晰、具体、富有特色、易于操作的培养目标是实验班建设的关键。因此，我们应进一步明确人才培养理念和目标，制定人才培养规格，细化人才培养方案，突出人才培养特色，让实验班真正成为创新人才培养和人才培养模式改革的实验田。但同时学校层面应当在制度、经费等方面向实验班倾斜的同时，考虑通过实验班的辐射作用，兼顾其他学生的利益和需求，努力改善他们学习成长的条件和环境，促进教育公平。

在培养方案优化方面，学校上下均将实验班作为培养创新人才、改革人才培养模式，确实起到了极大的带动作用。首先，各牵头学院在实验班建设方面大胆创新，配备优质资源和条件，积极采取多种培养措施，直接目的就是培养创新人才。其次，学校以创新人才实验班为实验田，探索新的人才培养模式，促进全校的人才培养模式改革。从当前的各个实验班的人才培养方案可以看出，为配合实验班培养方案的实施，相关学院的教学计划也相应做出调整，实验班的部分改革措施也被其他学院所采纳，带动了全校的教育教学和人才培养改革。最后，实验班在学校教育体系中的独特位置，使得其在客观上必然成为其他学院的教学学习对象，这些实验班的人才培养举措会被竞相模仿，客观上促进了学校人才培养模式改革。从实验班建立伊始，培养目标就被树立为人才培养的标杆，尽管各个实验班的培养目标各有侧重、各具特点，但概括学校所有实验班的培养目标，都突出了"高素质""厚基础""宽口径""创新型""复合型"等人才特性。由于培养方案是人才培养理念和目标的核心体现，是人才培养的重要依据，因此，一方面与普通班相比，一方面经过 10 年的探索与沉淀，各实验班的培养方案也历经了一些细微调整，随着社会与经济的高速发展，特别是"互联网+"等新经济通道的开启，各实验班应进一步审时度势，总结经验教训，深度结合自身学科最新发展现状与未来发展趋势，专为培养创新人才重新"量身定做"培养方案，并进一步优化培养目标，从而使自身的培养目标与培养方案更具特色与可行性。此外，通过比较目前培养方案的核心内容——课程结构，可以发现，尽管各个实验班的培养理念、培养目标和课程理念有所不同，他们的课程结构也各不相同，总的来说，课程设置依旧按照传统教学模式的必修、选修、课内课外模式构筑课程结构；课程思路结构也遵循学校传统，按照通识课、专业课等分类进行配置；在细节上，融入了通识课、专业课、选修课和科研课程等课程结构要素。但总的来说，各个实验班的课程结构，基本是在专业课—通识课、必修课—选修课、单门课程—模块课程、课堂教学—实践教学等结构维度上的选择和博弈。具体通过课程结构要素的选择体现各自的培养理念，通过学分权重分配表达人才培养的侧重，最终从总体上使得通识教育、大类培养、扩大选修和分流培养等理念在实验班的课程结构中得到比较充分的体现。

基于图 1 可以制订下列具体的改进与提升计划：

（1）针对创新人才实验班培养目标与培养方案制定中的问题，应从以下几方面进行升级：创新人才培养不是某一企业的岗前培训，不应只满足某一企业的用人需要，而是要满足某一行业某一领域的专业人才需求；聘请专家也要考虑条件限制因素，真正落实需要辩证地分析和深入地调研。创新人才培养方案，关系着人才培养的规格，其修订需要用事实说话、用数据说话，而这些都需要对兄弟院校和行业进行具有一定深度和广度的调研。因此可以从学校层面考虑对创新人才实验班所涉及的专业调研需求进行分类、汇总，委托校内外专业机构长期进行数据跟踪，提高参考数据的可持续性、调查的深度与广度，以及专业学科的覆盖度。有关行业协会也应负起社会责任，研究建立行业数据统计平台，并定期向校内各培养单位发布统计结果，用大数据引领高校专业建设，从而为创新人才实验班的优化发展服务。

（2）创新人才培养方案论证需要广泛的教学、行政、专业技术等多方单位协同开展。创新人才培养方案论证的目的是选择最佳方案并论证其预期成效与可行性，因而要分析各有关方面的因素。

第一步，论证准备阶段。主要是要明确培养目标，以及培养方案论证研究的范围。

第二步，资料整合与分析。应向论证委员会提交培养方案制订过程中涉及的各类原始资料，包括实验班概况、各类参考文献资料、政策法规与相关依据等。

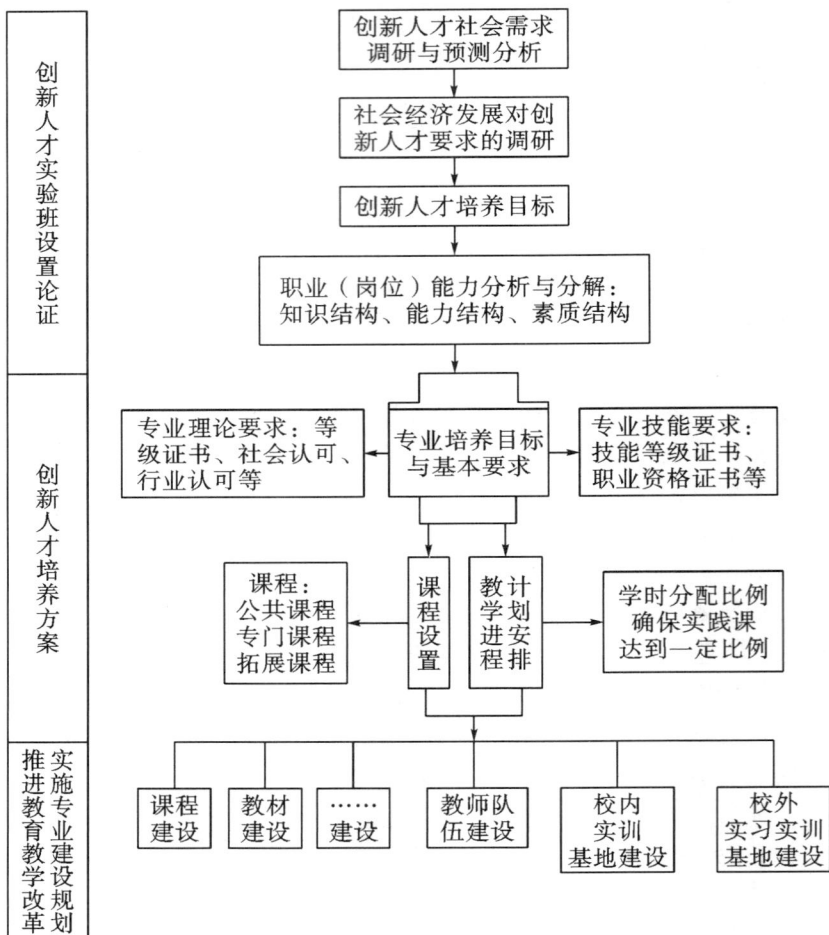

图 1　创新人才实验班设置与培养方案制定流程

　　第三步，多套创新人才培养方案汇总。为了达到创新人才培养目标通常会有多种可行的方法，理应针对每一个实验班形成多种可行的能够相互代替的培养方案。创新人才培养方案论证主要核心点是从多种可供实施的方案中选优，因此拟订相应的实施方案就是创新人才培养方案论证的关键一步工作，在建立各种可行的技术方案时，应当根据调查研究的结果和掌握的全部资料进行全面和仔细的考虑。

　　第四步，方案分析阶段。方案分析阶段包括分析各个可行方案在人才培养过程与目标上的优缺点；方案各种指标如人才质量、社会效应、学术收益等指标的计算分析；方案的综合评价与选优，如敏感分析以及对各种方案的求解结果进行比较、分析和评价，最后根据评价结果选择一个最优方案。

第五步，编制已选择好的方案。包括进一步的培养过程推演与分析、方案实施的流程可行性讨论、创新人才培养方案的课程配置、教师配置、实训及培训、组织与管理等。

第六步，编制创新人才培养方案论证报告。创新人才培养方案论证报告其结构和内容常常有特定的要求，这些要求和涉及的步骤，在创新人才培养方案的编制和实施中能有助各方案的逐步实施。

三、完善和增补教学资源

从学校各实验班教学资源的应用情况来看，迫切需要加强经管教学信息资源库建设。校内各单位及部门应通力合作，针对经管教学的实际需求，弥补学校教学信息资源的缺失，为实验班师生提供最紧迫和最稀缺的文献与案例资源。通过调研发现，各实验班最急需的教学资源库包括以下两类。

文献子库：该子库主要是为了弥补超星、CNKI 和 ScienceDirect 等数据库中的文献类型与资源的不足。其内容建设重点为：经管类及相关专业的经典教程、学术著作、学科/行业研究报告与内部刊物等，并尽可能扩大需求热点的资源存储量，形成热点文献的"纵向成系列，横向有匹配"；辅助内容为：学校师生需求强烈的求职/升学/留学资料，主要包括学习学业指南、课程习题集、历年考题等。

案例子库：该子库主要是为了弥补学校购买的国研网-经济管理案例库和北大司法案例库中文献类型与资源的不足。其主要内容为：经济管理研究与实践工作中生成的各类文档、数据、经验总结等信息资源；其建设重点为：各类经管项目的申报材料、研究报告、可行性分析、过程控制文档、案例模板等。

基于当前校内教学资源的调研结果，建议近期内开展下列实验班教学资源方面的升级与改进。

第一项是包含文献和案例的经济管理教学资源库建设：预期该资源库将有效地补充中国知网等校内数据库的资源缺失，为学校经济管理教学提供更为完善的信息支撑。最终，该资源库将在四类基础教学信息资源（教程、论文、报告与案例）方面，极大地丰富实验班的经管教学资源。其中的标志性成果应包括：①经济管理教学信息资源库在校园网中上线面向全校共享，其中的资源总数超过 500 册/套，形成对目前图书馆信息源的有力补充；②建议使每个实验班主干课程的课均资源量达到《高等教育信息素养框架》（美国）的建议水平（1 本习题集，

2 部以上的经典学术著作，15 篇/份以上的业内案例/综述/报告/代码）。提升教学与学术研究中应用数据的数量与质量。

第二项是资源搜索队伍建设：应为实验班教学资源建设打造一支精干的经济管理教学资源搜索队伍，为实验班的经济管理教学资源建设提供长效而有力的支持，使经济管理教学资源库可持续发展，并不断与时俱进。参考北大、浙大等学校的做法，全校整体应培养 5 人以上的专兼职经管教学信息资源采集员为实验班的教学资源建设服务。

第三项是经管信息源集成获取目录：应将当前学校分散在各个服务器中的教学资源，以及资源库建设中发掘到的信息源及对应的特殊搜索/获取方法集成，并将"关键词-信息源-获取方法"三要素集成为目录，从而为后续的资源更新与获取工作奠定可持续发展基础。标志性成果：经管四大基础信息资源目录中的条目数达到 200 条以上，尽可能地拓宽师生的经管信息视野。

第四项是针对各实验班展开相关教学资源检索讲座与课程的建设：应形成针对实验班的经管教学资源检索模块化讲座与短期课程，通过"授人以渔"的方式，以资源库建设过程中凝练的信息检索技术和方法传授为讲座与课程内容，扩大实验班教学资源的受益面。

参考国内外高校定制资源库的做法，上述两个基本资源库的建设，可以遵循以下阶段进行。

第一阶段是准备阶段，主要完成四项准备：挖掘创新人才实验班师生的信息资源需求；修订资源采集大纲；整理现有的案例与文献库；进行参建人员的技术培训，并初步进行任务分配。阶段性成果为：创新人才实验班信息资源需求目录，以及对应的资源采集大纲。

第二阶段是实施阶段：依据教学资源需求目录和资源采集大纲，进行经管信息资源采集。在资源库试用的同时，参建人员持续对反馈意见和创新人才实验班师生的教学资源需求进行挖掘，进一步修订资源采集大纲和完善资源采集目标，改进资源采集方法与内容，从而尽可能提供精准的教学资源服务。阶段性成果为：资源库形成较为明细的目录与索引，补充储备 300 册/套以上的文献资源，以及 300 套以上的案例资源，并面向全校试用共享。具体实施阶段又可分为以下几个步骤。

（1）教学资源需求集成：确定创新人才实验班师生需要的经管教学信息资源的学科范围，并按相关课程教学大纲及教学方案对所需的信息资源进行要点描述。

（2）设定资源采集目标：以教育部《现代远程教育资源建设规范》为依据，

构建教学资源的采集目标，细化资源每个属性要求，以便后续的资源检索与发现。

（3）设定资源评价指标：作为后期采集到的教学资源的分类及审查依据。

（4）任务分配：使项目参与人员进一步明确项目建设目的、具体任务以及项目实施流程，并具备一定的信息检索知识与技术。

（5）资源采集：资源采集人员根据资源采集大纲，通过网络信息检索技术手段采集教学资源，再对这些资源进行初步加工，并存储在资源库中。

（6）资源审查与鉴定：资源库建设成员会同各学科专家，按照既定资源评价指标对采集到的资源进行审查、筛选、集成等操作。

（7）编目与存储：对通过审查的资源进行深加工，编制其对应的元数据与资源，在资源目录中添加相应条目，并将其存储在资源库中。

第三阶段是总结阶段：对创新人才实验班师生的试用反馈信息进行剖析，进一步发掘资源需求，总结经验找出问题，并进行资源库内容整改。阶段性成果为：经济管理教学资源库的资源总数超过 500 册/套，至少向 2 个创新人才实验班学生/学院/中心/研究院提供内容较为丰富的教学信息资源库，同时对创新人才实验班学生进行应用培训，提高其信息应用水平。

第四阶段是成果应用阶段：对资源库建设成果加以深度应用，从而进一步开阔创新人才实验班学生的学术视野，提升其教学资源应用能力。阶段性成果为：完善经济管理教学资源库，全面开放给全校师生使用；形成若干的经管信息检索模块化讲座，提升创新人才实验班学生的专业信息素养，并为全面构建"双一流"信息环境做出贡献。

四、实验班日常管理改进

学校实验班的生源来自各个学院，但选拔完成后，学生仍然采取学院集中管理的模式，缺乏应有的管理创新与弹性。参考国内外实验班管理革新成果，学校应建立主体是学生的实验班日常管理组织，打造一个能最大限度地发挥他们的主观能动性的"生态环境"，即将学生组织起来，以学生为本，自主管理，以便学生获得更大的自由发展空间。这一举措的关键是如何将学生组织起来，建立主要由学生组成的自主管理团队，实现自主管理平台场地、设备和资源的使用、简单维保、维护等日常事务，学业规划和个人事务，综合实践、创新项目建设等团队事务。

为保证日常管理与跟踪服务的有序进行，学生自主管理内容和过程必须在学校不断发展的教学管理平台上实现数字化，获得智能化管理系统的服务，也同时接受学校监督。学生自主管理团队必须包含 1 名主管学生工作的教师，他将从思政、情感、职业发展等方面规范学生自主管理团队的走向，从而把控整个学生团体的走向。学生自主管理团队的基干部分可按平台功能区域分为多个子团队，以轮值方式，承担功能区域的秩序维持和服务支持等工作。管理团队采用自愿报名和选拔或轮任的方式选人。此外，还应有学业或创新创业项目管理子团队。运维团队工作职责包括维护设备和系统的完整性、维保平台始终正常运作。此外，还包括陪伴学生成长和给予指导。"默默支持与服务"，是指运维团队不是平台的主体，不能总是以管理者的身份自居，总将学生和整个平台的各项活动纳入事先设计好的框架。所以，平台管理上要求运维团队教师"退一步"，让出更多的空间给学生去实现沉浸式的学习，然后再"进一步"，在适当的环境和情境中切入导引，而平时则"默默"地将平台维护在正常运行水平。当然也要不断开展建设工作，推动平台的进化。运维团队要在管理中发挥自己作为平台上主导力量的作用，该出手时必须出手。运维团队应设立 1 名首席教授或骨干教师岗位。视实际工作量大小，该岗位也可由专业教师兼任，也可以专岗专责，承担在平台陪伴、指导、运维和支持学生创新、创业活动的重任。此外，运维团队还可包括实验员 1 名、主管学生工作的教师 1 名、教务口主管学业规划和管理的工作人员 1 名等。

五、培养过程优化

实验班选拔的学生不过是某些考核指标的优胜者，只是"拔尖学生"，并不意味着就是具有创新潜质的学生。不论是直接选拔还是二次遴选，目前学校，乃至全国各实验班的选拔依据仍主要是考试成绩。因此实验班选拔出来的学生"只是那些完全按照已被认可的按社会的要求进行学习的人"，是"标准化教育"中的优等生。这种"标准化教育"要求学生像工厂流水线上的产品一样成为千篇一律的"合格产品"，即是用一个标准、一种办学模式进行教育，导致的结果则是学生的同质化，学生的独立个性已经在作为规训手段的检查-考试中逐渐丧失。因此建议进行非标准化考试改革，可以从实验班入手，以小带大，从实践中见改革效果，从实验中探索和发现着力点。同时，建议成立实验班自主管理委员会，实现实验班内部学术研究与学业成效的跟踪监督与评判，并将相关结果作为院校上级管理的重要的参考依据。

六、提升过程质量保障水平

从目前的实验班"教"与"研"融合程度来看，学校的实验班生态中，亟待建立真正的师生学术共同体，并在一定范围内有效实行学术共享。真正的师生学术共同体并不仅仅是课堂上的互动与教学相长，也应当包括课程的共同设置和教学大纲的资源共享。在重视课后学生评价的同时，也需要了解学生对课程内容的需求以及学生对课程教学方式的建议。这样，课程的取舍才能更加客观，更加符合学生身心发展的规律。除此之外，实验班的课程设置及教学大纲，包括课表、教学安排等都应当在校园网上共享，鼓励学生利用业余时间了解各学院中自己感兴趣的课程。对于优秀热门课程，也可以制作成网络精品课程，方便学生学习，真正做到开放教学，为学生自主学习提供环境和途径。此外，还应建立配套的实验班导师鼓励机制，通过课时冲抵、择优奖励等方式，提高实验班导师"教""研"相融的积极性，真正将导师的科研工作与实验班的学术建设纳入有机的、良性循环的、相互促进的整体。同时，应建立导学跟踪机制，对每个学生与导师的学术交流过程进行及时而有效的监督和调度，从而使学生的研究兴趣与科研热情得到充分发挥。

参考文献

[1] 刘自强. 民族高校经济类专业应用型本科培养方案的探索——北方民族大学经济学院的案例 [J]. 教育现代化，2017，40（10）：7-11.

[2] 漆腊应，索凯峰，刘宁. 金融创新人才培养模式的探索与实践——以湖北经济学院"国际金融实验班"为例 [J]. 中国大学教学，2011（4）：34-35.

[3] 潘峰，李鸿儒，薛定宇. 基于实验班的创新人才培养模式的研究与实践 [J]. 教育教学论坛，2016（49）：144-145.

[4] 邹莎，林柏翰. 大学通识课程改革初探——基于对深圳大学"理工创新实验班"教改的思考 [J]. 教育教学论坛，2017（36）：110-112.

[5] 刘映，谢忠忠，贺冬秀，等. 药学协同创新实验班创新人才的培养模式探索 [J]. 教育教学论坛，2016（11）：133-134.

[6] 谭德新，王艳丽，刘宁宁，等. 大学创新实验班培养模式探析 [J]. 皖西学院学报，2014，30（5）：125-128.

[7] 彭泽平. 教育学专业本科拔尖创新人才培养的思考与探索——西南大学教育学部晏阳初创新人才实验班的探索之路 [J]. 教育与教学研究，2015，29（7）：17-21.

[8] 李雄鹰. 我国重点大学创新人才培养实验班的实践与反思 [J]. 研究生教育研究，2012（3）：15-19.

基于"四通"能力的全球通用商科人才培养
——上海对外经贸大学服务国家战略的思路与举措

上海对外经贸大学

上海对外经贸大学的成长与国家改革开放战略和国际化、全球化经济贸易的飞速发展密切相关。适应国家和上海对外开放新要求，培养兼具中国情怀与国际视野的全球通用商科人才，是学校主动对接国家对外开放战略需求的重大决策。在新时期，上海对外经贸大学仍将毫不动摇地坚持国际化发展道路，服务国家对外开放战略，不断创新、积极探索行之有效的人才培养模式和教育教学方法，为国家输送高层次、应用型、国际化经贸专门人才。

2010年6月，学校启动"全球通用商科人才培养"综合改革，2011年9月以全英语实验班为先行先试载体，经过7年多的实践，立足学校高层次应用型国际化人才培养定位，探索出一条以"四通"能力为核心、适应跨国公司全球运营和中国企业外向型发展的国际化人才培养新路径。目前已有四届毕业生，学生培养效果好，得到学生、用人单位及海外合作高校的广泛好评。

一、实施新的培养方案和全面升级人才培养体系

《国家中长期教育改革和发展规划纲要（2010—2020年）》明确指出：适应国家经济社会对外开放的要求，就需要培养大批具有国际视野、通晓国际规则、能够参与国际事务与国际竞争的国际化人才。为此，推动国际化人才培养体系的全面升级、提高国际化人才的培养数量和质量，迫在眉睫。

（一）建立常设性专家咨询委员会

通过走访国内外相关院校以及279家跨国公司，开展"全球通用商科人才胜任力模型研究"。学校引入"外脑"，邀请来自政府、企业和高等教育等领域专家构建专家咨询委员会，多次围绕全球通用商科人才培养目标与体系开展广泛讨论，从多种视角为研究论证和持续优化全球通用商科人才培养方案提供专业

意见。

在此基础上，研究讨论国际化经贸人才的培养内涵与规格特征，将国际化人才能力培养聚焦于通晓国际通用语言、通用规则、通用工具和通用管理以及具备跨文化的理解力、沟通力和适应力上；并从国际化人才培养体系和模式的全局入手，进行系统创新（见图1）。

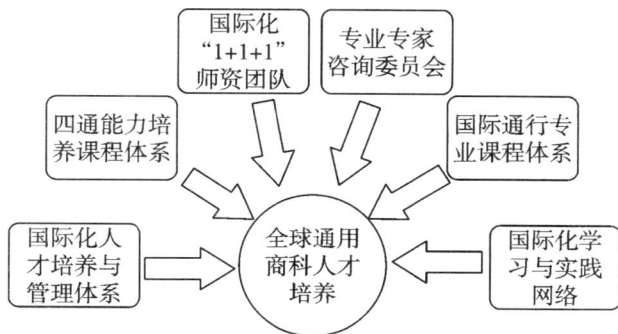

图1 全球通用商科人才培养体系

（二）开发构建"四通"能力培养平台

将商科人才的国际化通用能力确定为四个方面，即具备运用国际通用语言（适应以英语为工作语言的工作环境，掌握1门第二外语，具备在全球开展商务活动所必需的语言沟通交流和国际商务写作能力）、理解国际通用规则（熟悉全球通用商务规则，特别是在全球开展商务活动所应知晓的相关法律、规则和惯例）、掌握国际通用工具（掌握满足跨国公司开展全球运营需要的定量分析方法手段和商务计算机应用能力）和开展国际通用管理（具备适应跨国公司开展全球运营所必需的跨文化适应能力、跨文化团队合作能力和跨文化领导潜力）四种能力。

（三）全面构建国际化人才培养新系统

学校改革全球通用商科人才培养方案、构建全英语课程体系、集聚多元国际化师资团队、打造立体式国际化学习与实践平台、创新教学管理机制、整合优质教学资源，以"高起点选拔—高规格培养—高标准毕业—高质量就业"为手段、为目标实施改革，逐步形成示范性可推广的全球通用商科人才培养模式。

二、改革和创新国际化经贸人才培养模式、路径与手段

实现人才培养体系的全面升级，人才培养方案的调整更新，需要在实践中落

实、落细、落小，需要以人才培养模式、路径与手段的同步创新为支撑。

为此，学校设立全球通用商科人才全英语实验班作为先行先试载体积累经验，进而由点及面、实现国际化人才培养系统升级。每年在新生中选拔 120~150 名学生分别进入国际经济与贸易专业、金融学专业、工商管理专业 3 个全英语实验班开展创新培养。2011 年以来，实验班共招收学生 1 034 人，已毕业学生共 495 人。

（1）对标国内外相关高校同类专业的课程体系。构建具备国际通用性、开放性和适应性的全英语核心课程体系，并围绕国际通行商科课程体系建设需要，推行全英语教学。一方面，在基础课程和专业核心课程建设中实现全英语教学，即学科基础课和专业课 100%全英语教学，并鼓励开设国际合作课程和开展开放式教学；另一方面，重视学生国际化能力（如跨文化理解与沟通能力）和素质（如责任意识、团队合作精神和领导潜力）培养；此外，在课程体系建设中高度重视提高学生的学习能力、思辨能力和实践能力，为学生的可持续发展提供助力。

（2）构建"1+1+1"国际化师资团队。围绕核心课程建设，依托校际合作网络在全球范围内集聚优质资源，构建满足核心课程培养要求的"1+1+1"国际化、复合型师资团队，即 1 名海外知名大学教师、1 名本校骨干教师，并结合课程性质配备 1 名行业导师组成课程教学师资团队，为学生成才提供跨文化和多元化的培养氛围。通过让学生在中外两种思维模式下汲取养分，提升学生国际化视野、跨文化交流能力和适应能力。

（3）深入推进小班化、互动式教学方法改革。广泛推进小班化和全英语教学，并通过案例教学、研讨式课堂、模拟仿真教学、体验式学习、跨国远程教学合作等多种互动教学方法，提高专业课程与国际接轨的水平、增强学生学习的主动性、丰富学生学习体验，在培养学生思辨能力和综合素质等方面取得了良好的效果。

（4）积极构建国际化交流合作网络，为人才培养提供保障与助力。积极拓展国际化合作交流网络与平台，学校与美国协和大学威斯康星校区、澳大利亚皇家墨尔本理工大学、加拿大瑞尔森大学、法国巴黎高等商学院、荷兰汉恩大学、斯洛文尼亚卢布尔雅那大学等 100 多所海外院校广泛建立合作，每年专款资助实验班学生参与海外学习和实习。自 2016 级起，全英语实验班人才培养方案增加海外学习和实习学分，要求实验班学生 100%具备海外学习和实习经历。

三、推动国际化人才培养体系与管理体系的制度创新

制度创新是人才培养模式、路径和手段创新的保障，是全面升级人才培养体系的基础条件。

（1）全方位育人机制。立德树人，确立以全导师制、班主任制和专职辅导员为主体的多元协同育人机制。一方面，学校为实验班学生配备专业教师担任班主任，全程帮助学生形成明确的专业定位，解决学生在学业和成长过程中的各种困难、挫折和挑战；另一方面，学校安排具备国际化视野和良好学术修养的教师担任学生导师，解答学生专业学习与发展中的问题，为学生发展规划提供专业建议和指导，带领学生开展学术研究和创新创业活动。

（2）高起点选拔与准入机制。实验班每年面向全校新生公开选拔，择优录取；在培养过程中实施优胜劣汰，制定退出和增补机制，吸纳其他专业学生申请加入实验班。

（3）建立实施荣誉学士学位制度，提出毕业的更高要求。在实验班中率先推行荣誉学士学位授予机制，通过全面考查学生学业表现（荣誉学士学位课程平均成绩以及毕业论文均需达到80分以上）、语言能力（雅思7分或托福100分以上）、海外经历、综合素质等，引导学生有计划和积极地完成各项培养目标。

（4）推动教学管理体系全面升级。制定海外师资聘任管理办法、国际化学分认定与转换办法，学生海外学习与实习资助办法、学校（学院）国际交流生选拔办法等相关制度和流程，推动管理制度创新；通过加强国际化师资引进和加大青年骨干教师和教学管理人员等国际化培训，提升教师、行政管理人员的国际化教育能力和视野；加强校园文化建设，明确将国际化作为学校人才培养的核心特色，为培养高质量的国际经贸人才创造良好环境。

四、人才培养的实践成效

经过7年多的实践，以全英语实验班建设为实体的通用商科人才培养综合改革显示出良好的效果，人才培养目标达成度较高。

（1）实验班学生有较强的跨文化沟通能力。参加六级考试的实验班学生平均分为556分；参加雅思/托福考试的学生中，雅思6.5分/托福90分及以上学生占实验班学生总数的74%，雅思7分/托福100分及以上学生占实验班学生总数的46%。

（2）学生创新能力较强。参加国家和上海市级大学生创新创业活动项目的

实验班学生超过实验班学生总数的 50%；107 人次获各类国际国内学科竞赛奖项，其中，美国大学生数学建模竞赛获奖 32 人，全国大学生英语竞赛获奖 30 人。

（3）学生学业发展能力强，就业质量高。自 2014 届毕业生（第一届实验班毕业生）以来，赴法国 ESCP 欧洲高等商学院、荷兰马斯特里赫特大学、美国伊利诺伊大学香槟分校、美国哥伦比亚大学、英国伦敦政治经济学院、澳大利亚悉尼大学等海外知名院校深造的共有 97 人，赴复旦大学等国内名校深造的共有 43 人，就职毕马威、德勤华永会计师事务所、安永（中国）企业咨询有限公司等世界知名跨国公司的共有 175 人，就业率 100%。

根据历届毕业生的追踪访谈显示，实验班学生对实验班培养计划中的全英语教学、国际师资团队合作、国际语言（包括第二外语）能力培养和海外学习经历的安排以及实验班学习过程中的各种挑战带来的素质特别是抗压素质和韧性培养的满意度均超过 90%，认为全英语实验班的学习经历为学生更好地适应跨文化环境下的学习与工作提供了非常重要的支持。

五、人才培养成果的辐射效应

全英语实验班建设取得的良好成果对于学校本科人才培养起到了积极示范作用，推动了上海对外经贸大学本科人才培养模式改革和人才培养体系建设的深入发展。

（一）树立学校人才培养模式改革标杆

（1）优质资源集聚效应。本着集聚资源、打破壁垒的人才培养理念，学校以实验班为核心构建起"3+5"专业群，集聚 3 个特色专业（国际经济与贸易、金融学、工商管理）和 5 个优势专业（法学、商务英语、统计学、会计学、电子商务）优质资源，建成国际化人才培养高地，对优秀生源和师资产生强大吸引力。

（2）培养模式扩散效应。以全球通用商科人才培养为引领，学校进一步深化卓越人才和创新人才培养模式改革：2013 年建立涉外卓越法律实验班；2016 年建立卓越新闻实验班、经济学创新实验班。2018 年电子商务和审计学专业分别获批"上海市属高校应用型本科试点专业"。对实验班学生英语学习的高标准高要求推广覆盖全校各专业。

（3）模式创新聚变效应。紧密围绕国家"贸易强国""一带一路"倡议推进与上海"五个中心""三区一堡"以及实施"三个联动"的战略需要和人才需求，学校以"一流本科"建设为引领，打造具有优势特色的"1+2+3"应用经济学专业群，即为 1 个新兴专业（国际经贸规则专业）、2 个优势专业［国际经济与贸易专业（全英语）和金融学专业（全英语）］和 3 个特色专业（贸易统计创新实验班、国际组织创新人才实验班和经济学创新实验班），在人才培养定位和目标、课程体系设计、创新创业教育和国际交流培养等方面持续深入探索，培养具有全球视野、创新精神和跨文化沟通能力，深入理解国际规则和中国国情、掌握国际通用研究分析工具，具备与国内外一流大学、一流学科学术发展高度衔接知识体系的高层次人才。

（二）示范性教学改革成果产生辐射效应

（1）推动专业建设。全球通用商科人才培养体系改革对学校相关专业建设起到了重要的推动作用。国际经济与贸易专业 2013 年获批国家级本科专业综合改革试点项目，2017 年获评"上海高校示范性全英语专业"；金融学专业 2017 年获上海高校全英语规划专业备案；电子商务专业 2017 年获批"第五批上海市属高校应用型本科试点专业"；审计学专业 2018 年获批"第六批上海市属高校应用型本科试点专业"；经济学专业建设的"经济学实践教育基地"2013 年获批国家级大学生校外实践教育基地建设项目；2015 年学校"全球运营虚拟仿真实验教学中心"获批国家级虚拟仿真实验教学中心；2018 年"电子商务与物流实验中心"和"商务大数据实验中心"获批上海市级实验教学示范中心项目立项。

（2）凝练优质课程资源。全球通用商科人才培养模式创新直接体现在课程建设的方方面面。2010 年以来，"国际贸易实务"等 2 门课程获"国家级精品资源共享课"称号；"国际经济学"等 17 门课程获评"上海高校示范性全英语课程"，"计量经济学"等 8 门课程获评"上海高校外国留学生英语授课示范性课程"；"Excel 商务应用与建模"等 4 门课程获评"上海高校优质在线课程"；学校建成全英语课程 114 门。

（3）推动教学研究。全球通用商科人才培养体系改革促进了学校相关教学研究的积极开展，"全球通用商科人才培养学业评价创新模式研究""经贸人才国际化能力培养实践探索"等 3 个项目获批"上海高校本科重点教学改革项目"，发表教研论文 20 余篇。

（三）赢得良好的社会声誉

人才培养质量高为学校赢得了良好口碑，得到海外教师、国内外高校、各类组织和用人单位的广泛好评。2015 年，美国威斯康星州州长和副州长通过美国协和大学转来一份特别感谢函，对我校学生推动中美文化交流所发挥的重要作用表示赞许。协和大学副校长 William Cario 教授也来信肯定了我校学生在海外交流与学习期间的优秀表现，学生所展现出的良好的国际交流与理解能力、突出的学习能力和适应力，以及潜在的领导力给他们留下了深刻的印象。毕马威等公司对学生专业素养给予"一高三强"的赞誉，即外语水平高，专业能力强，沟通能力强，实践能力强，并将实验班学生视为"公司战略性人才储备的来源"。

学校从人才供给侧改革加强全球通用商科人才培养并服务自贸区建设，2013年与自贸区和市教委三方签约设立经贸人才培养基地，发布自贸区《人才需求白皮书》。《解放日报》《文汇报》《新闻晨报》等媒体发表专题报道，引起社会对全球通用商科人才培养的广泛关注。

学校在全球外国语大学联盟校长论坛、亚洲太平洋国际教育协会、全国外语院校协作组、自贸区人才需求圆桌会议等交流报告全球通用商科人才培养模式改革成果和经验，在国内外高校引起积极反响。

上海对外经贸大学的发展始终与国家对外开放、对外贸易发展休戚与共。全球通用商科人才培养模式创新与探索为上海对外经贸大学建设成为上海地区乃至全国的国际化经贸人才培养基地奠定了更坚实的基础，为在中国对外开放新时代和大众化教育背景下重新思考学生的分类培养、因材施教提供了新思路，同时也为上海对外经贸大学赢得社会美誉度、进一步吸纳优质生源，并为中国对外开放事业培养未来商界精英提供了重要支撑。

基于业财税一体化下的
会计专业实践教学体系重构

王宏道①

摘　要："大智移云"类新技术、新方法的产生和应用对会计行业产生巨大影响。对于培养会计人才的主要阵地高职院校而言，会计专业的教学观念、教学手段、课程设置必然随着行业的发展而改变。会计实践性教学是会计教学工作的重要组成部分。本文分析过去的会计实践性教学工作存在的问题，并提出解决的方法和途径。

关键词：会计专业　会计实践性教学　实践教学体系　业财税

一、重构的理论基础与现实困境

（一）理论基础

移动互联网的发展，使大数据、云计算等技术和应用从概念上的讨论变成现实；云计算为移动互联网和大数据的应用提供了支撑；而大数据的深入分析和挖掘反过来助推移动互联网、云计算的发展，使软、硬件更加智能化，从而推动实业领域的智能制造。"大智移云"，即大数据、智能化、移动互联网和云计算的缩写。"大""智""移""云"彼此之间相互融合，不仅改变着人们的生活，也有望掀起新一轮产业变革。

"大智移云"时代下，浪潮财务机器人、普华永道税务机器人等惊艳问世使得财务工作朝着无纸化、智能化、自动化的方向发展。随着人工智能这一科技创新技术引入会计、税务、审计等领域，财务标准化、流程化的工作将不可避免地

① 王宏道（1965—　），男，湖北荆州人，惠州经济职业技术学院财经学院院长、硕士研究生、副教授。主要研究方向：投资管理。

进一步被机器替代，财务人员面临重大转型，财务预测、财务分析、财务决策支持等工作会进一步凸显。财务人员可以更好地将时间放在为企业创造价值上，为企业管理者提供决策依据，提升企业核心竞争力。现代会计要有广阔的数据视野、善于整合数据并得出结果方向，较强的业务能力，团结合作精神、坚守职业道德。这就要求高校根据社会的需求及时建立起完备的教学体系，对学生的培养目标要从原来的核算型会计向能够帮助企业创造价值的管理型会计转型升级。

现在高职院校对会计教育在观点、理念上虽然已经从过度地注重会计知识的传授开始逐渐转向重视会计的实训操作，但是很多高职院校的会计实践教学还只是把会计停留在会计只是个体，会计实践的目标只是停留在会做，实践教学的手段也是仅仅停留在课堂，形成了教师、学生人手一本书，而学生依旧从未接触过真正的会计工作，很难把抽象的理论运用到实际的会计工作中。

在业财税一体的趋势下，高职院校对财务专业学生的教学重点应将财务工作思维由仅关注账务工作，转变为关注财务工作与业务经营的结合。我们的会计教学目标是培养不仅具备财会知识，还要具备与业务部门的"专业语言"高效沟通的能力。

高职院校会计专业是以培养具有诚信、敬业的良好职业素质，熟悉国家经济法律法规，系统掌握会计理论与会计实务的高级技术应用型专门人才作为目标。随着经济的发展及信息技术的广泛应用，完备的会计实践教学体系建立是大势所趋。完备的会计实践教学研究主要包括：构建科学的实践环节教学体系；开展深度融合的校企合作；重构课程体系。

（二）现实困境

1. 学校实践教学资源短缺

会计模拟实训是会计实践性教学中非常重要的一个环节，特别是当下会计实践教学不仅仅是配备凭证、账簿等简单用具就能解决的，还需要购置相应的计算机硬件设备和实训软件，并且要及时迭代更新。另外，还要投入人力、物力进行实训环境建设，最大限度做到仿真性。实际上大多数学校在这方面的设施薄弱，实验室建设与实践基地建设严重滞后。

2. 实践单位缺乏积极性

企业缺乏参与校企合作的积极性。在实践教学建设寻求企业合作时，学校一厢情愿，"一头热"的现象普遍存在，是校企合作的共性问题，在会计专业表现得尤为突出。首先，多数企业认为教育和培养人才是职业学校单方面的责任和义务，只想直接"伸手要人才"，很少或根本不想参与培养自己所需的人才；其次，由于实际会计岗位工作上的特殊性质，以至于学生在企业的实际实习、学习期间并不能够为企业创造直接的经济效益，反而会在一定程度上直接加重企业会计人员的工作量，导致部分企业不太愿意参与到学校的实践教学建设中。

3. 会计岗位实践需求的非批量性

虽然说会计工作岗位在企业中不可或缺，发挥非常重要的职能作用，但是，在大部分企业特别是中小企业，单个企业的会计人员需求量相对来说较少，而能够提供岗位给学生实习的则更少。并且企业对财务数据的安全性和保密性要求较高，即便企业愿意参与到实践教学建设中，也不能够提供批量性的实践岗位，各企业单位一次仅能接受 1~3 名学生进行实习，而且出于商业机密，企业不愿安排实习学生深入会计工作岗位。

二、重构实践教学体系路径选择

由传统的"以学生的身份进行学习+实习"的教学体系转变为"进校就是员工，分岗定员、角色扮演，毕业就是就业"新型实践教学体系。结合高职院校会计学专业的培养目标，在现有的实践课程体系基础上，可从以下四个阶段构建实践教学体系。

(一) 认知实践

刚入学的学生如同企业刚入职的员工一样对会计行业的分工、发展认知度较低；对会计工作或是充满兴趣与信心，或是充满未知与迷茫。因此，新生军训后1 周的时间在校内"教学企业"——汇达企业管理咨询公司以员工的身份参与到代理记账业务，这样可以让学生在开始会计的理论学习前知道什么是会计、会计的分工，以及不同岗位的会计工作需要掌握的专业能力。在这个过程中，既能够让学生完成自身角色的定位，走进企业找到作为一名企业职员的代入感，又能够通过接触实际业务流程，对会计职业有真实的认知。

(二) 仿真阶段

经过一学期的会计专业课的学习，学生已经掌握了基本的会计理论知识，为了更好地巩固和检测会计理论学习，在第二学期利用 1 周的时间在实训室为课堂进行的课程教学中，学生学习会计业务的学习内容是以仿真或者虚拟的工作项目为基础来进行学习的，学生学习的内容是工作项目而不是知识体系。仿真阶段的教学是给定某个工作项目所涉及的经济业务的模拟的原始凭证，由学生根据原始凭证运用自己的职业判断能力来对照会计准则确定相应的业务处理方法。这里的教学内容不是对观念的教学，而是对工作项目的教学。

这个阶段的实践具体又包括模块实践与分岗位实践。模块实践可以将会计活动根据不同的能力要求划分为不同的子模块进行教学和实践练习，增强学生的专业应用能力，培养出的学生具有较强的实践应用技能。同时，每个模块就是职业技能系统的一个组成部分，学完一个模块就等于增加一个职业技能，如果某一个模块未能通过，则只要补修该相应的模块就可以，便于学生灵活学习。模块实践根据职业核心技能划分为成本会计模块、管理会计模块、税务会计模块、审计模块等，每个模块根据对应的核心技能设定工作情景和任务，可划分为若干子模块，如税务会计模块，包含税费计算、税务申报、税务筹划等子模块。

在完成模块实践的同时，为了能让学生在实践环节掌握每个岗位的会计业务处理流程，熟知各个岗位之间的内部关联以及财务部门与外部其他相关部门和组织的工作关系，还设置了分岗位实践。分岗位实践是基于 VBSE（Virtual Business Social Environment，VBSE）财务综合实践教学平台进行的。VBSE 平台开发虚拟商业社会环境案例，展开轮岗和分岗相结合的创新性实践教学方式。课程首先要求学生组建团队，成立财务部门，每个团队由 4~5 人构成，根据业务需求设置出纳、总账会计、财务主管等岗位，各组学生需明晰岗位职责，模拟企业财务部门人员，共同完成各岗位工作，各个岗位的业务完成质量和效率都会影响其他岗位业务处理，这有助于增强学生的工作责任感和团队意识。分岗位实践是针对企业和岗位工作的训练，可以全面提升学生的综合实践能力和岗位适应能力。

（三）真实阶段

真实阶段就是在第三、四学期大部分会计专业课课程完成之后，学生在校内"教学企业"——汇达企业管理咨询公司以员工的身份进行代理记账业务。这时的项目是真实的项目，由于同一个项目有多个项目组重复地做，而真实的原始凭证只有一份，因此，只有一个项目组做的是真实的项目，做出的账证是要作为会计档案留存的。其他项目组的原始凭证是复印的，做出来的账证只需要交给老师。随着公司业务范围的不断扩大，力争每个项目组都做的是不同的真实的项目，真正实现实践教学内容与工作内容的"零过渡"以及无缝对接。

（四）就业阶段

学生经过第三阶段真实的工作项目的学习和练习以后具备了会计从业人员的基本理论+实操技能，因此在第五学期的时候，学生可以以"社会人"的角色走出校门在企业或代理记账公司和会计师事务所的会计岗位上开始工作。毕业就是就业，既为学生就业提供了很好的就业优势，也为用人单位提供了符合企业需求的人力资源。

三、开展深度融合的校企合作

实践教学体系的重构离不开企业的参与，为了形成良好的协作关系，校企双方都能实现共赢，要进行深度融合的校企合作。所谓深度融合不仅仅是和企业建立专业指导委员会，聘请行业（企业）的专家、高级技师等为指导委员会成员，与企业签订专业实习协议，而且要开展深层次合作，企业与学校相互渗透，建立长效的合作机制。

一是把企业搬进校园，如代理记账公司直接入驻学校，让学生在校内即可上岗上班。一方面，代理记账公司的业务季节性强，每年 12 月底至次年的 5 月底业务繁忙，需要大量的助手。学校可以利用自身的人才优势，帮助企业选拔优秀人才，降低人才使用成本。代理记账公司可以根据自己的发展需要或结构调整，进行人才培养，让学校成为企业发展的"蓄水池"。另一方面，学校给企业提供了免费的经营场地以及其他资源支持，降低企业的运营成本，让学校成为企业发展的"节电池"。

二是开办校企合作公司，即校企共建会计实习企业，进行优势互补，丰富学校的实践教学资源。学校提供场地资源、教育设施，具有专业的师资队伍和大量接受过财务相关知识学习的学生，在人才资源上给予源源不断的补充。企业拥有实务方面的专家和丰富的业务资源，学校懂教育规律，企业知行业需求，二者有效结合就能创造各自的价值。

三是共同组建师资队伍，实现教师资源共享。企业拥有大量的专家、会计师，他们长期工作在生产、管理、服务第一线，具有丰富的实践经验，学校可以有目的、有计划地聘请他们做兼职教师，使他们逐渐成为专业实践课的教学骨干和课程开发的主要参与者。而学校大部分专业教师有坚实的理论基础和丰富的专业知识，可以到企业中去，结合实务研究财税政策，并运用到企业实践中。

校企深度融合应基于利益相关者的原则，以实现合作双赢、互惠互利为目的，要充分调动企业参与学校建设的积极性；企业可以获得建设实训基地的机会，可以结合自身的要求培养人才。而学校通过企业的参与改进教学，提高教学质量，促进学校的发展；同时，教师通过与企业的密切合作，更加了解企业的最新状况，使其实践能力得到提升。

四、重构课程体系

传统的课程体系偏重核算类实训，决策管理类的实践教学不足。这也是财务转型背景下最为突出的问题。如财务报表分析、管理会计等课程缺少相应的实践课时和项目。"大智移云"等信息技术的发展使得大量基础性的会计核算工作被自动化处理替代，如果仍将培养学生填制凭证、登记账簿、编制报表等会计核算能力作为教学目标，显然没有顺应会计职能转变的趋势。实践教学体系的构建应当与职业胜任力需求相匹配。随着人工智能信息技术的发展以及财务、业务一体化模式的广泛应用，会计职能已经由传统的核算职能拓展到经营预测、决策支持、风险管理等职能。财务人员向管理型会计的转型是必然的趋势，这对会计专业人才的培养将产生深刻的影响。与之相适应，财务转型背景下会计专业课程体系也亟须重构与完善。

课程体系就是为学生将来适应社会职业发展而设计的学科知识的组合。由不同的学科知识组合而成，根据培养目标要求确定。按照能力框架构建三大板块：全面综合素质课程板块、通用技能课程板块和专业技能课程板块。

课程内容上从大而全向专而精转变。"互联网+"、人工智能、云计算等信息技术的发展，使得会计职能已经由核算职能拓展到融资管理、经营预测与决策、风险控制等职能。因此，实践教学体系中，一方面，应增加管理会计、内部控制、战略管理、市场营销等内容的实验项目及内容；另一方面，在基础性课程里也要渗透内控、风险管理等思想。

课程教学上改变单向知识传授模式，借助"大智移云"等现代科技手段，立体化、可视化、智能化、实务化；理论实务交叉，线上、线下结合，师生联通无限，一切以能力培养为主。互联网等信息技术在给会计行业带来冲击的同时，为实践教学提供了新的工具和平台，为校企合作开创新的模式提供了便利，也为师生的互动交流、资源共享和学习指导等提供了更多的便利。可以建设网络教学平台，跨专业的综合性实训目前有比较成熟的实训平台可以辅助教学，譬如用友新开发的 VBSE 平台和网中网公司开发的会计实训系统。学生按照学习进度进行网上的自主实践，结合线下的课堂实践，得以轻松便捷地进行练习，并能快速得到反馈和评价，从而使专业技能得到提升。

教学改革是一项系统工程，探索改革就是逐步完善事物的过程。任何事物的改革都需要经历试点摸索、总结经验、修正完善、全面推行的过程，决不能急于求成、操之过急，把改革看得过于简单。在借鉴《教育部关于全面提高职业教育教学质量的若干意见》等文件精神的情况下，希望能充分利用相关的优质职业教育资源，培养更多的高素质技能型人才，推进学校、企业、学生多方可持续发展，本着"以服务为宗旨，以就业为导向"的方针，着眼于"进校就是员工，毕业就是就业"的目标，全面贯彻党的教育方针，落实立德树人的根本任务。

"五维一体"：高素质应用型本科人才培养改革的新思路①

张志谦　贾莉莉②

摘　要："五维一体"的应用型本科财经人才培养模式改革，是对"诚信人格+自主学习能力+实践能力+创新能力+国际视野"的高素质复合型人才培养的系统设计。该模式的设计是为了较好地解决应用型本科人才培养过程中专业设置应用性特点不突出、培养类型相对单一、培养特色不够鲜明等问题，以期提高应用型本科人才的社会适应性，真正推动应用型本科院校的内涵式转型发展。
关键词：学生发展　应用型本科　人才培养　诚信人格　自主学习

一、引言

应用型本科院校是我国高等教育体系的重要组成部分。如何提高应用型本科人才培养质量、办出特色是应用型本科院校面临的重要课题。但是，在实际的办学过程中，不少应用型大学在不同程度上存在人才培养目标单一、缺乏特色、模式趋同等共性问题，导致应用型本科人才培养与社会需求相脱节，所培养的人才无法完全适应经济社会的动态发展需求。

作为一所应用型财经大学，上海立信会计金融学院于 2016 年由原上海立信会计学院和上海金融学院合并组建而成。在合并之前，原上海立信会计学院已经在 10 余年的本科办学实践中探索实施了"四维一体"应用型本科财经人才培养模式，即培养具有诚信品质、实践能力、创新意识和国际视野的高素质复合型人

①　本文系上海立信会计金融学院 2018 年校级教学研究与改革重点项目"以学生发展为中心的应用型财经人才培养体系构建研究"的研究成果。

②　张志谦（1966—　　），上海立信会计金融学院高教研究所所长、副教授；贾莉莉（1979—　　），上海立信会计金融学院高教研究所副研究员、教育学博士。

才，成效显著；在合并之后，以建构主义教学理论为指导，在已有实践的基础上，提出了"五维一体"的应用型人才培养模式，即培养具有诚信人格、自主学习能力、实践能力、创新能力和国际视野的高素质复合型人才，以进一步优化应用型本科财经人才培养模式。在高等教育新常态下，"五维一体"是对"四维一体"的补充、完善与提升，是学校对人才培养"供给侧"改革新要求的及时回应，是提升应用型本科人才动态适应性的必然选择。该模式即将开始实施运行，现将该模式的系统设计与思考进行分析和探讨，以期"抛砖引玉"，有效破解应用型本科院校人才培养改革难题，促进人才培养质量的不断提高。

二、"五维一体"提出的依据

（一）理念依据

"以学生发展为中心"是世界范围人才培养模式改革的核心理念。该理念以建构主义学习理论为指导，主张教育教学活动要引导学生良好品行的全面养成，要关注学生学习的主体需求，要重视学生学习与社会的互动性，以充分激发学生的学习兴趣和潜能，推动学生学习方式的转变，落实学生学习和发展的主体性。在具体的教学活动中，"以学生发展为中心"倡导学习是一个积极、主动的建构过程，"教会学生如何学习"是教与学的本质要求；为学生创设丰富的学习情境，促进学生认知与情境体验的互动是实现学生发展的内在要求。它主张师生是教学活动的平等参与者和对话者，学生是主动建构者，教师是引导者和促进者。它要求学校的一切工作都要为学生的成长成才服务，贯彻落实以学生发展为中心，为学生提供选择机会与选择权是关键。

"以学生发展为中心"的教育理念要求教学理念应从以教为主转变为教师引导和学生主动学习相结合；培养口径应从以专业"窄口径"为主转变为专业"宽口径"、复合交叉型；课程设置应从以专业教育为主转变为通识教育和专业教育并重；教学模式应从以课堂教学为主转变为课内外相结合、从以课堂"讲授"为主转变为师生互动相结合；教学评价应从以目标评价为主转变为过程性评价与总结性评价相结合。

（二）现实依据

人才培养的"动态适应性"和学生职业发展竞争力存在不足，是目前学校人才培养模式改革面临的主要矛盾。具体表现在以下几个方面。

一是专业的应用性特点不突出。目前学校的专业设置主要依据国家层面的学科专业目录要求而开设，大部分专业设置与地方经济社会对人才的需求有较大差距，专业口径太窄。

二是人才培养类型相对单一。立足长三角经济带的转型发展需求，学校人才培养的类型还相对单一，毕业生综合素质不高，实践能力和创新意识不强，导致虽上手快但是发展后劲不足。

三是人才培养特色不够鲜明。不同专业的人才培养方案存在明显的趋同化现象，课程设置不尽合理，学科逻辑特征不明显、与行业企业需求匹配度低，尚未能充分反映行业发展趋势，且与科技进步成果联系不强；学生的个性化需求和选择权受到较大限制；教育国际化（中外合作）与学生国际化的视野尚不够宽广。

三、"五维一体"的基本内涵

针对专业设置、培养类型及培养特色存在的主要问题，学校坚持问题导向，遵循分类培养和个性施教的原则，赋予应用型本科财经人才更丰富的内涵，即"诚信人格+自主学习能力+实践能力+创新能力+国际视野"，并在此基础上构建了"五维一体"的应用型本科财经人才培养模式。

将"诚信人格+自主学习能力+实践能力+创新能力+国际视野"作为学校人才培养的总体目标，主要是以立德树人为根本，以先进育人理念与学校特色为引领，在借鉴国内外高校人才培养经验的基础上，立足学校的办学历史和现状而提出来的。"诚信人格"是指学生要具备与成为社会主义建设者和接班人相适应的理想信念、信仰，正确做出道德选择的能力；"自主学习能力"是指学生要具备不同社会情境中在已有知识经验基础上自主建构新知识经验的能力；"实践能力"是指学生要具备较强的社会实践和问题解决能力；"创新能力"是指学生要具备顺应经济社会发展需求不断发现并生产新知识、变革新技术的能力；"国际视野"是指学生要具备站在全球或更广阔的角度上观察和认识国际社会的意识和能力。

"五维一体"的应用型本科财经人才培养模式以培养知识丰富、能力突出、情操高尚、能够正确做出道德选择的高素质应用型财经人才为目标，以学位教育与职业教育紧密结合为基础，以招生-培养-就业一体化为主线，以尊重学生的个性化需求和选择权为关键，以应用型专业改造为突破口，以课程体系改革和课程建设为核心，重构"重品行、重过程、重团队、重能力"的学生综合评价体系，破除"高分低能"积弊，在诚信人格、自主学习能力、实践能力、创新能力、国际视野五个单项考核的基础上，按一定系数计算出学生综合素质分，作为校内评优获奖依据和用人单位录取的重要参考依据。

四、"五维一体"的实施路径

(一)诚信人格培育计划

1. 做实做细"六环节、六目标"诚信教育,将诚信人格的塑造贯穿学生成长成才的全过程

"六环节、六目标"包含:一抓入校教育,树立学生诚信理念;二抓校园文化,营造校园诚信氛围;三抓专业教育,提高学生诚信素养;四抓日常教育,规范学生诚信行为;五抓网络教育,培养学生诚信品质;六抓毕业教育,为社会输送诚信人才。将诚信人格的塑造贯穿学生成长成才的全过程。

2. 构建"3+1"诚信德育课程模式,强化学生理想信念

构建"3+1"的特色德育课程模式,即"思政课程+诚信必修课+专业伦理拓展课"+"课程思政"。进一步发挥课堂主渠道在学生理想信念和诚信人格塑造中的核心作用。

3. 构建诚信体验"三平台",多层次、立体化地培育学生诚信自觉

构建诚信体验的三个平台:以校史馆、校歌、诚信广场等为载体的"诚信感性认知平台";以诚信宣誓、诚信主题辩论会、诚信漫画展、诚信考场、诚信协议、诚信超市、学生发展银行等为载体的"诚信互动参与平台";以全国高校诚信文化育人联盟、上海诚信文化研究中心等为载体的"诚信理性思考平台"。通过构建诚信体验"三平台",多层次、立体化地培育学生诚信自觉。

4. 制定完善诚信评价"双系统",铸就"立信人"的诚信职业操守

完善学生诚信分数评定系统和学生诚信报告系统,对学生在校期间的诚信表现进行记录、评价,将考核评价结果作为学生申请各类奖助贷的重要依据和用人单位录用的重要参考。

(二)自主学习能力培育计划

1. 构建应用型专业动态调整机制,强化学生自主学习的积极性

紧紧抓住本科专业结构调整的绝好机遇,特别要围绕"科创中心"建设、自贸区建设两个国家战略和上海"四个中心"建设所形成的新产业、新业态、产业链、创新链,提出应用型本科新专业设置和老专业优化改造方案。淘汰一批传统专业,设置一批应用性强、复合交叉型的新专业,并建立应用型专业动态调整机制。坚持宽口径、跨学科理念,融入新业态、新技术元素,对接国际、国内相关财经类职业资格标准和职业资格考试要求,优化改造老专业。在行业特色明确的专业,全面修订覆盖相关职业核心知识和能力要求的专业人才培养方案,逐

步形成具有鲜明特色的专业链和专业群，进一步强化应用型本科人才培养的比较优势和竞争优势。

2. 深化课程结构改革，强化学生自主学习的科学性

形成"平台+模块"的课程结构，完善"通识课平台、学科基础课平台、专业课平台、实验课平台"，并对平台课程进行模块化设计和改革，形成模块化课程体系。完善"基础实验、认知实验、课程实验、综合实验、创新实验"五层次的"必修+选修"实验课程平台。加大新技术学习模块建设。完善创新创业课程模块和国际视野课程模块建设，并建立在线学习制度。在财经类专业主干课程教学中，全面推进案例教学，重点支持开设适应时代发展需求的新课程与全英文课程。

3. 加快教材更新速度，顺应学生知识建构的时代性

学校自编教材不仅要再版及时，而且再版时应针对学科理论、方法、技术等方面的最新变化做出相应的修改调整；同时借助教学网站，及时更新内容，以弥补教材更新周期较长的劣势。教师必须每年抽出时间，到企业或者研究机构学习、掌握最前沿的知识。对容易过时的教学内容给予必要的关注，通过信息交流和科研活动加以弥补，用新知识充实教学内容，这样既能有效保证学生所学知识的新鲜度，又能弥补教材老旧的问题。

4. 多渠道落实学生"选择权"，强化学生自主学习的兴趣

重点落实专业选择权。构建"大类招生+跨类转专业+辅修专业+拔尖人才选拔培养+创新创业特色人才培养"的学生专业选择模式，赋予学生充分的专业选择权，有序引导学生选择专业和转专业，最大限度地弥补高考专业录取方面留给学生的各种缺憾。学生申请转专业的比例，以教育资源最大化为上限。学校加入高校联盟，与上海西南片区、东北片区高校合作，进一步拓宽学生的辅修专业选择范围。

强化落实课程选择权。构建"通识选修课+跨专业选修课+专业选修课+实验实训选修课+精品在线选修课"的选修课程体系，除专业必修课以外，学生可以在全校范围内、大学城以及其他学校自主选择相关课程进行学习，为学生自主选择课程、时间和任课教师提供更多的机会。

实施"学期学段制"改革，全面推进学生各种选择权的进一步落实，包括自主选择海外实习见习、自主选择任课教师、自主选择学习进程和毕业时间等。

5. 推进"学习共同体"建设，强化学生专业知识的自我建构能力

实施"师生互伴"计划，强化教师的过程指导，覆盖100%的专业教师和100%的学生。实施学生"专业导师制"，明确教师课外坐班答疑和自习辅导的要

求，指导学生的专业学习规划、专业知识学习，避免学生学习的盲目性。实施"一社一创"计划，鼓励教师参与学生第二课堂指导，要求学生在校期间至少参加一个与专业相关的社团及其 1 年以上的活动，参加一个科技作品，或一项创业大赛项目，或一次其他创新创业经历。实施"一体一艺"计划，要求学生在校期间，完成一定学分的体育项目和艺术类课程，争取达到每位学生掌握一项体育技能、培养一项艺术爱好。

6. 改革教学评价与考核方法，强化学生学习的自我控制能力

学校制定具体的制度政策，强化教师对学生学习的指导参与，明确将教师参与指导学生作为教师教育教学考核、职称评定、职级晋升等的重要内容，确保师生互动、教学相长得到有效落实；强化对学生学习过程的考核与团队学习的考核，要求课程的平时成绩占比不低于总评成绩的 50%，最高可以达到 70%，以充分激发学生学习的积极性及其对学习过程的自控性。

（三）实践能力培育计划

1. 推动校企校政合作的体制机制创新，为学生实践能力培养提供资源保障

建立健全稳定的组织协调机制。成立校级"产、学、研合作委员会"，制定"校企战略合作联盟支持计划"，组建有行业专家参与的校、院和专业三级教学指导委员会，共同指导学校应用型人才培养；设置校级常规机构"产、学、研管理办公室"，对全校的校企合作进行指导、管理、监督和考核。

实施校企合作"共建共管"二级学院和专业。设置的专业一般为新兴交叉专业，开展校企合作"订单式"人才培养。

实施校政、校企全面战略合作联盟的建设。学校与政府部门签署战略合作协议，在政府决策咨询、合作研究以及学生实习实践方面开展合作。学校与大中型企业签订全面战略合作框架协议，在课题研究、创新创业教育、人才培养以及学生就业等方面开展全方位合作。

2. 推进"八共同"的实践共同体建设，提升学生专业技能建构能力

全面推进行业专家和教师共同参与的"八共同"的"实践共同体"建设。"八共同"包括共同制定培养方案、共同编写教材、共同备课、共同担任课程教学、共同指导学生实习、共同指导学生毕业论文、共同开发具有自主知识产权的实验教学软件和共同关心学生就业。通过实践共同体造就一支优良的"双师型"教师团队。

完善"学期学段制"改革，利用每学期的"短学段"教学时间，集中增加学生实践实训课程，为行业专家参与学生实践能力培养创造更加有利的条件。

3. 推进产教深度融合的"实践五平台"建设,提升学生专业情境实践能力

将真实的企业经营管理过程引入教学现场,组建多层次的校内实验实训教学平台,将教学环节融入校外企业经营的全过程,构建多元化的校外实践教学平台。

加强校内外实训平台建设。建设模拟经营管理全过程的"经济管理实验教学中心",借助在虚拟运营环境中不同企业岗位的角色扮演,提升互动体验,初步形成学生对行业和企业的认知;建设覆盖全部专业的情景模拟实验室,加深学生对专业的感性认识。建设校外实践实习基地,覆盖全校全部专业,可满足全部学生的校外实践实习需求。

4. 完善实践能力"多层次评价与考核"机制,促进协同育人机制优化

完善《创新与实践学分认定办法》,明确创新及实践学分为学生的必修学分。将实践实验课程、实践实习报告、实践技能等考核标准化、综合化。

(四)创新能力培育计划

1. 建设创新创业教育专门课程模块,强化学生创新思维培养

调整专业课程设置,促进专业教育与创新创业教育有机融合。本科生培养方案中设置"职业发展与创新创业课程"模块,结合学校实际和专业特点开设"必修+选修"的特色创新创业课程群,如"研究方法""领导力""职业发展与就业指导""全球创业理论与实践""风险投资与创业管理""创业管理实践"等。同时,建立健全在线开放课程学习认证和学分认定制度,充分利用校外优质信息化课程资源。组织编写创新创业教育重点教材,出版《立信校友创业案例集》。

2. 完善创新创业实践平台,强化学生创新能力实践

加快建设"创业孵化基地"。成立"周三创客汇"和"创思堂",为校内优秀创业团队搭建创新创业学习和实践活动的空间;学校辟出专门场地加快建设"创业孵化基地",从场地、制度和管理机制三个方面完善创业孵化基地的建设;加强孵化基地的基础服务、咨询服务、融资服务、中介服务、技术服务等平台建设,提高服务质量。为已进入实战阶段的创业团队提供孵化空间,每年提供若干个创意团队的创业孵化空间,打造系列创业品牌。

支持举办各类创新创业专题竞赛。修订并落实《立信本科生学术、学科竞赛管理办法》,学校每年拨出专项资金支持学生参加各类科技创新、创意设计、创业计划等专题竞赛,对国际、国内相应比赛进行级别认定,分级奖励,激发学生创新创业热情。

实施创新创业训练计划。充分发挥大学生创业实训平台在创新创业教育中的作用,设置"创业准备、创立企业、经营企业"三大创业实训教学模块,采用

"教练式"和"体验式"的教学方式开展创业模拟实训。

举办创新创业讲座论坛。依托立信大学生创新创业协会等社团组织,开展创新创业讲坛、对话名企高峰论坛、创新创业者分享沙龙等活动;开发"创新创业+"系列讲座课程,设立互联网金融、跨境电商、连锁经营、微商经营等方向的系列讲座。

3. 优化学生的创业指导,完善学生创新创业服务

学校设立专门的学生创业指导服务机构,如"创业指导中心",负责协调全校学生创业的指导和实践。创业指导中心将制定和完善大学生创新创业工作的各类规章制度及实施细则,做到"机构、人员、场地、经费"四到位,为学生创新创业提供优质服务。充分利用校友、金融机构、社会组织、行业协会和企事业单位等社会资源,多渠道筹集资金,为学生自主创业提供资金支持,规范相关管理,提高资金使用效率。

4. 健全教学管理制度,优化学生创新创业环境

建立创新创业学分积累与转换制度,允许学生的创新实验、发表论文、获得专利和自主创业等折算为相应的实践学分或选修学分;允许把学生参与课题研究和项目实验的活动,认定为课堂学习的组成部分。

创建创新创业档案和成绩单,由相关部门协调合作,客观记录并量化评价学生开展创新创业的活动情况。建立健全创新创业绿色通道机制。同时,学校拨出专项资金设立创新创业奖学金,在现有相关评优评先的项目中,确定一定比例用于表彰优秀创新创业的学生,优先支持参与创新创业的学生转入相关专业学习。

实施弹性学制,修订和完善《学籍管理办法》,学生修业年限在原有学制的基础上可延长 2~5 年,允许学生保留学籍休学创新创业。

5. 改革教学方法和考核方式,完善考评体系

采取多元化教学方式,广泛倡导以提升学生综合素质和创新能力为重点的教学理念,开展启发式、讨论式、参与式教学方法;加强情境教学、案例教学、模拟教学,扩大小班教学覆盖率,鼓励教师把国际前沿学术发展、行业发展动态、最新研究成果和实践经验融入课堂教学中。

强化过程评价,改革课程考核内容和方式,提高主观题目考核比例,探索非标准答案考试,降低"死记硬背"题目考试比例。重点考查学生运用专业知识分析问题和解决问题的能力以及进行创新性工作的能力。

基于不同课程性质和要求,采取多元化的考核方式。鼓励教师采取多种形式的考核方式,如小论文、口试、小组项目设计、社会实践与调查报告、案例分析、小发明、小专利等,对于有重要学术成果发表或创新创业成果的学生,实行

个性成绩单或转化成学分，破除"高分低能"的积弊。

（五）国际视野培育计划

1. 建设国际视野教育的专门课程模块，强化学生国际视野意识

设置国际视野课程模块，开设有关国际基本运行规则、世界文明成果、世界最新发展趋势信息、人际交往技能训练等课程，开发培育相应的教材，实施在线学习制度。

2. 落实国际交流合作项目，实现学生专业知识与国际接轨

落实四个方面的合作项目，"合作一批专业"，鼓励二级学院与国外相关院校合作共建专业，通过"2+2""3+1"等培养模式，与国外高校合作培养学生；"互派一批教师"，选派优秀教师到合作院校进修学习，提高专业教学和外语水平，引进高水平的外籍专家、学者讲授专业课程；"互换一批学生"，通过学生互换和学分互认，积极推进大学生海外留学，扩大留学生的招收范围和数量；"引进一批课程"，把国际优质课程引进来，经过消化吸收，建成特色课程。积极参与商学院 AACSB 国际认证，在此基础上辐射示范其他的专业，实现专业建设与国际接轨。

3. 打造系列国际文化学习交流平台，强化学生国际视野能力

积极打造外语教学与交流、国际文化学习氛围、国际学术交流、国际竞赛、青年志愿服务等平台，如参加国际交流社团、"中国青年志愿者海外服务计划"等，不断提高学生的国际交流能力。

4. 开展国情教育活动，培养学生正确的价值观

"一方面，要增进学生对中国改革开放所取得的巨大成就和中国国际地位不断提高的客观事实的了解和认识，激发青年学生的民族自豪感和爱国热情；另一方面，要促进学生对国际形势和时代特征的认识，增进他们对党的外交方针政策的了解，增强他们捍卫国家主权、维护国家利益、维护稳定大局的主动性和自觉性。"使青年学生在国际交流和国际视野培养活动中保持一颗爱国心和正确的价值观，免受国外负面生活方式和价值观的影响。

5. 构建国际视野能力的考核标准，完善学生评价机制

在考核指标体系上，"国际视野培育"以对学生国际视野知识水平考评、相关能力考评、出境教育情况考核为主要指标，侧重点是学生能力的考核，而不是对培养载体的量化考核。

"五维一体"的应用型本科财经人才培养模式改革以应用型本科院校的共性问题为导向，主动对接行业企业发展需求而展开的改革。它不是单一的培养元素

的改革，而是对人才培养模式全要素的系统设计。为此，学校将会分阶段、分步骤、分层次推进一系列的配套改革举措，真正使该模式落地、落实、落细。

参考文献

[1] 赵炬明. 论新三中心：概念与历史 [J]. 高等工程教育研究，2016（3）：35-56.
[2] 赵军，等. "应用型+" 人才培养模式改革研究与实践 [J]. 中国大学教学，2018（9）：40-43.
[3] 对外经贸大学关于深化创新创业教育改革的实施方案 [EB/OL]. http://www.moe.gov.cn/s78/A08/gjs_left/s3854/cxcyjy_ssfa/201605/t20160516_244068.html.
[4] 丁凤云. 实施国际视野培育工程 培养高素质应用型人才 [J]. 临沂大学学报，2012（4）：1-4.
[5] 唐振宣，唐爱琼. 新形势下大学生思想政治教育中的国际视野教育探究 [J]. 职教高教，2013（2）：27-28.
[6] 专访临沂大学党委副书记谢亚非：实施国际视野培育工程 [EB/OL]. http://education.news.cn/2015-07/13/c_128013760.htm.

"四有"好老师评价体系探析①
——基于世界一流学科建设视角

陈益刚　陈信朋　刘　洋②

摘　要："四有"好老师是师德师风的旗帜和标杆，也是世界一流大学与一流学科建设的中坚力量。"四有"好老师评价体系，应当全面把握教师这一主体的自然性、社会性、职业性、差异性和特殊性，在个体与集体、职业与事业、教学与科研、物质与精神的统一中，立足于教师职业、事业、志业的三个层次境界，运用雷达图分析方法，构建起四维、两极、12个一级指标、36个二级指标的雷达图式的评价体系，促进师德师风的优化，加快一流学科的进程。

关键词："四有"好老师　评价体系　雷达图　一流学科　师德师风

2014年9月9日，在喜迎第30个"教师节"的光荣时刻，习近平总书记来到北京师范大学看望教师学生，并向全国广大教师和教育工作者致以崇高的节日敬礼和祝贺。习近平在讲话中号召广大教师做党和人民满意的"四有"好教师。他提出四点要求：第一，做好老师，要有理想信念；第二，做好老师，要有道德情操；第三，做好老师，要有扎实学识；第四，做好老师，要有仁爱之心。在"四有"之上，实现"教书和育人、言传和身教、潜心问道和关注社会、学术自由和学术规范"的"四个统一"。这是习近平总书记对于全体教师的深情寄语和殷切期待，更成为广大教育工作者的不懈追求和崇高目标。

当前，世界一流大学、一流学科建设正在如火如荼、深入推进实施之中，已

① 基金项目：教育部人文社会科学研究规划基金项目"'双一流'建设的中国实景、一流内涵与民族特色研究"（17YJA880012），西南财经大学党委教师工作部支持项目（2018JSGZB02）。

② 陈益刚（1965—　　），男，四川射洪人，副研究馆员，研究方向为学科建设与院校研究；陈信朋（1996—　　），男，四川成都人，硕士在读，研究方向为互联网金融；刘洋（1986—　　），男，四川自贡人，硕士，研究方向为学科建设与发展战略。

成为高校的重中之重工作和"头号工程"。在"双一流"进程中，"四有"好老师是项目建设的中坚骨干和主要依靠。因此，从世界一流大学、一流学科建设的视角，探讨和审视"四有"好老师的内涵、特征及表现形式，探析和构建"四有"好老师评价的基本原则、指标体系及其应用，这对于高校师德师风和"双一流"建设都具有重要的指导意义。

一、"四有"好老师是教师队伍的楷模，新时代筑梦之人

习近平总书记的重要讲话，意义重大、影响深远，激发出教育工作者的满腔热情并热烈回应，全国教育战线形成了学习"四有"好老师、争做"四有"好老师和践行"四有"好老师的良好氛围。围绕"四有"好老师的时代内涵、现实意义、评价体系等，教育主管部门、高校领导、专家学者和一线教师从多层面、多视角进行了宣讲解读、理论探讨和实践探索。

（一）"四有"好老师已成为新时代最强音

教育部党组高度重视，要求认真学习贯彻习近平重要讲话精神，积极引导广大教师带头践行社会主义核心价值观，多措并举建设高素质一流教师队伍，营造优秀教师不断涌现的良好教育生态。《中国教育报》相继刊发 3 篇评论员文章，强调"好老师要有理想信念，以传道为第一责任和使命；好老师要有道德情操，以要成才、先成人为指引；好老师要有扎实学识，不断摸索、不断积累"。教育部出台《教育部关于建立健全高校师德建设长效机制的意见》，提出七条具有警示教育意义的师德禁止行为，即"红七条"。2017 年 8 月，中国人民大学等 40 所高校被认定为高校教师考核评价改革示范。2018 年 1 月，中共中央、国务院印发了《关于全面深化新时代教师队伍建设改革的意见》，这是中华人民共和国成立以来党中央出台的第一个面向教师队伍建设的里程碑式政策文件。2018 年 11 月，为了进一步加强师德师风建设，教育部提出了新时代高校教师职业行为的"十项准则"。

在高等学校，广泛开展了以习近平重要讲话精神为指引，全面贯彻、扎实推进"四有"好老师"进校园、进课程、进思想"的教学实践活动。如北京师范大学以"四有"好老师的标准统领，强化理论研究、完善教育格局、深化建设实践、增强建设实效；设立"四有"好老师终身成就奖、金质奖章专门奖项，鼓励潜心育人；设置"四有好老师"奖励计划，包括"四有好老师"启功教师奖公益行动奖。在高校教师群体，涌现出一大批黄大年式的优秀教师团队。2018 年 1 月，教育部发布《关于首批全国高校黄大年式教师团队的通知》（教师函

〔2018〕1号），全国200所高校的201个教师团队获得"全国高校黄大年式教师团队"的荣誉称号。

（二）"四有"好老师是对教师评价研究的关键核心

有学者指出，习近平一系列的新诠释、新论断，构成了习近平关于对教师工作的重要论述，主要有教师是"立国之石、兴教之源、学问之师、品行之范、筑梦之人、引路之人、塑造之师、仁爱之魂、职业之尊"等重要内容。"四有"好老师的评价标准是国际视野与本土情怀的有机结合，是传统文化与现代需求的辩证统一，体现了中国特色与世界水平。新型教师评价体系应当具有发展性、民主性和多元性的基本特征。人们对于教师和教师职业的理解，存在职业、事业、志业三种不同境界。作为职业，把工作视为付出劳动交换薪酬的谋生之所；作为事业，把工作视为实现个人价值的舞台，渴望来自他人尤其是学生的肯定，工作关系着他们的喜怒哀乐以及成就感；作为志业，把工作视为意义之旨归，职业与生命融为一体。"四有"好老师的评价维度中，理念信念是好老师的人格基石，包含崇高理想、社会责任、职业信念；道德情操是好老师的核心品质，包含职业道德、高尚情操、自我修炼；扎实学识是好老师的专业素养，包含专业标准、知识功底、终身学习；仁爱之心是好老师的职业底色，包含尊重学生、理解学生、关怀学生。核心是教师的思想品德，师德是教师的灵魂。"四有"好老师的评价标准相辅相成：理想信念是好老师关注人生存在的精神支柱，道德情操是好老师臻于人生境界的精神命脉，扎实学识是好老师体验人身自由的精神羽翼，仁爱之心是好老师践行人生使命的精神源泉。要从文化营造、信任建设、制度创新等方面着力构建新的宽容和谐的评价体系，既为教师减压松绑，又完成"双一流"的建设任务。"四有"好老师标准引领下高校教师能力提升问题，涉及岗位与身份认识、社会服务以及各种综合能力等。也有学者采用自评、互评、考核小组评价和计分、问卷调查等方式方法，建立起包括5个一级指标、16个二级指标的评价体系。

二、"四有"好老师是师德师风的旗帜标杆，立德树人的根本保障

（一）时代楷模黄大年和黄大年式优秀教师团队

"四有"好老师是师德师风建设的旗帜标杆，也是名家大师辈出的茂林沃土、一流人才成长的蕙风熙阳。黄大年是"四有"好老师的典型代表。习近平指出，要"学习他心有大我、至诚报国的爱国情怀，学习他教书育人、敢为人先的敬业精神，学习他淡泊名利、甘于奉献的高尚情操"。从黄大年的身上，可以

发掘"四有"好老师所具备的众多优良品质。

一是高远的理想追求。他从大山深处到国际都市、从贫寒学子到功成名就，一路走来、上下求索，始终以"两弹"元勋邓稼先等老一辈科学家为偶像和指引，在科学的海洋里勤奋耕耘、流光无悔。"他有多少骄傲的笑容，就有多少辛酸的泪水"。这一生，从南宁到长春，他走得太远；从长春到剑桥，他走得太难；从剑桥再到长春，他又走得坚定。二是深厚的家国情愫。青年时期，他立下"振兴中华，乃我辈之责"的宏大志向；功成名就后，他毅然放弃国外的优越条件回到祖国。抛小家、为大家，舍小我、为国家，自觉把个人理想和国家发展融为一体。三是执着的前沿探索。归国7年多，为了实现祖国在科学技术上的多处"弯道超车"，作为国家多个重大技术攻关项目的首席专家，他带领由院士、校长、所长等400多名高级别人员组成的研究团队协同攻关，取得一系列重大科技成果，创造多项"中国第一"。四是卓越的社会贡献。以他为首席科学家的研究团队研制出的我国第一台万米科学钻——"地壳一号"为标志，配备自主研制综合地球物理数据分析一体化的软件系统，我国的深部探测能力已经达到国际一流水平，局部处于国际领先地位。五是春风化雨、立德树人。他经常采取一对一、点对点的个性化人才培养模式。他倾尽心血为国育才，主动担任本科层次"李四光实验班"的班主任，言传身教、诲人不倦，叮嘱学生"出去了要回来，出息了要报国"，为国家培养出一大批"出得去、回得来"的优秀科技人才。六是崇高的品德情操。他以崇高的爱国情怀、强烈的敬业精神、无私的奉献精神和高洁的道德品行，赢得了广泛的社会赞誉和尊敬爱戴，被誉为"无私的爱国者""新时代海归科技报国的楷模"，被追授为"时代楷模""全国优秀共产党员"等一系列崇高荣誉。

2018年1月，教育部发布《关于公布首批全国高校黄大年式教师团队的通知》，吉林大学地球探测与信息技术教师团队等200所高校的201个教学团队，成为首批"全国高校黄大年式教师团队"。图1是全国黄大年式教师团队分布情况。在地域分布上，涵盖全国（不含港、澳、台）31个省（区、市），其中，北京最多，25所，其他大部分省（区、市）都拥有几所，比较均衡。在办学类型上，涵盖了全部的办学类型，其中，理工类、综合类院校最多，占比分别为35%、23%，师范类、医药类、农业类和财经类院校数量居中，体育类、艺术类院校较少；在办学层次上，涵盖本科、本科/高职（专科）、高职（专科）三类，其中，以本科院校、本科/高职（专科）院校为主，既有国家"双一流"建设院校，也有地方重点建设院校和众多职业技术学院。学科属性上，教师团队的学科覆盖面、专业方向非常广，具有鲜明的时代性、前沿性、区域性和特色性，既有体现时代特征的习近平新时代中国特色社会主义理论思想政治课、红色文化教育、互联网+思想政治教育内容，又有无人艇、自主水下航行器、空间光电技术等体现出"高精尖"的核心课程；既有开放经济与产业发展、应用经济学一流学科建设、工商管理等学科专业，也有智能电网协同创新育人、纤维新材料创新、智能感知通信创新等大数据与人工智能研究领域。

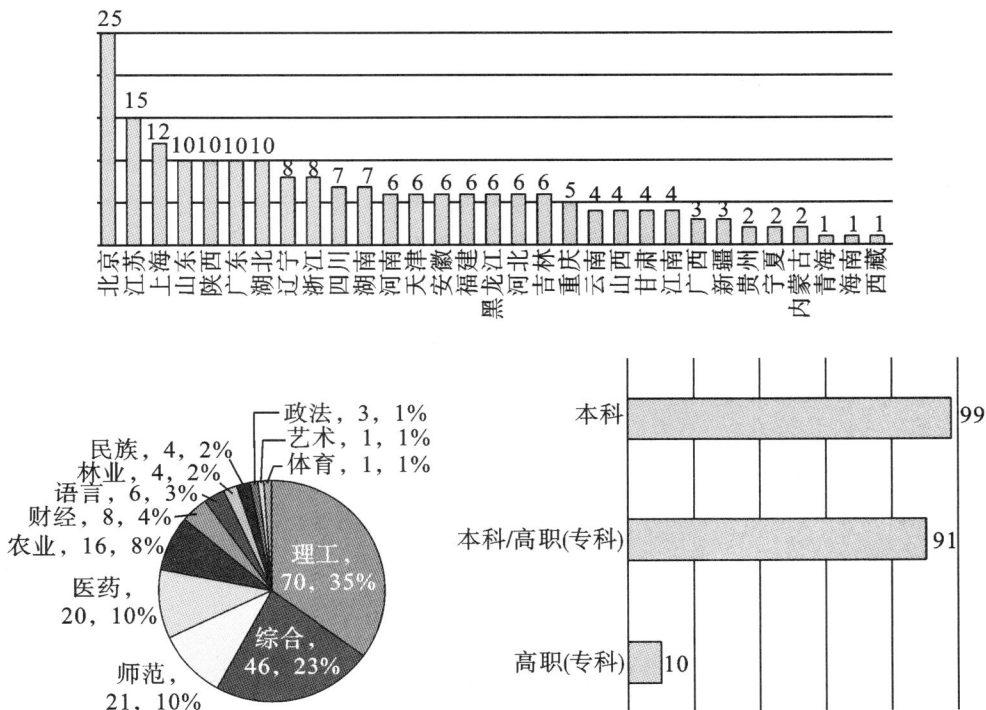

北京 25，江苏 15，上海 12，山东 10，陕西 10，广东 10，湖北 10，辽宁 8，浙江 8，四川 7，湖南 7，河南 6，天津 6，安徽 6，福建 6，黑龙江 6，河北 6，吉林 5，重庆 4，云南 4，山西 4，甘肃 4，江西 3，广西 3，新疆 2，贵州 2，宁夏 2，内蒙古 1，青海 1，海南 1，西藏 1

政法，3，1%
艺术，1，1%
体育，1，1%
民族，4，2%
林业，4，2%
语言，6，3%
财经，8，4%
农业，16，8%
医药，20，10%
师范，21，10%
综合，46，23%
理工，70，35%

本科 99
本科/高职(专科) 91
高职(专科) 10

图1 全国首批黄大年式教师团队分布

（二）师德师风建设是现代大学立德树人的根本保障

考核评价是教师选聘、任用、薪酬、奖惩等人事管理的基础工作和主要依据，事关世界一流大学、一流学科建设的成败得失。考核评价政策是调动教师工作积极性、主动性的"指挥棒"。相关部门高度重视高校教师考核评价，相继出台了一系列政策措施和实施办法，如《关于深化高校教师考核评价制度改革的指导意见》《教育部人才工作领导小组 2017 年工作要点》等。教育部等五部门在《关于深化高等教育领域简政放权放管结合优化服务改革的若干意见》中，提出要将师德表现作为评聘的首要条件。针对不同类型、不同层次的教师，按照哲学社会科学、自然科学等不同学科领域，基础研究、应用研究等不同研究类型，建立分类评价标准，建立起以"代表性成果"和实际贡献为主要内容的评价方式。

2017年8月，教育部发布《关于公布高校教师考核评价改革示范校的通知》，中国人民大学等40所高校被认定为"高校教师考核评价改革示范校"。这些高校，在加强师德考核力度、突出教育教学业绩、完善科研评价导向、重视社会服务考核、引领教师专业发展等某一方面或者多方面进行了有益探索，具有示范代表性。表1为示范高校分布表。隶属关系上，中央部委20所（教育部所属17所），地方高校20所；办学层次上，本科院校17所、本科/高职（专科）院校21所、高职（专科）院校2所；办学类型上，综合、理工类院校居多，分别为20所、9所，师范类、财经类院校分别为4所、3所，民族类、政治类、医药类、农业类院校各1所；地域上，分布在25个省（区、市）。可见，高校教师考核评价改革示范校，具有一定的普遍性和代表性，成为新时期高校教师考核评价的风向标。

表1　高校教师考核评价改革示范分布（40所）

	分布
隶属	中央部委20所（教育部17所、其他部委3所），地方教育厅（教委）20所
层次	本科院校17所、本科/高职（专科）院校21所、高职（专科）院校2所
类型	8种类型：综合类20所、理工类9所、师范类4所、财经类3所、民族类1所、政法类1所、医药类1所、农业类1所
地域	25个省（区、市）：江苏、北京、上海、湖北、福建、四川、山东、浙江、广东、青海、甘肃、山西、新疆、辽宁、广西、河南、贵州、陕西、河北、黑龙江、江西、安徽、重庆、湖南、吉林

三、雷达图分析法及其在"四有"好老师评价中的应用

（一）雷达图分析法

雷达图分析法又称综合财务比率分析图法，亦可称为戴布拉图或蜘蛛网图，是对企业经营情况进行系统分析的一种综合性财务工具。这种分析方法，从企业的生产性、安全性、收益性、成长性和流动性等方面进行综合分析评价，因其形状如雷达图放射波，形象、直观，具有指引航向的重要作用，故而得名。

图2为雷达图的基本方法。第一，将企业的经营活动和财务状态作为一个整体，划分为收益性、成长性、安全性、流动性、生产性五个维度，在每一个维度之下，根据实际情况，设置若干观测点。第二，以三个同心圆为参照系，根据行

业发展态势，设置高、中、低三个标杆和刻度线，代表行业的最高、最低和平均值。第三，将企业的相应数据（比率）标注在参照系内，以线段依次连接相邻点，形成一个蜘蛛网状（或雷达状）的折线闭环，即雷达图。第四，进行企业优势、劣势的比较分析。如果企业的比率位于标准线以内，说明低于同行业的平均水平，应认真分析原因，提出改进方向；如接近或低于小圆，说明处于非常危险境地，急需推出改革措施；如果超过中圆或标准线甚至接近大圆，表明企业的优势所在，应予以巩固和发扬。

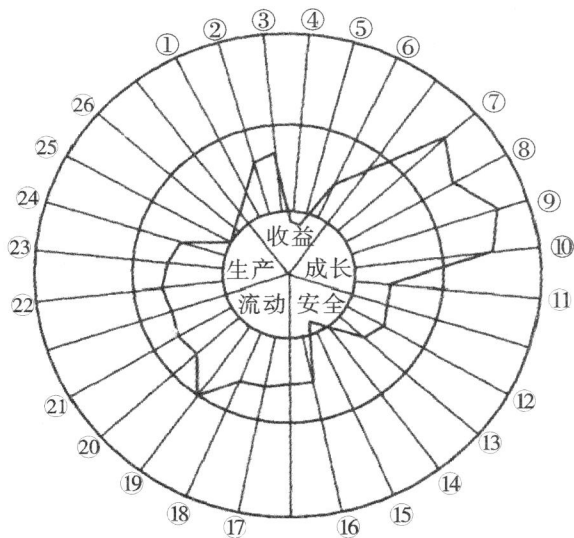

图 2　雷达图

（资料来源：《企业战略管理》，王方华）

（二）"四有"好老师评价的基本理念

当前，师德师风评价面临"理念不清、指标不完善、定量与定性难统一、质量不高、结果难运用"等问题。在不同程度上存在着"重科研、重数量、重短期"以及"面面俱到、过度量化、要求刚性"的不足。作为一种直观有效的综合性分析方法，雷达图分析法广泛地应用在各行各业之中，并且随着信息网络技术、智能办公和大数据的泛化，Microsoft Office、Kingsoft WPS 等众多软件中已具备雷达图的自动生成和实现功能。将雷达图分析法应用于"四有"好老师评价中，具有一定的操作性和可行性。

1. 基本理念

构建"四有"好老师评价体系，应当以习近平重要讲话为指引，深刻把握教师这一主体的自然性、社会性、职业性、差异性和特殊性，立足于教师职业、事业、志业的三重境界，着力于师德师风建设的优化提升和一流学科建设的深入推进。第一，作为评价对象的教师，应当是一个鲜活的、完整的个体，在个人与集体、生存与发展、职业与事业、教学与科研、物质与精神的多个维度中，实现和谐统一；第二，基于教师个体多元性、职业发展性和目标多样性，树立低、中、高等三坐标，以低标为基点、高标为终点，"红七条""十准则"为底线；第三，以世界一流学科内涵为主要观测点，涵盖师资队伍、人才培养、科学研究、社会服务和文化传承等重要方面；第四，定性与定量相结合，采用加权赋值方法，运用雷达图分析法的原理和方法，构建可测度、可评判、具有广泛适应性和可操作性的总体框架与指标体系。

2. 总体框架

基于"四有"好老师的品质特征和在世界一流学科建设中的核心作用，"四有"好老师评价的理想模型，应当是"四维、两极、三坐标、一个整体、加权赋值"的雷达图式的评价框架，以及由一级指标、二级指标和若干个主要观测点构成的评价体系。

表2、表3为评价的总体框架、指标体系及权重设置。一是评价的四个维度。好老师应当具有"理想信念、道德情操、扎实学识、仁爱之心"，在这四个维度之上实现"教书和育人、言传和身教、潜心问道和关注社会、学术自由和学术规范"的"四个统一"。二是确立评价指标，包括一级指标、二级指标及观测点。"国家、民族、使命、责任、价值观、经师、人师、学识、能力、态度、方法、尊重、引导"等关键词，构成"四有"好老师鲜活翔实、直观具体的现实要求。由此，可确立评价的一级指标、二级指标及主要内涵。三是建立评价标准。基于教师的个人成长、角色定位、职业发展及教师团队、学院（中心）、高校的愿景与目标，树立低、中、高评价标准。四是定性与定量相结合的分析方法及分值、权重的计算方式。五是设定重大事项"两极"。"正极"为加分，奖励教师在师德师风、世界一流学科建设中的突出贡献；"负极"为减分，以"七条禁令"为底线、红线。

3. 分值计算与权重设置

假设每一个维度的总分为100分，根据教师所在团队、学院、学科的发展定位和重要性，设定一级指标、二级指标及观测点的分值与权重，建立计算模型。采用定性分析与定量统计相结合以及自我评价、学生评价、同事评价、同行评价、专家评价、小组评价、领导评价等方式方法，并对评价结果进行加权，形成某一维度的评价得分。

表 2　评价框架、一级指标、二级指标

评价维度	一级指标	二级指标	观测点	评价维度	一级指标	二级指标	观测点
理想信念	崇高理想	人生观	…	扎实学识	专业标准	学习经历	…
		世界观	…			学术积累	…
		价值观	…			学科能力	…
	社会责任	国家担当	…		知识功底	博学广知	…
		行业贡献	…			专业深厚	…
		学校奉献	…			现代技术	…
	职业信念	职业认同	…		终身学习	知识更新	…
		执着追求	…			技能更新	…
		奉献精神	…			内容更新	…
道德情操	职业道德	职业态度	…	仁爱之心	尊重学生	平等相待	…
		遵纪守法	…			教学相长	…
		廉洁奉公	…			教研一体	…
	高尚情操	忠诚正直	…		理解学生	因材施教	…
		自强进取	…			春风化雨	…
		无私奉献	…			注重个性	…
	自我修炼	自我发展	…		关怀学生	爱护学生	…
		团队提升	…			潜心育人	…
		学科带动	…			树人育人	…

表 3　评价指标的分值与权重设置

方式	自我评价	团队评价	同事评价	同行评价	小组评价	单位评价
权重	10	10	10	10	30	30
分值	100					
正极	20					
负极	−20					
总分	120					

四、雷达图分析法的应用——以××大学一流学科建设为例

(一) ××大学世界一流学科建设

2017 年 9 月 21 日，教育部、财政部、国家发展和改革委员会发布《关于公布世界一流大学和一流学科建设高校及建设学科名单的通知》，42 所高校入选世界一流大学建设名单，95 所高校入选世界一流学科建设名单。目前，"双一流"建设已经全面展开，成为高校的重中之重和"头号工程"，是当前以及今后高等教育改革发展的重心和主线。"双一流"建设，重心在学科；一流学科建设的成败关键在师资队伍，在于是否拥有一批一流的学术大师及学术团队。

××大学的世界一流学科建设方案，由总体方案和若干个专项方案构成。创新人事人才制度、建设一流师资队伍在总体方案中居于五大任务之首，也体现在创新人才培养、科研与社会服务、师资队伍、文化传承与创新、国际交流与合作等专项任务中。总体绩效考核评价指标体系由客观性评价（80%）和主观性评价（20%）构成。其中，客观性评价分为基础性成果完成度（30%）、标志性成果人均产出（50%）。基础性成果分为 27 个小类，分值介于 1 和 10 之间；标志性成果分 33 个小类，分值介于 1 和 15 之间。以师资队伍建设为例，分为 4 个小类、7 个等级，分值介于 3 和 15 之间。（参见表 4）

表 4 ××大学一流学科建设绩效考核（师资队伍部分）

	成果产出			分值
	类别	级别	级差	
师资队伍	新增国家级团队	国家级		15
	新增国家级人才	"长江""千人""杰青""万人"等国家级人才	长期	15
			短期	9
		"青年长江""青年千人""优青""万人青拔"等国家级人才		12
	新增省级团队	省级		9
	新增省级人才	省级学术和技术带头人、省级有突出贡献的优秀专家、省级千人计划等省级人才		6
		省级学术和技术带头人后备人选等省级人才		3

（二）"四有"好老师评价模型的初步应用

如表5所示，设定"四有"好老师的评价标准，60分为红线，70分为低标，80分为中标，90分为高标。设定教师1至教师5等一组老师，通过综合评价得到各自的评分，那么就可以根据雷达图的基本原理、方法，绘制出"四有"好老师评价的雷达图样式。

表5　模拟评价案例

	红线	低标	中标	高标	教师1	教师2	教师3	教师4	教师5
理念信念	60	70	80	90	95	88	115	65	80
道德情操	60	70	80	90	75	90	92	75	86
仁爱之心	60	70	80	90	88	95	97	50	88
扎实学识	60	70	80	90	85	78	105	68	75

五、结语

"冠者五六人，童子六七人，浴乎沂，风乎舞雩，咏而归"，这是我国伟大思想家、教育家孔子先生的理想教育方式。"春蚕到死丝方尽，蜡炬成灰泪始干"，"春蚕""红烛"，这是对教师的高尚道德情操和无私奉献精神的生动写照。周洪宇在《中国好教师》中咏颂道："好教师是一首诗，韵味长存；好教师是一幅画，清新高雅；好教师是一棵松，正直伟岸；好教师是一座碑，坚实高大。"

"四有"好老师是高校教师队伍中最优秀、最卓越的代表，是师德师风建设的旗帜标杆，世界一流大学和一流学科建设的主力担当，更是现代大学的灵魂之所系、声誉之所彰和魅力之所在。作为生活在纷纭复杂的现实世界、具有多重身份的教师，职业、事业、志业这三重境界是相叠加的。"四有"好老师评价体系应最大限度关注到教师的内在需求，高内涵、高标准、高品质，充分发挥教师评价的目的性和导向性作用，加快世界一流大学和一流学科建设的进程。

参考文献

［1］ 庆祝第30个教师节特刊［DB/OL］.（2014-09-10）. http://paper.jyb.cn/zgjyb/html/2014-09/10/node_2.htm.

［2］ 焦新. 多措并举建设高素质一流教师队伍［N］. 中国教育报，2014-09-11.

［3］ 教育部. 教育部办公厅关于公布高校教师考核评价改革示范校的通知［DB/OL］.

（2017-08-31）. http://www.moe.gov.cn/srcsite/A10/s7151/201709/t20170912_314245.html.

[4]　微言教育. 一图读懂《中共中央 国务院关于全面深化新时代教师队伍建设改革的意见》 [DB/OL]. （2018-01-31）. http://www.moe.gov.cn/jyb_xwfb/s7600/201801/t20180131_326137.html.

[5]　教育部. 教育部关于印发《新时代高校教师职业行为十项准则》《新时代中小学教师职业行为十项准则》《新时代幼儿园教师职业行为十项准则》的通知 [DB/OL]. （2018-11-08）. http://www.moe.gov.cn/srcsite/A10/s7002/201811/t20181115_354921.html.

[6]　北京师范大学. 北京师范大学以 "四有" 好老师标准统领师德建设 [DB/OL]. （2017-11-30）. http://www.moe.edu.cn/jyb_xwfb/s6192/s133/s139/201711/t20171130_320264.html.

[7]　教育部. 教育部关于公布首批全国高校黄大年式教师团队的通知 [DB/OL]. （2018-01-03）. http://www.moe.gov.cn/srcsite/A10/s7002/201801/t20180122_325218.html.

[8]　杜红荣，刘有锋. 习近平的教师思想 [DB/OL]. （2018-07-09）. http://www.jyb.cn/zcg/xwy/wzxw/201807/t20180709_1145000.html.

[9]　杨修平. 习近平 "四有" 好老师的教育哲学意蕴 [J]. 教师教育学报，2018 (6).

[10]　许宝印. 高校师德师风建设与新型教师评价体系的基本特征 [J]. 齐齐哈尔大学学报（哲学社会科学版），2008 (11).

[11]　朱永新. 教育需要返璞归真 [M] //杨斌. 什么是真正的教育——50 位大师论教育. 福州：福建教育出版社，2010.

[12]　周洪宇. 中国好老师——习近平 "四有" 好老师讲话解读 [M]. 武汉：湖北科学技术出版社，2015.

[13]　顾明远. 既做经师，更做人师——写在《中国好教师》出版之际 [M] //周洪宇. 中国好老师——习近平 "四有" 好老师讲话解读. 武汉：湖北科学技术出版社，2015.

[14]　葛新权. 建立高校教师宽容和谐的评价体系 [DB/OL]. （2017-09-10）. http://ex.cssn.cn/jjx/jjx_gzf/201709/t20170910_3634965.shtml.

[15]　付奎亮. 四有好老师标准引领下的高校教师能力提升探析 [J]. 中国教育技术装备，2017 (6).

[16]　曹盈. 高校教师师德师风评价体系实证研究——以黄山学院为例 [J]. 黄山学院学报，2018 (2).

[17] 中共中央关于追授黄大年同志"全国优秀共产党员"称号的决定 [DB/OL]. (2017-07-23). http://biaozhang. 12371. cn/2017/07/23/ARTI15008019545 18578. shtml.

[18] 新华社. 大地之子黄大年 [DB/OL]. (2017-11-24). http://news. 12371. cn/2017/11/24/ARTI1511477492829989. shtml.

[19] 王方华. 企业战略管理 [M]. 2 版. 上海：复旦大学出版社，2006.

[20] 郑秀明. 关于高校师德师风评价体系建设的思考 [J]. 吉林师范大学学报 (人文社会科学版)，2013 (6).

推动校院两级管理体制改革
促进财经创新创业人才培养[①]

张绪忠[②]

　　摘　要：校院两级管理体制是推动学校发展的重要动力，也是推动创新创业人才不断发展的关键所在。浙江工商大学在长期的办学过程中，通过助推校院两级管理体制改革，不断完善创新创业人才培养的体制机制。随着国家"双一流"政策的出台以及浙江省推动高水平建设高校步伐的加快，现有的校院两级管理体制对"双创"人才培养提出了新的挑战。因此，需要进一步明晰学校、学院各自的权限，使二级学院的权力真正下放，进一步扩大学院的办学自主权，充分释放二级学院的办学活力，让学院真正成为办学的实体，从而为财经高校创新创业人才培养提供更广阔的发展空间。

　　关键词：校院两级管理　财经　创新创业　人才培养

　　院校关系是影响整个大学办学活力的关键因素。长期以来，在大学内部的校院关系中，学校一直处于支配强势地位，对学院具有主导性，而学院处于弱势、被支配的地位，学院的自主权非常小，这种校院关系极大地影响了学校的办学活力，挫伤了学院发展的积极性和主动性，同时也影响了整个学校的办学水平，不利于创新创业人才的培养，更不利于高校的长期发展。校院两级管理体制的改革是现代大学制度建设的重要突破口，必须牢牢把握校院两级管理体制改革的切入

---

　　①　本文系浙江省自然科学基金项目"基于 PDCA 管理循环的普通本科院校创业人才培养的质量评价标准研究：浙江实证"（LY19G030003）、杭州市哲社规划常规性立项课题："一带一路"框架下高校创新创业人才培养模式及路径优化研究：浙江实证（M19JC020）、教育部人文社科青年基金项目（16YJC880016）、浙江省教育科学规划重点项目（2019SB099）、浙江工商大学高教研究重点项目（Xgy19006）的部分研究成果。
　　②　张绪忠，浙江工商大学高教研究所副研究员。

点，激发学院的办学活力，进一步提升学校办学的总体实力。

一、学校校院两级管理的现状分析

校院两级管理体制是我国高等教育在新的历史发展阶段，应时代背景要求所出现的一种主流的改革导向，是促进高校在新的历史发展阶段、寻求新的发展动力。全面实施校院两级管理体制改革，是完善大学治理体系、推动学校快速发展、实现学校管理模式改革的必由之路，有利于调动和发挥学院的主动性与积极性，激发、激活学院的办学活力，进一步加强学院领导班子建设，更有利于建立科学完善的分类管理机制和考核评价体系。

校院两级管理体制是推动学校发展的重要动力。在校院两级管理的实践中，浙江工商大学起步较早，走在兄弟院校的前列，取得了良好的发展态势，在一定时间和空间推动了学校办学水平的提升。随着国家"双一流"政策的出台以及浙江省推动高水平建设高校步伐的加快，现有的校院两级管理体制需要进行不断的完善。

（一）学校相关的实施意见及政策分析

为进一步推动创新创业人才培养，理清学校与学院的关系，让学院的办学自主权进一步显现出来，学校出台了《浙江工商大学校院两级管理实施办法》和《浙江工商大学校院两级领导班子务虚会议制度》等文件，同时学校将"实行校院两级管理体制"写入大学章程之中。2009 年，学校出台了《浙江工商大学校院两级管理实施办法》，办法明确了学院的治理结构，划分了院校两级管理的职权，包括学科建设、本科教学、研究生教学、科研工作、师资队伍建设、对外交流与国际化工作、经费管理、学生工作、党建和思想政治工作等方面各自的职权。此文件至今已有近 10 个年头，从总体上说，此文件构建了浙江工商大学校院两级管理的基本框架。《浙江工商大学校院两级领导班子务虚会议制度》是为加强学习型党组织的建设，切实履行校院两级领导班子的领导责任而实行的制度。随着高等教育改革的深入推进和学校发展的现状，以上文件需要与时俱进。《浙江工商大学》章程第七条："实行校院两级管理体制，处理各项事务坚持'决策民主、执行高效、处理公正'的基本原则'"，并有一整章节对学院的职权等进行了论述。

（二）学校校院两极管理体制的现状梳理

自 2009 年学校实行校院两级管理以来，校院治理结构得以逐渐完善，实现了政治权力、行政权力、学术权力和民主权利的协调发展。但是，我们也要清醒地看到，制度的设计是趋向好的方面发展的，但在执行过程中还存在一系列的问题。

1. 学院对二级管理的职权理解不充分

不少学院对校院两级管理下的二级管理存在认识不到位、认识不清晰的问题，有些学院对文件不知道，有些虽然知道文件，但对院校两级管理文件存在不同的理解。

2. 学校缺乏对二级管理的指导性框架

学校对二级管理没有指导性意见，直接导致各二级学院对文件的理解和执行存在很大的差异，工作执行力大打折扣。

3. 学院管理体制有待进一步完善

教代会、党政联席会议制度、教授委员会等的职权有待更加明确，应该和大学章程的权利相一致。二级管理的目标体系应该更加健全，特别是激励机制要真正体现出二级管理水平来。

4. 部门考核的效用没有充分体现出来

例如，考核优秀的学院研究生招生名额没有进行倾斜，考核优秀的绩效工资存在不得高于人数的20%的限制；学校还是一盘棋，没有体现二级管理的权力下放。二级学院不想要的权力下放了，想要的权力没有得到下放。

二、校院两级管理的指导思想、目标与基本原则

（一）指导思想

以马克思列宁主义、毛泽东思想、邓小平理论、"三个代表"重要思想、科学发展观、习近平新时代中国特色社会主义思想为指导，紧紧围绕建设特色鲜明、国内同类一流、国际知名的高水平大学的目标，按照构建现代大学制度、推进学校治理体系和治理能力现代化的要求，以实施目标管理、绩效考核为手段，以健全考核监督为保障，以转变学校部门职能和增强学院办学自主权为导向，深化学校内部管理运行模式改革，理顺、优化校院两级权责关系，进一步扩大学院办学自主权，充分激发校院两级发展的内在动力，全面实现从校办院向"院办校"转变，全面提高学校管理水平、办学质量和办学效益。

（二）目标

学校通过深化校院两级管理体制改革，鼓励学院开展以能力和贡献为导向的岗位聘任，激发了广大教职工的工作热情，激励优秀教师脱颖而出。学校通过深化校院两级管理体制改革，将资源配置到优势特色学科和学院，从而激发了学院

的办学活力，充分发掘人力和其他办学资源的潜力，同时发挥办学资源的整体效应，学校办学水平得到了有效提高。总之，学校通过完善"院办校"为特色的校院两级管理机制改革，进一步激发了学院的办学活力，学校各项工作取得突飞猛进的发展。

（三）基本原则

1. 以"最多跑一次改革"为切入点，真正体现简政放权，进一步体现责、权、利的一致性

切实加强层级管理，提高管理效能，着力提升管理人员的执行力；坚持"责、权、利一致"的原则。明确学校与学院各自的管理权限与职责，按责分权，按事理财，责权利相统一，调整确立学校与学院之间的责、权、利关系，积极推进管理重心下移，使学院成为充满活力的办学实体。

2. 充分释放二级学院办学活力，进一步激发学院的积极性和创造性

坚持以"提高办学积极性"为原则，通过校院两级管理改革，充分激发和调动学校、学院两个层面的办学积极性，充分发挥教职员工的创造力，进一步增强二级学院的办学活力，全面提高办学质量。

3. 坚持放管服结合，超前谋划，进一步理清现有学院的组织架构，促进优化重组

把能够下放到学院的职权分批下放，边实施、边总结、边完善；在学校管理重心下移、扩大学院自主权的同时，完善各类监督和考核体系；学校重点管好宏观，会同职能部门对学院的工作进行监督、检查和评估，充分激发学院的创造力。学校要超前谋划，理清现有学院的组织架构，以学科为中心优化组合。

4. 坚持"目标导向、分级管理"的原则

以学校发展的中心工作为导向，真正体现学科建设的重要性，进一步突出教师的中心地位，真正有利于"大商科"人才培养。强化目标绩效管理，建立关键指标考核和评价体系，科学规范绩效考核。努力提高工作效率和办学效益，促进人力资源合理配置和有效利用。

三、深化校院两级管理体制的模式探索与改革路径

（一）借鉴相关高校校院两级管理的基本经验

天津大学改革资源配置机制，提高资源的使用效率和效益。在学院发展评估的基础上，扩大院级单位资源配置的权力；校院两级管理改革充分调动各二级学院的积极性，如职称评定工作由学校定名额，学院负责定职称标准；进人工作也

是由学院定标准，学校定人数。探索多种形式的院级单位设置模式，持续推进管理重心下移，实现从校办院到院办校的过渡。

天津财经大学积极推进校院两级治理体系建设。坚持学校统筹与学院主体相结合，改革思路和改革方案中共性的部分由学校统一安排，体现学科差异的部分由院系确定，结合实际以不同方式和不同步骤推进校院两级管理体制改革。以增强学院办学主体地位为目标，按照事权相宜和权责一致的原则落实。选择条件成熟的学院和科研单位作为综合改革试点，以人事管理体制和深化绩效工资改革为突破口，在人才培养、人才聘任、职称评审和国际交流等方面加快重心下移，加大权力下放力度，充分发挥学院办学的主体作用。上海交大深化完善校院二级管理体制，推进以院为实体的综合预算改革，以协议授权形式向学院下放权力，使二级学院变成推动学校发展的动力源。江西财经大学实施两级薪酬分配和试点常委制。实施两级薪酬分配，奖励性部分打包到学院。计算的依据是教师人数、学生人数、教学、科研四方面的因素。安徽建筑大学进一步落实学院办学主体地位，明确学院的权利和责任，实现学院工作机制由以被动执行为主向相对独立自主运行转变。形成职责明确、决策科学、管理规范、权责统一、有效监督的运行机制；构建学校统一领导、宏观决策，部门协调指导、监督考核，学院实体运行、自主办学的管理模式。西北政法大学建立有西北政法大学特点的两级管理体制机制，形成以学院为主体，职能科学、权责规范、机制灵活、导向精准、充满活力的校院两级管理体制。明确学校和学院职责范围、夯实学院办学主体地位、激发学院办学活力。

（二）深化校院两级管理体制的改革的意义与实现路径

"双一流"建设是党中央、国务院做出的重大战略决策。深化校院两级管理体制改革，建立健全符合高校科学发展要求的管理体制和机制，是建设世界一流大学和一流学科的应有之义。大学在本质上是一个以学科专业为基础的学术共同体，一流学科是一流大学的基本载体和重要依托，没有一流的学科，就没有一流的大学。学院是按照学科组建起来的基层学术组织实体，学科建设的主要带头人、知名的专家教授都在学院；学科建设的重心也在学院，学院也是最了解学科发展的现状及自身的优势与劣势。只有深化改革现有校院两级管理体制，使学院真正形成制度健全、运行良好的学院治理体系和治理结构，成为一流学科建设的主体，才能真正提高学科建设水平，也才能为冲击一流学科做好充分的准备。

1. 充分释放二级学院的办学活力，让学院真正成为办学的实体，落实学科、专业、人才培养、社会服务等方面的功能

学院是学科建设的主体，从而也是人才培养的主体、科学研究的主体、社会

服务的主体、文化传承的主体以及国际交流与合作的主体。要进一步强化学院在创新创业人才培养中的主体地位，牢固树立大学层面含职能部处层面的工作全心全意为学院改革和发展服务的思想，以人事制度改革为突破口，建立人才培养改革实验区。为切实实现"学院办大学"的理念创造积极条件。同时，以创新创业人才培养为抓手，进一步理清学院和学院的责、权、利关系，更有利于创新人才培养目标的实现。

2. 坚持立德树人的根本原则，充分发挥学院在人才培养过程中的主体作用，进一步扩大学院在教学、学科专业建设、课程建设、研究生招生、科研管理方面的自主权

充分激发学院在学科和专业建设中的内生动力。积极推动学科专业建设权的下移。强化学院教学管理职责，学院负责本院教学工作的组织实施与管理，在学校指导下完善培养方案、专业及学位标准，自主加强课程、教材、实习基地建设。学院加强科研项目和经费管理，细化管理办法，自主按照项目任务书或经费预算进行审核。学院制定和组织实施本学院学科建设发展规划，统筹协调本学院学科资源分配。改革科研基地、创新团队、科技项目管理办法，明确校院两级管理的主体责任。根据办学实际需要和精简、效能的原则，赋予学院自主决定教学、科研、行政职能等内设机构设置管理权，构建充满活力、运行有效的基层教学、科研和管理组织体系。学院根据学校事业发展规划，结合自身实际，制订学院事业发展规划并组织实施，组织落实学院任期目标和年度目标任务，接受学校的目标考核和评估。

3. 修订《浙江工商大学校院两级管理方案》

现行的《浙江工商大学校院两级管理方案》已经运行10年了，有条件、有步骤地梳理学校现行的各项规章制度，特别是有关校院两级在创新创业人才培养方面的权限没有进行明确。根据现有的文件情况，结合学校发展的现状和未来学校发展的目标，对《浙江工商大学校院两级管理方案》进行修订，以更加有利于校院两级管理体制改革的顺利推进。

4. 强化创新创业教育目标管理的有效性，使目标管理的时效性得以彰显

以目标考核为抓手，进一步助推学院特色发展。学校对学院继续实行目标责任制管理，以考核评估为主要方式管理学院工作，以发展规划和资源配置为主要手段引导学院工作，以监督制约为主要途径规范学院管理权力的使用。根据学校任期目标管理办法，坚持"标准事先确定、评价公平公开、结果奖惩分明"的原则，按照学校发展的总目标，对各学院的创新创业人才培养的目标指标进行合理设定。

5. 进一步改革创新创业人才培养的模式和培养机制，明晰学校、学院在创新创业人才培养方面各自的权限，使二级学院的权利真正下放

学校创业学院、教务处、学生处、招就处、人事处、科研部、团委等部门，从培养目标、课程体系、师资队伍、管理机制和评价体系五大关键环节定期对双创教育进行系统指导，扎实推进双创教育体系建设和各项工作。学校出台《创新创业和素质拓展学分管理办法》《浙江工商大学创新创业教育改革实施方案》和《浙江工商大学进一步推进创业学院建设方案》，明确提出：以培育学生创新精神、创业意识和创新创业能力为重点，全面深化双创教育改革，积极探索、推进混合所有制创业学院的建设工作。改革校院两级管理体制，增加二级学院在创新创业人才培养方面的办学压力，同时强化其办学动力，进一步激发学院创新创业人才培养的积极性。

6. 建立创新创业人才培养的校院两级管理的保障机制

进一步转变管理理念，进一步提高学校管理部门的服务质量和服务满意度。建立校院两级在创新创业人才培养方面明晰的责权清单，规范学院的各项权力，明晰各自的职责。学校创业，学院要给二级学院在创新创业人才培养方面提供指导性的框架，避免学院各自为政，影响二级管理的积极性。提高学院创新创业人才的执行力，每年都要对二级学院的创新创业人才培养进行有效的评估，提高二级管理的效率和效益。

参考文献

[1] 石中英. 大学办学院还是"学院办大学"[N]. 光明日报，2016-05-10(13).
[2] 卢国强，薛松. 新形势下深化高校校院两级管理体制改革的探索与思考[J]. 中国农业教育，2018（4）.

借助"互联网+"力量，
深入推进通识教育改革①
——西南财经大学的探索与实践

习勇生　陈　昊②

摘　要："互联网+"时代，通识教育发展的机遇和挑战并存。"互联网+通识教育"本质上是教育与信息技术的深度融合。借助"互联网+"力量，有助于全面提高人才培养能力和整体提升高等教育质量。然而，当前高校在推进"互联网+通识教育"时，传统的以专业教育为主的教育模式占据主导力量，优质通识教育资源的共享力度明显不够。西南财经大学顺应"互联网+"的发展趋势，立足通识教育改革的已有成果，在精品通识在线课程建设和优质通识教育资源共享方面进行了较为深入的探索与实践，具有一定的借鉴与启发意义。

关键词："互联网+"　通识教育　人才培养

科学技术是人类社会进步与发展的助推器。从 19 世纪蒸汽时代、20 世纪电气时代，到 21 世纪信息时代，科学技术推动人类社会从劳动经济、资源经济跨越到知识经济。现如今，很多国家都认为，以人工智能、移动互联网、大数据等为标志的第四次科技革命正在悄然发生，信息技术和大数据已经成为新兴的关键资源，深刻地影响和改变人类的生产、生活和学习活动。在信息技术与经济社会实现高度交汇融合之际，人类进入"互联网+"的新经济社会时代。"互联网+"强调移动互联网与传统产业的有效对接，席卷了包括教育在内的各行各业，对教育变革的影响巨大。

---

①　项目资助：中央高校基本科研业务费西南财经大学 2018 年度高等财经教育研究项目"复杂系统下中国特色世界一流大学评价体系研究"（项目编号：JBK18FG14）研究成果。
②　习勇生，西南财经大学人文学院教师；陈昊，西南财经大学教务处。

一、关于"互联网+通识教育"的基本认识

为应对"互联网+"带来的机遇和挑战，国家进行了高瞻远瞩的顶层设计和科学规划。从 2012 年教育部出台的《2011—2020 年教育信息化十年发展规划》，到 2015 年 7 月国务院颁布的《关于积极推进"互联网+"行动的指导意见》，再到 2017 年国务院印发的《国家教育事业发展"十三五"规划》，"互联网+教育"多次被提及和关注，并已经上升到国家战略高度。高校在人才培养过程中，如何发挥"互联网+"优势以推动通识教育的改革与发展，成为当前和今后相当长一段时间内高校必须重视的课题。归纳起来，当前学界关于"互联网+通识教育"大概有三种认识导向。

（一）理念导向："互联网+"作为一种理念，对通识教育改革具有指引作用

"互联网+"强调运用大数据、云计算、人工智能等信息技术，进行跨界融合并不断创造出新产品、新业务与新模式，成为推动通识教育变革的重要力量。在"互联网+"背景下，传统的通识教育理念、课程体系、教学体系、学习体系以及评价体系等都将全面更新和不断完善。因此，"互联网+"给高等教育造成的是对学习、教学、组织模式的冲击及由此给教育理念和体制带来的深层次影响。

（二）工具导向："互联网+"作为一种工具，对通识教育发展具有促进作用

信息技术与教学的深度融合，将产生叠加效应、聚合效应、倍增效应和倍乘效应。"互联网+通识教育"是互联网技术手段在通识教育上的应用。高校在推进通识教育改革时，通过借助互联网信息技术平台和工具，可以打破传统高等教育模式的时空界限，为学校和学生提供了前所未有的体验，使优质的通识教育资源共享的边际成本近乎为零。

（三）融合导向：通识教育积极回应"互联网+"，实现二者深度融合

教育与信息的融合，本质上是以信息技术为支撑，实现知识和信息的共享，培养符合信息时代特征和需求的人才。进一步来讲，在互联网时代，我们处在一个生存环境越来越复杂、信息容量越来越大、不确定性越来越强的时代，传统的以专业教育为主的人才培养观念和模式已经无法完全适应这些变化，而通识教育可以为我们提供解决复杂问题能力，以及适应多元化和不断变化世界的各种元素，从而可以为"互联网+"时代培养通专结合的高素质人才。

二、高校推进"互联网+通识教育"的必要性

以信息化和数字化为特征的"互联网+"使知识传播更加快速、学习方式更加多样、教育成本更加低廉、优质教育资源扩散更加有效，由此引发高等教育的形态、结构和运行不断实现创新和突破。在"互联网+"背景下，通识教育在高校人才培养模式改革中的作用越发明显。

（一）深入推进"互联网+通识教育"是高等教育质量提升的必然要求

联合国教科文组织在《学会生存——教育世界的今天和明天》一书中指出："教育技术绝不是强加于传统体系上的一堆仪器，也不是在传统的程序上增添或扩大一些什么东西。只有当教育技术真正统一到整个教育体系中去的时候，只有当教育技术促使我们重新考虑和革新这个教育体系的时候，教育技术才有价值。"我国 2010 年颁布的《国家中长期教育改革和发展规划纲要（2010—2020 年）》强调，"信息技术对教育发展具有革命性影响，必须予以高度重视"。

进入 21 世纪，我国继续努力推动高等教育大国向高等教育强国迈进。然而，在这个过程中，我国的高等教育发展仍然面临一系列挑战，质量和公平等问题长期得不到解决，直接影响了我国高等教育的国际竞争力。而借助互联网信息技术平台和工具，可以打破学校与学校、学校与社会之间的围墙，推动优质教育资源开放共享，进一步激发高等教育的发展潜能和前进动力。

（二）深入推进"互联网+通识教育"是全面提高人才培养能力的有效途径

在教育实践中，"互联网+"可以从多方面对通识教育施加影响：一是推动通识课程形态变革。近些年兴起和蓬勃发展的，以数字化、立体化、线上线下相融合的大规模在线课程就是最好的例证。二是推进通识教学范式变革，最重要的导向是促进教学活动从"教"向"学"转变，自主、合作、探究成为通识课程新型的教学组织方式。三是推进通识教师发展能力变革，帮助教师从繁重的知识传统中解放出来，拓展教师除专业领域之外的通识素养，使教师可以从事更具创新性的德育、美育以及综合能力培养等方面的深层次工作。

（三）深入推进"互联网+通识教育"是培养通专结合高素质人才的现实需要

高校在培养通专结合高素质人才的过程中，优质教育资源往往是供小于求。单个高校无法支撑高素质人才培养的需求，迫切需要借助"互联网+"的力量。因此，在"互联网+"背景下，学生学习的渠道和内容更加多样，而且还可以个性化地定制学习方案，实现知识体系的自主构建和综合能力的自我提升，如此可以更好地适应现代社会对全面发展的人的需求。

三、高校推进"互联网+通识教育"存在的主要问题

(一)传统的以专业教育为主的人才培养模式与信息化社会的需求适应度不高

信息化时代呼吁高校着力培养厚基础、宽口径、高素质的创新复合型人才，提升学生智能时代核心竞争力。然而，传统的人才培养模式沿袭"专业对口"的发展思路，在培养理念上存在"重专业教育轻通识教育""重知识传授轻素质内化""重职业技能训练轻品格塑造"等现象；在培养模式上采取工业化时代"一刀切、齐步走、批量化、标准化"的"流水线生产"方式。很显然，在这样的培养理念和培养模式下，学生无法得到自由全面发展，做事和做人无法统一，创新意识、创新能力以及创业精神薄弱。

(二)"互联网+"背景下通识课程的数量、质量与结构之间存在着矛盾

随着知识更新速度加快，传统以纸质教材、教辅资料为主的学习内容难以适应快速、离散和碎片化的学习方式，对优质通识教育资源提出了更高的要求。为此，全国很多高校也建设了一些数字化课程。在这个过程中，关于通识课程的数量、质量与结构的问题特别值得关注。教育部提出，到 2020 年计划认定 1 万门国家级和 1 万门省级一流线上、线下精品课程。陈宝生部长在新时代全国高等学校本科教育工作会议上谈道，我国已经建成 10 多个慕课平台，上线慕课 5 000 多门。现在全国很多高校都在大力推进在线精品课程建设，但由于缺乏统一规划和管理以及存在信息不对称，高校在建设课程过程中可能会存在重复建设、盲目建设、仓促建设等现象。这样发展下去，课程建设的数量可能会达到预期目标，但质量上的参差不齐恐怕也难以避免，而且在结构上还可能与学生需求、社会需求以及国家需求存在一定程度的失位和错位。因此，这种建设模式可能会造成教育资源的浪费。

(三)"互联网+"背景下优质教育资源共享的力度不够

在线课程建设的初衷是共享。但在现实中，共享的效果往往并不十分理想。这里主要从学校和教师两个角度来探讨这个问题。

一方面，从高校角度来看，高校投入了大量的人力、物力和财力来建设优质通识课程，所以一般会优先满足校内学生的使用。加之共享机制不完善，开放力度不够，学分认定制度不健全，导致高校之间开放共享的水平有限。另一方面，从教师角度来看，优质的在线教育资源给教师会带来一定的冲击。目前，大部分高校开展通识教育主要还是在"线下"进行。通识教师的授课方式、教学内容的编排方式以及通识课程的考核方式，还是采取相对老式的办法。老师之所以采

取这些方式，其原因在于传统的方式有章可循，可以按部就班，一个 U 盘、一本教案、一张嘴巴就可以基本完成教学任务。而"互联网+"变革了课堂教学，老师不但要掌握教学内容和教学技巧，还要投入大量的时间和精力去学习与掌握先进的信息技术和手段，这无疑是对教师工作量和工作强度的一种挑战，因此老师对使用在线资源存在一定的抵触心理。

四、高校推进"互联网+通识教育"的路径探索

2007 年《开普敦开放教育宣言》曾指出，"我们正处于教与学的全球性的变革之巅。全世界教育工作者在互联网上开发大量的教育资源，这些资源可以向任何人开放并供他们免费使用"。《开普敦开放教育宣言》发表至今已经过去 12 年了，但我们仍然处在高等教育的变革之巅，在"互联网+"这个信息和资源共享时代，我们面临诸多挑战，也在思考为变革的新时代做些准备。为顺应"互联网+"国家发展战略，深化高等教育教学改革，推动现代信息技术与高等教育教学深度融合，西南财经大学在"互联网+通识教育"方面也有一些探索与实践。

（一）制定"互联网+"课程建设规划，推出一批西财精品在线开放课程

为加强"互联网+"背景下的课程建设，学校制定了《西南财经大学精品在线开放课程建设管理办法》和慕课课程的建设方案等。学校坚持以学生为主体、以教师为主导的教学观，遵循"点面结合、以点示范、重在建设、突出实效"的原则，按照"学校组织、院系支持、教师负责、学生参与、技术保障"的思路整体推进。依托学校经济学、管理学等学科优势，重点打造专业基础类和专业核心类在线开放课程，同时，通过引导性资源配置方式和竞争性资源配置方式，鼓励学院结合实际开发适合网络传播、受众面广的通识类课程，计划用 3~5 年时间建设财经类 MOOCs 选修课程（MOOCAP），打造系列财经特色 MOOCs 品牌课程，建设若干门通识类 MOOCs 通识课程。通过这些规划举措，建设一大批示范性强、辐射面广、影响力大的西财品牌在线开放课程。

学校按照"精品化、体系化、梯度化、制度化"的思路，建设效果较为显著。2015 年，学校在教育部"爱课程"网开通"西南财经大学在线课程中心"，着力打造财经类先修课程、系列财经特色品牌课程。学校开设的"公司金融学""管理会计学""国家税收""中级宏观经济学"等 20 多门课程先后在中国大学MOOC 平台、学堂在线、好大学在线等平台上线，选修人数超过 30 万人次。

（二）开展线上、线下混合式教学和翻转课堂教学，有机融合慕课建设和教学改革

学校以线上、线下混合式教学和翻转课堂教学模式推进教学范式的变革，改变教师单向传授与学生被动接受的现状，组建"互联网+"课程教学团队，形成以学生为主体、以教师为主导的教学共同体，实现教师教学模式和学生学习方式的转变。学校积极建设校本慕课（SPOC）资源，并安排专人负责校内 SPOC 平台翻转课堂或混合式教学，一对一指导各教学环节的咨询、指导、协调解决技术问题和服务问题。探索线上、线下相结合的教学评价模式，推动基于网络的形成性考核和基于线下的终结性考核有机结合的考核评价方式，并基于课程教学大数据开展教学效果的跟踪评价和分析研究。

学校将坚持应用驱动、"建"以致用，整合优质教育资源和技术资源，注重教学设计和学习效果，实现课程多种形式应用与共享。在校内开设"企业模拟经营"等 17 门 SPOC 课程，促进解决差异化教学问题，实施混合式教学改革，鼓励学生积极选修，修读合格后给予学分认定。在有限学时内，同步实现"教师教"与"学生学"，创建教学新模式。

（三）完善"互联网+"在线开放课程的保障机制

学校依托国家级教师教学发展中心，根据教师、学习者的需求变化和技术发展，邀请多名慕课专家进校开展讲座和工作坊，对教师进行课程设计、建设、应用等方面的培训。学校为课程制作与运行团队配备 1~5 名教学助理。教学助理按照主讲教师的要求，辅助完成课程各项在线辅导任务，发布课程通知通告、督促学生完成在线开放课程学习环节、参与课程论坛讨论、答疑等。学校不断推进在线开放课程学分认定和学分管理制度创新，对在 MOOC 平台首次开课的教学团队工作量按 3 的系数计算，学生选修在线开放课程并通过考核认定为学分。在线开放课程获得国家级、省级等各级立项的，学校给予相应奖励。

未来，学校将实施精品通识课程建设计划，大力推动在线开放课程、SPOC课程、跨学科课程建设。为保障通识在线开放课程建设需要，学校将重点打造网络支持平台、课程资源制作支持平台、工作微信平台、智慧教室四类子平台，利用这些平台，积极打造一批通识"金课"和通识慕课教学团队。

参考文献

[1] 张岩."互联网＋教育"理念及模式探析 [J]. 中国高教研究，2016（2）：71.

［2］杨银付.“互联网＋教育”带来的教育变迁与政策响应 ［J］.教育研究，2016（6）：7.

［3］联合国教科文组织国际教育发展委员会.学会生存：教育世界的今天和明天 ［M］.北京：教育科学出版社，1996：167.

［4］余胜泉，王阿习.“互联网＋教育”的变革路径 ［J］.中国电化教育，2016（10）：4-8.

"一带一路"倡议背景下
财经特色汉语国际教育发展趋势研究

黄益倩^①　崔　粲

摘　要："一带一路"对推进我国新一轮对外开放和海外贸易意义重大。随着沿线国家经贸合作的不断深化和扩展，单纯基于文化层面的汉语国际教育已无法满足国家和地区间共同合作的需要，针对性和专业化的"财经"特色的汉语国际教育成为交流合作的重要内容。因此，本文结合"一带一路"倡议背景，对财经特色汉语国际教育的现状进行梳理，分析归纳其教育教学特质，研判其发展的新趋势，提出适应"一带一路"倡议发展需求的高端汉语国际教育人才培养的思路与方案。

关键词："一带一路"　财经特色　汉语国际教育

一、"一带一路"倡议与汉语国际教育

（一）"一带一路"倡议的意义

2013 年 9 月至 10 月，习近平主席出访中亚和东南亚国家期间，先后提出建设"丝绸之路经济带"和"21 世纪海上丝绸之路"（以下简称"一带一路"）的构想。"一带一路"倡议有效连接了新兴的东亚经济圈和发达的欧洲经济圈，从陆海两大方向辐射沿线国家和地区的需求，旨在建立一个政治互信、经济融合、文化包容的利益共同体与责任共同体，使中国发展引擎所驱动的地缘经济潜力，形成巨大的正外部性，进而为相关国家和地区所共享。"一带一路"以共同

---

① 黄益倩，西南财经大学人文学院，副教授，硕士生导师。

发展为目标，弘扬"和平合作、开放包容、互学互鉴、互利共赢"的新丝路精神，强调"共商、共建、共享"，协调各方面的经济政策、提高资源配置效果和促进市场进一步融合，促进沿线国家和地区的共同发展和繁荣。同时，在合作发展的前提下，进一步加强各国文化、文明的交流互鉴，从而促进世界的和平与发展。"一带一路"是国家的战略性决策，涉及政治、经济、文化等维度，辐射范围甚广，为沿线、周边以及全球提供了一个广阔的发展合作平台，对推进我国新一轮对外开放和沿线国家共同发展意义重大。

（二）"一带一路"倡议的文化意义与汉语国际教育发展的新机遇

互联互通、共同发展要求做好"政策沟通、设施联通、贸易畅通、资金融通、民心相通"，这"五通"也是"一带一路"建设的主要内容。然而，"一带一路"沿线国家和地区的经济发展水平不同，民族宗教复杂，文化存在差异，地区政治多元。因此，只有加强与沿线国家地区的友好关系和文化认同，不断地促进了解和沟通，才能赢得合作国人民的好感和信任，为深化多边合作奠定坚实的民意基础。民心互通在根本上强调的是文化的融通，这是"一带一路"的根基，也是其他"四通"的基础。而"语言相通"正是民心相通的关键，具有基础性、工具性和先导性以及人文性的作用①，既是推进"一带一路"建设的基础保障，也是经济往来和文化交流的重要内容。"一带一路"建设提出适应多样化语言和文化环境的需求，这既向汉语国际教育提出了挑战，也迎来了发展契机。汉语国际教育具有跨文化交际性质，是进行语言文化传播的有效途径，能够促进信息的交流与传播。在"一带一路"的背景下，汉语国际教育能够在战略宣传、项目建设、文化咨询、冲突调解以及中国文化传播、形象塑造等领域发挥作用，让世界听到"中国故事"，助力"一带一路"。

（三）"一带一路"倡议的经济意义与财经特色汉语国际教育建设的必要性

2018 年，我国"一带一路"倡议进入全面务实合作的新阶段，贸易投资合作不断深化：中国与"一带一路"沿线国家货物贸易进出口总额为 1.3 万亿美元，同比增长 16.3%，高于同期中国外贸增速 3.7 个百分点，占外贸总值的 27.4%。其中，中国向沿线国家出口 7 047.3 亿美元，同比增长 10.9%；自沿线

---

① 周庆生."一带一路"与语言沟通 [J]. 新疆师范大学学报（哲学社会科学版），2018，39（2）：2，52-59.

国家进口 5 630.7 美元，同比增长 23.9%。中国企业对沿线国家非金融类直接投资 156.4 亿美元，同比增长 8.9%，占同期总额的 13%。在沿线国家对外承包工程完成营业额 893.3 亿美元，同比增长 4.4%，占同期总额的 52%。沿线国家对华直接投资 60.8 亿美元，同比增长 11.9%。① 除此之外，围绕此倡议的重大项目和自贸区建设也在稳步推进。我国与"一带一路"沿线国家贸易增速以高于整体外贸增速的发展势头领跑，全方位改革开放朝纵深发展。经济贸易无疑是"一带一路"倡议的核心。随着贸易交流的深入，具有专业财经背景的汉语国际教育人才的需求被提上日程，并且从数量和质量上都亟待提升。以"财经"为特色，集合管理和外贸的专业培训与教育，有助于国际汉语教育更好地成为经济交流和文化输出的载体，从而助力"一带一路"建设。因此，带有财经特色的国际汉语教育的人才需求和发展趋势在"一带一路"倡议新形势下愈发明显。

二、国内财经特色的汉语国际教育现状分析

（一）汉语国际教育专业学位研究生培养概况

自 1985 年我国首次设立汉语国际教育专业以来，汉语国际教育研究生培养已经历经 33 年的发展历程。2013 年国家专业目录将对外汉语正式更名为汉语国际教育。如表 1 所示，截至目前，中国内地汉语国际教育硕士学位（专业学位）授权点共计 148 个，累计招收研究生 4.7 万人，其中，近 2 万人奔赴 140 个国家和地区担任汉语教师志愿者，成为中外文化交流的主力军。2018 年汉语国际教育硕士学位（专业学位）授权点共新增 38 所大学（科研院所）。随着国家经济等方面的发展进步以及"汉语热"的浪潮，汉语国际教育层面的需求不断扩大，授权点覆盖面不断提升，但其中财经类院校汉语国际教育发展相对薄弱。由表 1 中的数据可以看出，前四批授权院校多为师范类、语言类和综合性院校，直至 2014 年第五批国际汉语教育专硕授权点才涵盖上海财经大学和对外经济贸易大学两所财经大学；2018 年新增的 38 所大学中涵盖了中央财经大学、西南财经大学、东北财经大学、山东财经大学、贵州财经大学、浙江财经大学、新疆财经大学 7 所财经类院校。至此，全国共有 9 所财经高校设立了汉语国际教育硕士学位（专业学位）培养点。

---

① 商务部：2018 年中国与"一带一路"国家贸易额同比增长 16.3% ［EB/OL］. http://www.sohu.com/a/291805044_120058819.

表 1 汉语国际教育专业学位研究生培养院校名单（截至 2018 年）

时间批次及数量	高校名单
2007 年第一批 24 所	北京大学、中国人民大学、北京师范大学、首都师范大学、北京外国语大学、北京语言大学、南开大学、吉林大学、东北师范大学、黑龙江大学、复旦大学、华东师范大学、上海外国语大学、南京大学、南京师范大学、浙江大学、山东大学、武汉大学、华中科技大学、华中师范大学、中山大学、暨南大学、四川大学、云南师范大学
2009 年第二批 38 所	中国传媒大学、中央民族大学、天津师范大学、河北大学、河北师范大学、内蒙古师范大学、辽宁大学、辽宁师范大学、大连外国语学院、上海师范大学、苏州大学、浙江师范大学、安徽师范大学、厦门大学、福建师范大学、江西师范大学、山东师范大学、曲阜师范大学、郑州大学、河南大学、湖北大学、湖南师范大学、华南师范大学、广西大学、广西师范大学、广西民族大学、重庆大学、西南大学、四川师范大学云南大学、西北大学、陕西师范大学、西安外国语大学、兰州大学、西北师范大学、新疆大学、新疆师范大学、青岛大学、广东外语外贸大学
2010 年第三批 19 所	清华大学（后主动提出放弃授权）、沈阳师范大学、渤海大学、吉林师范大学、哈尔滨师范大学、上海交通大学、上海大学、江苏师范大学、扬州大学、安徽大学、南昌大学、鲁东大学、河南师范大学、湖南大学、山西大学、中南大学（后主动提出放弃授权）、广州大学、重庆师范大学、云南民族大学
第四批 1 所	安阳师范学院
2014 年第五批 24 所	北京第二外国语学院、天津中医药大学、天津外国语大学、沈阳大学、浙江科技学院、烟台大学、河南理工大学、湖北工业大学、海南师范大学、四川外国语大学、西南科技大学、贵州大学、西安建筑科技大学、西安石油大学、兰州交通大学、北京理工大学、华侨大学、对外经济贸易大学、上海财经大学、东南大学、西南交通大学、中国石油大学同济大学、中国海洋大学、吉林华桥外国语学院
2015 年增列 1 所	江苏大学
2016 年增列 3 所	天津大学、燕山大学、大连理工大学
2018 年新增 38 所	中央财经大学、天津理工大学、华北水利水电大学、华北理工大学、河北科技大学、东北财经大学、延边大学、上海海事大学、南京信息工程大学、杭州电子科技大学、浙江工业大学、杭州师范大学、绍兴文理学院、温州大学、中国计量大学、济南大学、山东财经大学、信阳师范学院、湖北师范大学、中南民族大学、深圳大学、广西师范学院、重庆交通大学、成都信息工程大学、西南财经大学、贵州财经大学、昆明理工大学、长安大学、陕西中医药大学、陕西理工大学、三峡大学、江西科技师范大学、浙江财经大学、宁波大学、新疆财经大学、长春大学、中国社会科学院研究生院、大连大学

数据来源：全国汉语国际教育专业学位研究生教育指导委员会。

2018 年是"一带一路"倡议提出 5 周年和改革开放 40 周年,在中国与"一带一路"沿线国家和全世界贸易往来以及文化交流不断向纵深发展的当下,对带有财经特色的汉语国际教育形成了巨大且迫切的新需求,但目前承办汉语国际教育的财经类高校数量较少,起步较晚,在教学规划设计与人才培养模式上都处于探索阶段;同时,高校之间的合作交流与协同联动效应还没有建立,所以招生数量与人才培养质量都与新形势下的需求不相匹配。因此,如何做好"一带一路"倡议下财经类汉语国际教育的发展规划成为我们不得不关注的问题。

(二) 财经高校的汉语国际教育专业的现状分析

为更好地探寻国内财经高校汉语国际教育专业发展现状,研究团队选取了以上海财经大学、对外经贸大学两所高校为例进行分析,两所高校在 2014 年设立专业点,已经有 4 年办学经验与两届毕业生,因此可以作为发展建设的参照体系(表 2)。

表 2 两所财经特色高校汉语国际教育专业硕士学位建设

学校	培养方式	实践环节	对外合作	教材出版
上海财经大学	采取校内导师与校外实习指导老师相结合;汉语国际教育与中华文化传播相结合;课程学习与和汉语国际教育实践相结合的方式	留学生教育机构实习,上海财经大学汉语国际教育专业学位硕士研究生上海汉桥文化传播有限公司实践基地;依托"国际商务汉语教学资源与开发基地"(上海)层次完整的留学生教学体系	1. 长期承接与美国全球教育联盟、美国加州大学、韩国建国大学、日本一桥大学等的汉语培训项目,与沪上各大公司、机构合作建立了教学实践基地,已形成较为完善的培训模式。 2. 汉办孔子学院汉语教师志愿者项目等	出版商务汉语教学类图书近 30 部,建设完成 4 门商务汉语精品课程,案例式商务汉语教学模式不断走向规范化

学校	培养方式	实践环节	对外合作	教材出版
对外经贸大学	1. 课程学习与教学实习结合。 2. 顶岗实习与课题研究结合。 3. 采用双导师制，校内导师与校外导师结合。 4. 教学方法综合运用团队学习、案例分析、现场研究、模拟训练等方法	1. 学生应在汉语教学、文化传播、编辑出版、文化项目运营等相关机构实习，实习实践时间不少于1学年。 2. 搭建跨文化交流平台，实行的"汉语手拉手课堂延伸计划"，将学院的中国学生和来华留学生"一对一，结对子"，一起组织学习、外出参观、郊游、举办元旦联欢会、为中外学生互找语伴等活动。 3. 每周开设韩汉语角，邀请中文学院外籍教师教授韩语课程；不定期开设与英国利兹大学孔子学院学生进行网上视频交流活动	1. 对外经济贸易大学已承办了8所海外孔子学院和3所海外孔子课堂。 2. 校内外实习基地的建设，在韩国延世大学、韩国济州国际大学、日本明海大学等建有海外汉语教学实习基地，在中国现代文学馆、英迈文化教育有限公司、中国音乐学院等建有国内实习基地。 3. 与海内外多所高校、企业、政府部门、文化机构等建立了长期稳定的合作关系。2014年起，中文学院与美国罗德岛大学、肯塔基大学开始探索并建立美国外语教育硕士联合培养模式。 4. 数量巨大的留学生生源为汉语国际教育硕士提供了多种跨文化交际场合和课堂教学实践机会	学院研发出版近20种优秀的经贸汉语教材，涵盖入门、初级、中级、高级各个层次，如"经贸汉语口语系列""汉语商务通""新世纪经贸汉语系列教程""商务汉语案例阅读教材系列"等。"汉语商务通"系列教材已被列入中国国家汉办规划教材，分别获2006年、2008年北京市高等教育精品教材称号，多部教材由国内知名出版社如外研社、北京大学出版社、高等教育出版社等出版

注：资料来自各高校官网和实地调研。

官方资料和实地考察显示，上海财经大学和对外经贸大学这两所财经类院校的汉语国际培养教学呈现出不同的风格。

（1）在培养目标层面，上海财经大学旨在培养具有熟练的汉语作为第二语言教学技能和良好的跨文化交际能力，胜任多种教学任务的高层次、应用型、复合型专门人才，强调人才的"教学与跨文化传播"能力培养；而对外经济贸易大学则着重强调"经济""商务"特色，强调集经济、管理、商务语言等优势学科共建汉语国际教育硕士培养模式，培养的人才具有国别化、商务化、复合型的突出特点。

（2）在培养方式层面，上海财经大学和对外经贸大学这两所高校学制为全日制，对外经贸大学采取三年制，上海财经大学施行两年制。上海财经大学和对外经贸大学这两所高校均采用校内导师与校外导师结合的"双导师制"，分别指导学生的理论与实践；均采取专业学习与实践结合的培养模式。但在课程设置中，则呈现出上海财经大学比较专注于国际汉语教师基本教学能力的培养，而对外经贸大学则更融入多样化和多形式的"财经"特色。

在课程设置上，表3中的数据显示，上海财经大学和对外经贸大学这两所高校公共课学分与占比相近，在15%~20%之间。而专业必修课和选修课占比相差较多，上海财经大学必修课占65.9%，而对外经贸大学则专业选修课占比约达半数。从其培养方案来看，对外经贸大学设置了汉语教学模块、跨文化交际模块、商务与外语模块以及公共选修模块共计26门选修课51学分，学生需选修6门共12学分课程，任选比例达76.5%，给学生提供了较大选择空间。

表3　两所财经特色高校汉语国际教育专硕学时数和学分概况

学校	总学时	总学分	公共通识课			专业必修课			专业选修课			实践环节	
			学分	课时	占比/%	学分	课时	占比/%	学分	课时	占比/%	学分	课时
上海财经大学	649	42	6	98	15.1	26	428	65.9	4	123	19	6	
对外经贸大学	480	36	6	96	20	6	96	20	14	224	46.7	10	64

在财经特色课程方面，上海财经大学课程设置中几乎无财经相关课程，与其他汉语国际教育专业课程设置基本一致，但对外经贸大学较为注重培养方案中财经特色的体现，在选修课中设置了"商务汉语教学概论""区域经济与文化""文化项目策划与管理""国际贸易惯例""中国经济体制改革专题""文化资本论""跨文化商务沟通（英）""世界经济概论"8门财经相关课程，公共课中的英语内容是带有财经特色的"高级商务英语"，除此之外还涵盖营销学、领导力等方面的内容，学科外延广泛，带有鲜明的财经特色。

（3）在实践环节上，结合表3所列示学分，上海财经大学为5学分左右，为社会实践或教学实践，主要依托相关机构开展。对外经贸大学更注重实践环节，设置"汉语课堂观察与实践""教学测试与评估""项目组织与实施""中华文化才艺与展示"4门计64课时的实践环节课程，同时要求实习时长超过1年。其中，把现场研究、团队学习、案例与模拟训练相结合，研究生在课程学习期间就能接触到100个以上不同类型的教学案例，从而提高学生的教学技能和目的地适应能力。学生完成第一年的课堂培训后，实习时需利用 MOOC 等技术接受国内老师的线上授业指导，远程跟踪指导学生的教学实践。

（4）在对外合作方面，上海财经大学和对外经贸大学两所高校均提供国家汉办志愿者项目，与海外孔子学院和课堂进行合作交流，同时建立校内外、海内外实践基地。但各高校侧重的国家各不相同，上海财经大学与欧美国家对接较多，而对外经贸大学则与韩国大学与机构合作关系紧密，在"一带一路"沿线国家和地区布点较多。

（5）在教学成果物化方面，对外经贸大学的财经类汉语教材种类丰富，呈现出全面布局财经类汉语国际教学市场的趋势，当然这也与其办学一直紧扣"财经"特色教学紧密相关。

综上所述，目前的财经类高校汉语国际教育发展时间较短，已经取得了一定的成绩，并形成了自己具有特色的人才培养之路，但仍然存在着不足与缺失：选修类课程少，学生任选比例低；财经课程设置不合理，财经特色不显著；外语类课程缺乏对"目的语"的多样化选择和学习，对商务英语的重视不够；知识领域局限，涉猎其他相关学科领域课程较少；修读计划缺乏层次性，与培养目标匹配度不高；对实践环节的落实、监督不足，缺乏对未来财经汉语国际教育人才输送具体方向的规划。

这些问题都需要在更多财经类高校参与汉语国际教育的过程中不断探索和改进，以期实现教学设计培养过程以及合作交流中真正满足国家现实发展的需要。

（三）财经特色汉语国际教育存在的优势与不足

1. 财经特色汉语国际教育在新时期所具有的发展优势

"一带一路"倡议的纵深发展无疑给财经特色汉语国际教育带来了新的发展契机，带有"经贸特色"的汉语国际传播已成为我国公共外交的重要活动之一，也是国家改革开放战略实施的另一种有效方式。

首先，不断加深的贸易合作是财经特色汉语国际教育发展的一大动力。商务部发言人高峰表示，2018 年是"一带一路"倡议提出 5 周年，相关国家和地区共商、共建、共享，"一带一路"合作行动计划稳步推进，经贸合作领域不断拓展，贸易投资方式不断创新。大量经贸合作项目深入开展，众多中外合资企业蓬勃发展，迫切需要大量精通汉语、具有跨文化交际能力，尤其能够把握商务汉语内容，满足产业经济合作需求的专业型、复合型高端汉语人才，这为高校财经特色汉语国际教育提供了大量的需求市场，是财经特色汉语国际教育发展的重大机遇。

其次，新时期出台的各项政策为财经特色汉语国际教育发展提供了制度保障。习近平总书记在党的十九大报告中明确指出，加强中外人文交流，以我为主、兼收并蓄。推进国际传播能力建设，讲好中国故事，展现真实、立体、全面的中国，提高国家文化软实力。① 继而"十三五"规划进一步提出了加强国际传播能力建设，创新对外传播、文化交流、文化贸易方式，推动中华文化走出去的目标要求。② 2016 年，教育部印发《关于〈推进共建"一带一路"教育行动〉的通知》指出："教育交流为沿线各国民心相通架设桥梁，人才培养为沿线各国政策沟通、设施联通、贸易畅通、资金融通提供支撑。"③ 从报告到行动都表明了国家对汉语国际传播的高度重视与大力支持，同时为汉语国际传播的发展开辟了政策路径。近年国家出台的与汉语国际教育相关的政策见表 4。

表 4   近年国家出台的与汉语国际教育相关的政策

发布时间	政策名称	发布单位
2015 年 3 月	《推动共建丝绸之路经济带和 21 世纪海上丝绸之路的愿景与行动》	国家发展和改革委员会、外交部、商务部联合发布
2016 年 4 月	《关于做好新时期教育对外开放工作的若干意见》	中共中央办公厅、国务院办公厅
2016 年 7 月	《推进共建"一带一路"教育行动》	教育部
2016 年 8 月	《国家语言文字事业"十三五"发展规划》	教育部、国家语言文字工作委员会
2016 年 12 月	《关于加强"一带一路"软力量建设的指导意见》	中央全面深化改革领导小组
2016 年 12 月	《文化部"一带一路"文化发展行动计划（2016—2020 年）》	文化部
2017 年 7 月	《关于加强和改进中外人文交流工作的若干意见》	中共中央办公厅、国务院办公厅
2019 年 2 月	《加快推进教育现代化实施方案（2018—2022 年）》	中共中央办公厅、国务院办公厅

---

① 习近平在中国共产党第十九次全国代表大会上的报告［EB/OL］. http://cpc.people.com.cn/n1/2017/1028/c64094-29613660.html.

② 十三五规划建议［EB/OL］. http://jiuban.moa.gov.cn/zwllm/zcfg/flfg/201511/t20151103_4888538.htm.

③ 教育部. 关于印发《推进共建"一带一路"教育行动》的通知［EB/OL］. http://www.moe.gov.cn/srcsite/A20/s7068/201608/t20160811_274679.html.

最后，多年来孔子学院的建设发展为财经特色汉语国际教育交流奠定了基础。习近平总书记指出，孔子学院是中外语言文化交流的窗口和桥梁。孔子学院通过与中外企业合作，积极参与"一带一路"建设。截至 2018 年年底，"一带一路"沿线 54 个国家设立了 153 所孔子学院和 149 个中小学孔子课堂。派出汉语教师 3.4 万人，培养培训本土教师 6 万多人次。我国已与 24 个"一带一路"沿线国家签署高等教育学历学位互认协议，共有 60 所高校在 23 个沿线国家开展境外办学，16 所高校与沿线国家高校建立了 17 个教育部国际合作联合实验室。① 步入新时代的孔子学院进入一个由高速发展向高质量转型发展的新阶段，不仅为财经特色汉语国际教育人才提供实践平台，更能促进孔子学院的高质量和专业化发展。

2. 高校财经特色汉语国际教育存在的不足

首先，财经高校的汉语国际教育整体起步晚，数量与质量相对落后。开展硕士学位教育的财经高校数量较少，均处于探索起步阶段，培养方式不够系统，各个方面教育资源整合与建设效率不高，对于财经类汉语国际教育人才的旺盛需求同其相对滞后的人才供给不匹配，专业化和高端型汉语国际教育人才供给存在较大缺口，尤其是面向和立足"一带一路"沿线国家和地区的汉语国际教育人才严重不足。

其次，"一带一路"新形势下对财经特色汉语国际教育提出了更高和更为细致的要求，而这种要求还没有在人才培养中得到积极回应。随着"一带一路"的深入，沿线贸易的不断发展，跨国经贸需要更多财经汉语国际教育人才。但从目前国内财经特色汉语国际教育现状来看，大部分高校不具备财经学科优势，因而无力承担特色人才培养（如师范类学校只能实现语言文化教学的培养），具备财经学科优势的高校的汉语国际教育办学经验积累少；也较少将重心放在培养传播汉语的专业教师身上，因而在课程设置和培养方式上财经特色并没有得到彰显。

最后，孔子学院在"一带一路"沿线国家和地区的布局与"一带一路"倡议未能有效对接。我国建立了 525 所孔子学院和 1 113 个中小学孔子课堂，其中"一带一路"沿线国家和地区的孔子学院与孔子课堂数量分别占 26.1% 和 11.8%。因此孔子学院也正面临布局转型升级，在其地理区位和交流内容中都应该更加重视"经贸往来"，更好地发挥其平台交流合作的目的。

---

① 教育部. 全面推进共建"一带一路"教育行动［EB/OL］. (2019-02-19). http://www.moe.gov.cn/jyb_xwfb/gzdt_gzdt/moe_1485/201902/t20190219_370193.html.

三、"一带一路"倡议下财经特色汉语国际教育新趋势的分析

(一)"一带一路"沿线国家和地区的商贸和文化需求分析

为更好地了解"一带一路"倡议下财经特色汉语国际教育发展趋势,首先要把握"一带一路"沿线国家和地区的商贸文化需求,进而把握不同国家和地区的"特殊性",为财经特色汉语国际教育的发展提供有针对性的建议。本研究结合"一带一路"贸易数据、来华留学生资料以及孔子学院情况得出如下分析。

首先,"一带一路"倡议带来了巨大的商贸发展契机和需求。2017 年,中国与"一带一路"国家的进出口总额达到 14 403.2 亿美元,同比增长 13.4%,高于我国整体外贸增速 5.9 个百分点,占中国进出口贸易总额的 36.2%,"一带一路"国家和地区重要性愈发凸显;亚洲大洋洲地区是中国在"一带一路"的第一大贸易合作区域,进出口总额达 8 178.6 亿美元,占中国与"一带一路"国家和地区进出口总额的 56.8%。从区域贸易额增速看,2017 年,中国对中亚地区贸易额增速最快,较 2016 年增长 19.8%,其次是东欧(17.8%)。2017 年中国与"一带一路"国家贸易额前 10 位的国家分别是韩国、越南、马来西亚、印度、俄罗斯、泰国、新加坡、印度尼西亚、菲律宾和沙特阿拉伯,中国与这 10 个国家的贸易总额占中国与"一带一路"国家和地区贸易总额的 68.9%。进出口总额增长最快的贸易伙伴为卡塔尔、黑山、蒙古国和哈萨克斯坦,其增速均在 35%以上。[①]"一带一路"倡议不断落实以来,我国与沿线国家贸易往来不断扩大,投资合作持续深化,重大项目落地生根,经贸区建设稳步推进,自贸网络建设不断扩大。其中,重大项目带动效应十分明显,如蒙内铁路、亚吉铁路、中泰铁路、匈塞铁路等建设,汉班托塔港、巴基斯坦瓜达尔港的运营,中老铁路和中巴经济走廊等项目也在稳步推进。[②] 从"一带一路"相关贸易和项目建设数据中可以发现:"亚洲、大洋洲"地区相对而言商贸和文化需求较大,其次为南亚、中亚等地。因此,这些国家和地区是未来汉语国际教育的重要发展区域,应有针对性进行语言文化教学,同时,培养适应该地区商贸需求发展的汉语国际教育研究生,尤其要加大对于该地区的留学生的培养,通过其对汉语和中国文化经济的了解,带动整个区域内对于中国"一带一路"政策的积极正向传播。

---

① 大数据发展部."一带一路"贸易合作大数据报告 2018 [EB/OL]. (2018-05-08). http://www.sic.gov.cn/News/553/9207.htm.

② 中国网财经. 钱克明:5 年来我国同"一带一路"沿线国贸易总额超 5 万亿美元 [EB/OL]. (2018-08-27). https://baijiahao.baidu.com/s? id=1609945154125127072&wfr=spider&for=pc.

其次，来华留学生的数据分析同样能够反映我国与"一带一路"沿线国家和地区文化与贸易关系的紧密程度。2018 年来华留学亚洲学生总数为 295 043人，占 59.95%；非洲学生总数为 81 562 人，占 16.57%；欧洲学生总数为 73 618人，占 14.96%；美洲学生总数为 35 733 人，占 7.26%；大洋洲学生总数为6 229 人，占 1.27%。按国别排序前 10 名：韩国、泰国、巴基斯坦、印度、美国、俄罗斯、印度尼西亚、老挝、日本、哈萨克斯坦。[1] 由来华留学生数量分布可知，亚洲来华留学人数总量位居首位，其次为非洲、欧洲学生，"一带一路"沿线国家和地区的留学生持续增长，这也说明汉语国际教育的市场需求仍处于快速增长期，而财经类高校的汉语国际教育需要在增长的市场中找准自己的定位和发展方向，才能探索出特色和个性化的人才培养模式，获得可持续发展，同时反哺学科建设。

另外，在为中国与沿线国家各领域合作牵线搭桥上，孔子学院发挥着重要作用。泰国孔敬大学孔子学院创办高铁汉语培训项目；乌克兰孔子学院为乌航培训本土员工；白俄罗斯孔子学院为入驻中白工业园区的中资企业输送汉语人才；塔吉克斯坦孔子学院为海成集团本土员工提供职业培训。[2] 而孔子学院与孔子学堂的分布及数量，在一定程度上能够反映沿线国家地区的文化和商贸需求。如表 5和表 6 所示，从数量变化可以看出孔子学院近年来主要把重点放在非洲、美洲等尚未开设孔子学院的地区，而孔子课堂把欧洲和大洋洲作为近期工作重点。

表 5　孔子学院数量及分布

	2015 年孔子学院数量（所）/国家数（个）	2016 年孔子学院数量（所）/国家数（个）	2017 年孔子学院数量（所）/国家数（个）
亚洲	111/32	115/32	118/33
欧洲	167/40	171/41	173/41
美洲	158/19	161/21	161/21
非洲	46/32	48/33	54/39
大洋洲	18/3	18/3	19/4
合计	500/126	513/130	525/146

数据来源：孔子学院总部/国家汉办、《孔子学院年度发展报告》（2015—2017）。

---

[1]　教育部. 2018 年来华留学统计［EB/OL］.（2019-04-12）. http://www.moe.gov.cn/jyb_xwfb/gzdt_gzdt/s5987/201904/t20190412_377692.html.

[2]　教育部. 教育部推进与"一带一路"沿线国家民心相通情况背景材料［EB/OL］.（2017-05-11）. http://www.scio.gov.cn/xwfbh/xwbfbh/wqfbh/35861/36653/xgbd36660/Document/1551862/1551862.htm.

表6　孔子课堂数量及分布

	2015年孔子课堂数量 （所）/国家数（个）	2016年孔子学院数量 （所）/国家数（个）	2017年孔子学院数量 （所）/国家数（个）
亚洲	90/18	100/20	101/21
欧洲	257/28	293/29	307/30
美洲	544/8	554/8	574/9
非洲	23/14	27/15	30/15
大洋洲	86/4	99/4	101/4
合计	1 000/72	1 073/76	1 113/79

数据来源：孔子学院总部/国家汉办、《孔子学院年度发展报告》（2015—2017）。

　　因此，财经类高校也可以选择适当的地区和国家拓展建设相应的孔子学院、孔子课堂作为进一步经贸类项目合作搭建的平台，加强在此平台之上针对"一带一路"倡议中重大合作项目特定的汉语国际教学和交流活动，这样既给学生专业化实践提供契机，又能提升汉语国际教育的针对性，扩大孔子学院的海外影响力，也是弥补了其仅限于语言文化交流的不足，拓展了孔子学院的办学维度与价值空间。

（二）财经特色的汉语国际教育发展趋势与思路

　　"一带一路"倡议的持续推进深化了中国与沿线国家和地区的互联互通与务实合作，也带来了多样化的需求和挑战，新的时代背景和政策优势为财经特色汉语国际教育发展提供了广阔空间。新战略下财经特色汉语国际教育的发展，要将语言推广、文化交流沟通的"软实力"同商务活动、经贸合作的"硬实力"相结合。为此，我们既要做好"民心相连"，又要做好"贸易畅通"，不断提升我国的综合实力。因此，在开设汉语国际教育专硕学位的财经高校数量不断增加的同时，人才培养的高质量与专业化特色愈加明显。财经高校应着力于财经特色的挖掘，注重财经类课程的合理配置，尤其是商务汉语、金融汉语、中国经贸文化类课程板块的合理配置，甚至可以根据合作地区与学校的商贸往来设立针对该地区国家的经贸文化历史、现状与发展趋势的专项课程教学，着力打造特色个性课程，形成人才培养中鲜明而务实的"财经"特质。甚至在实践教学环节中，也可以与商贸公司、跨国经济实体建立交流机制，将人才引入国际贸易活动的前线，切实提升人才的业务素质。

　　服务于"一带一路"沿线经贸发展需求，财经特色汉语国际教育人才的培养要调整与完善布局，有针对性地与重点国家区域相对接，建立常态化的教育交流机制。加强与国外"孔子学院""孔子课堂"等平台的交流对接,将国内实践基地与培训机构联动建设,力争充分调动各项资源,满足沿线国家和地区多元分类分层的汉语国际教育人才需求。同时,汉语国际教育人才培养也要紧抓沿线重点工程的"匹配"建设,如为沿线国家培养经贸、金融、会计与信息化等专业相关的高端人才,推动"财经"与汉语教育的有机整合与系统升级,吸引更多"一带一路"沿线国家和地区的学生来华交流学习经贸课程与经贸类专业,不断充实"财经特色"汉语国际教育的培养内涵与建设规模。

随着"一带一路"倡议由东南亚国家向欧洲、非洲的延伸,财经特色的汉语国际教育培养的课程体系的变革也提上日程,针对目的语国家和地区的"个性化定制"成为发展趋势与竞争优势。财经高校应做好资源整合,重视实践基地的建设,对"一带一路"沿线国家和地区不同语种、文化环境的财经汉语教育需求进行调研和把握,以更好地制定教学方案和培养目标。例如,在第二语言学习中,设置小语种课程;在实践环节中,可由不同教师根据自己的教学经验承担不同的专题研究内容,如泰国教学专题、中亚地区教学专题、非洲教学专题等,提高学生对于区域教学的落地现实感。同时,还可以增加选修课程的模块,加强目的语国家与中国经济贸易联系往来的各类专业课程的深入学习。在此基础之上,以"特色课程"与"专项培养"为优势宣传与招收目的语国家的留学生学习汉语国际教育专业,"定向"式服务于本国与中国商贸交流的发展。

在互联网与国际化的时代氛围下,财经特色汉语国际教育应注重结合互联网技术的运用,推动多形式和多层次的人才培养。随着互联网和新媒体的发展,"网络实习""网上教学"不失为一种比较便利的实践模式,可以开展多个远程教学平台建设,通过MOOC等方式,将数字新媒体、云数据等运用于财经汉语国际教育,以远程教学与远程实践指导,"一对一"跟踪式培养等更为迅捷和互动的方式带动教育水平的提档升级,这也是"一带一路"建设的应有之举。

综上所述,"一带一路"倡议不仅是国家发展的重大机遇,也是汉语国际教育发展的重大机遇,只有专注建设与务实行动,彰显特色与笃定个性,才是财经特色汉语国际教育回应"一带一路"倡议的最好方式。

参考文献

[1] 蒋希蘅.国内外专家关于"一带一路"建设的看法和建议综述[N].中国经济时报,2014-08-21(005).

［2］夏立平. 论共生系统理论视阈下的"一带一路"建设［J］. 同济大学学报（社会科学版），2015，26（2）：30-40.

［3］刘亚辉. 财经类高校汉语国际教育专业实践教学研究——以浙江财经大学为例［J］. 现代语文（教学研究版），2015（7）：18-21.

［4］李宝贵，尚笑可. "一带一路"背景下汉语国际传播的新机遇、新挑战与新作为［J］. 辽宁大学学报（哲学社会科学版），2018，46（2）：121-130.

［5］杨伟奇. 浅谈"一带一路"建设中的汉语国际教育及其发展启示［J］. 法制与社会，2018（9）：184-185.

［6］刘明阳，潘婧妍. 汉语国际教育硕士专业课程设置研究［J］. 吉林广播电视大学学报，2018（1）：39-41，110.

［7］李芳芳. "一带一路"视域下汉语国际教育专业应用型人才培养模式探究——以百色学院为例［J］. 当代教育实践与教学研究，2017（2）：142-143.

财经类高校博士生成果产出的影响因素研究

吕 莉①

摘 要：本研究以国内西南地区某"211 工程"财经类院校的博士研究生为研究对象，对影响博士生成果产出水平的关键因素进行了深入的理论分析，构建了博士生成果产出的影响因素模型，并且结合实际数据进行了实证验证。研究结果表明，从生源质量来看，硕士毕业于"211 工程"高校的博士生成果产出水平较高。从培养因素来看，硕博连读的博士生成果产出质量最高；学习年限对成果产出质量有显著的负向影响作用；从导师因素来看，最高学位在海外获得的导师指导的博士生成果产出质量较高。

关键词：高等财经教育 博士研究生 成果产出

一、引言

自进入 21 世纪以来，我国博士研究生教育进入一个快速发展的时期。国家统计局发布的 2017 年统计年鉴数据显示，2016 年我国的博士招生数达 7.73 万人，占全部研究生招生数的 11.58%，比 2015 年增长 3.81%。博士在校学生数达 34.20 万人，博士毕业生人数 5.50 万人，相比 2015 年增长 2.29%。我国博士研究生招生人数和毕业生人数的快速增长，一方面反映了当前社会进步和企业发展对高层次人才的迫切需求；另一方面，有限的教育资源与博士生规模的迅速扩大势必向博士研究生的学位授予质量提出严峻考验。

为保证我国研究生学位的授予质量，2014 年 1 月 29 日，国务院学位委员会、教育部印发了《博士硕士学位论文抽检办法》（学位〔2014〕5 号）。其中规定，学位论文抽检每年进行一次，并且对连续两年"存在问题学位论文"篇数较多

---

① 吕莉，西南财经大学研究生院学位办公室人员。

的学位授予单位将进行质量约谈，学位论文抽检结果也将作为学科评估的一个重要指标。根据教育部 2019 年工作要点，2019 年教育部拟抽检博士学位论文约 6 000 篇，抽检比例为上一学年度授予博士学位数的 10% 左右。由此可见国家对博士学位授予质量的重视，如何评价和分析博士学位质量受哪些因素的影响就显得尤为重要。基于以往的文献研究回顾，获得博士学位时最具代表性的成果产出一般分为两部分：一是博士生的科研成果，二是博士生的学位论文。而博士学位论文的质量是衡量博士生能否毕业、能否授予学位的一个重要依据，也是博士生学习阶段学术水平与研究能力的集中体现。因此，本文对博士生成果产出质量的研究聚焦于博士学位论文的质量研究。

学位论文的评阅结果是学位论文质量的最直接反映。本文样本学校博士学位论文评阅指标体系由以下几个部分构成：论文选题、论文综述、论文创新性、论文成果的效益、论文理论水平、科研论文发表情况、论文规范性及写作能力等。可见，博士学位论文能综合反映出博士毕业生的质量，包括知识水平、科研能力、创新能力等。因此，本文通过对博士学位论文评阅结果进行深入的分析，进而从生源状况、培养方式、导师因素等视角进一步探究哪些因素显著影响了博士成果产出（博士学位论文）的质量。

随着社会对博士研究生教育的重视，越来越多的国内学者开始对博士学位论文质量进行相关分析和研究。其中，张云仙等以北京科技大学为例，结合学校培养工作，就如何提高博士生培养质量，在导师队伍建设、管理机制、审核机制等方面提出具体建议。李艳等以国内某 "985 工程" 高校 2011—2013 年已授位博士生的学位论文为样本，分析了博士学位论文质量评价的内容要素和影响因素，并提出相应的建议。李霞和宋俊波将人文社科类的博士学位论文作为研究对象，以中国人民大学 6 个学科门类的博士学位论文评阅书作为数据来源，分析了人文社科类博士学位论文的质量特征，并探究成因，提出相关改进建议。这些文献的研究方法和相关结论，为本研究的开展提供了借鉴。但是，大多现有文献的数据来源于 "985 工程" 高校或者理工类院校，而对于 "211 工程" 高校研究成果较为有限。此外，由于学科差异，以综合类或理工科高校为基础的研究结论是否适用于财经类院校博士生，都需要进一步探索和分析。

基于当前我国财经类院校面临的实际问题以及研究现状，本研究选取某财经高校 2016—2018 年度博士生应届生的学位论文专家评阅结果作为样本数据，进行定量统计分析，探析学位论文质量情况，进一步探究哪些因素影响了博士学位论文的质量。本文的研究意义主要有以下三个方面：首先，由于现有文献中对财经类院校博士学位论文质量的研究比较有限，应当如何提高其学位授予质量是当前我国研究生教育发展中的一个重要问题。本文将聚焦于财经类博士学位论文，进行数据分析。其次，针对财经类博士学位论文的研究，本研究取样的高校具有显著的代表性。本文样本学校属于国家"211工程"高校，是一所以经济学管理学为主体、金融学为重点的全国重点大学。该高校的博士学位授位点包括理论经济学、应用经济学、工商管理、管理科学与工程、法学、社会学、马克思主义理论等学科。其中涉及经济类管理类学科比较全面，经济类管理类博士生占全部博士生总数的88%左右。最后，该高校的博士论文从2016年开始实行博士学位论文全部送教育部学位中心论文送审平台，学位中心通过专家库进行网上匿名评阅。相比于传统的邮寄纸质送审评阅，教育部专家对外审的学位论文更加谨慎和严格，论文匿名评审更具客观性和公正性。因此，本研究的数据质量较高。通过对此数据进行分析，所发现的研究结论有较高的可信度和参考价值。

二、理论分析

（一）理论模型

由于众多因素可能影响博士生的成果产出，本文将从博士生的内部自身因素和外部因素两个方面来构建一个多因素的理论模型。为了简化研究模型，保证真实数据的可得性以及聚焦高校管理部门的关注点，进而将外部因素分为导师因素和培养因素两个方面。本研究建立的理论模型如图1所示。

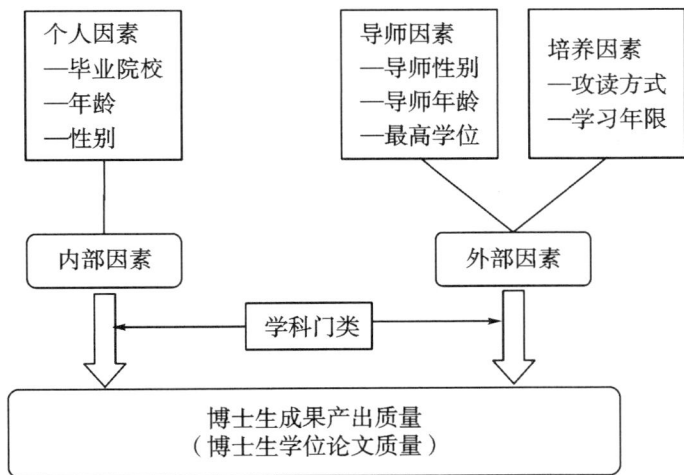

图1 博士生成果产出影响机制理论模型

如图 1 所示，本文以博士生学位论文质量为研究对象，对影响博士生成果产出质量的因素进行理论分析，从学生自身因素（性别、年龄、生源质量）、培养方式（攻读方式、学习年限等）及导师因素（性别、年龄、最高学位是否海外获得等）探究哪些因素显著影响了博士生成果产出的质量，考虑到学科差异性，构建博士研究生成果产出的影响因素模型，并结合实际数据进行实证检验，进而寻找出提高博士生成果产出水平的关键点和有效途径。

（二）理论分析

1. 博士生自身的影响因素

（1）就读院校（本科和硕士就读院校）。现有研究普遍认为，生源质量作为博士生教育的"入口"，直接影响到博士生的培养质量。李彩丽和缪园通过实证研究发现，中科院所招收的免试生的学位论文成绩优于同考生。一个原因可能是就读于高水平院校的学生受到的教育会更好，特别是硕士就读于"211 工程"高校和"985 工程"高校的重点高等院校博士生，个人学习和创新能力会更强，有较大可能展现出更优质的成果产出。而刘佳则认为本科就读院校层次对博士生科研创新能力没有显著性影响。因此，本文将对本科及硕士就读院校层次对科研产出是否有显著影响将进行实证研究。本研究将建立假设 H1。

H1：博士生本科或硕士就读于"211 工程"高校会表现出更优质的博士成果产出。

（2）年龄。在现有的文献中，年龄对科研成果产出的影响并没有一致性的结论。一部分学者认为年龄对成果产出有负面作用。例如，Prpic 通过对 840 名年轻的克罗地亚科学家的调查发现：年龄对科学家的科研产出有负面的影响。还有一部分学者则认为年龄对科研产出具有促进作用，如 Canibano 通过实证研究发现，年龄与学术论文的发表数量存在正向的关系。博士生年龄相对越大，其理论知识的积累越丰富，科研产出也越多。本研究将博士生性别作为一个自变量，通过实证研究来回答年龄是否对博士成果产出质量有显著影响。本研究将建立假设 H2。

H2：年龄对博士生成果产出质量起着负向作用。

（3）性别。基于过去的研究成果，性别对科研工作者的科研产出具有显著影响，男性博士生相对于女性博士生倾向表现出较高的成果产出水平。Long 认为女性成果产出少于男性的原因在于，相对于男性而言，女性在照顾家庭和养育子女方面负担了更多责任，而且女性很难进入男性主导的工作领域尤其是顶尖研究型大学，与他人合作的机会少、所获科研经费少。本研究将建立假设 H3。

H3：男性博士生比女性博士生有更优质的成果产出，其学位论文质量更高。

2. 导师的影响因素

（1）导师年龄。基于以前的研究发现，对个人的科研产出，年龄的影响既可能是负面的也可能是正向的。普遍观点认为，随着导师年龄的增长，科研经验和指导学生的经历更加丰富，因此能更有效地帮助博士生提高科研能力和科研产出。本研究将建立假设 H4。

H4：导师年龄对博士生的成果有正向的影响。

（2）导师性别。正如前文所述，基于以往的研究，男性科研工作者比女性工作者有更高的科研绩效。本研究将建立假设 H5。

H5：男性博士生导师比女性博士生导师指导的博士生有更优质的成果产出，其指导的博士学位论文质量会更高。

（3）导师国外学习经历。随着国内高校国际化水平的不断提高，越来越多的高校教师有过在国外留学的经历。这些经历不仅有利于导师自身科研能力的提高，而且可以帮助导师借鉴其他国家大学在博士生培养方面的经验，从而在指导博士生科研方面采用更有效的方法，提高博士生的培养质量。因此，本研究将导师最高学位是不是海外获得作为对博士生成果产生质量的外部影响因素之一进行探索。本研究将建立假设 H6。

H6：导师的国外学习经历对博士生成果产出质量有正向作用。

3. 培养方式的影响因素

（1）培养方式。我国的博士生有两种学习方式：全脱产和在职。相比较而言，全脱产的博士生有更多的时间专注于博士期间的学习和科研，而在职攻读的博士生往往具备更加丰富的工作经验和研究基础。因此，不同攻读方式对博士生成果产出的影响并不明确。李艳等人通过对某"985 工程"高校近 3 年来 1 716 篇博士学位论文评阅结果进行统计分析，研究结果表明，学习方式对论文质量影响比较显著，全脱产学习的博士生学位论文质量比脱产学习的博士生学习论文质量要高。因此，本研究将建立假设 H7。

H7：全脱产及硕博连读博士生相对于在职博士生，倾向于表现出更优质的成果产出。

（2）学习年限。根据教育部《关于加强和改进研究生培养工作的几点意见》文件的精神，博士生学习年限一般为 3~4 年，具体由培养单位自行确定。允许研究生分段完成学业，并规定学生累计在学的最长年限。为了提高培养质量，包括北京大学在内的部分高校直接将博士生的培养年限规定为 4 年。杨虎指出，合理的延长学习年限可以为博士生提供更多的研究时间，有利于博士生提高博士论文质量，推出高质量的科研成果。但也有部分延期博士生是科研能力有限，不得不延期。在以往的研究中，尚未考虑学习年限对博士生成果产出质量的影响，而学习年限是博士生培养过程的重要时间约束条件，故本研究将学习年限作为博士生成果产出质量的一个影响因素。本研究将考虑学习年限在 3~9 年之间对博士生成果产出质量是否存在显著统计差异，从而对优化我国博士生培养年限规定提出一些合理性建议。本研究将建立假设 H8。

H8：学习年限在 3~9 年的博士生，其年限越长，成果产出质量越高。

三、实证研究

（一）数据说明

本文选取了西南地区某"211 工程"高校中已毕业的博士生作为样本。通过该样本学校的学生资料和数据库，收集博士生及其学位论文评阅书和博士生导师相关信息，剔除掉一部分信息不完整的样本后，最终一共收集了 2016 年、2017 年和 2018 年该校毕业的 405 名博士生及其 405 篇博士学位论文信息、177 名博士生导师资料作为研究样本。考虑到不同学科之间的差异性，按照授予学位类型划分为经济学、管理学、法学三大学科类别，这 3 个学科的占比分别为 67%、22% 及 11%。

（二）变量说明

（1）被解释变量：博士学位论文评阅结果。每篇博士学位论文由 5 位相关领域专家进行评阅，405 篇论文共涉及 2 205 份学位论文评阅意见。专家根据样本学校论文评阅书规定内容打出百分制成绩，每篇博士学位论文 5 位评阅专家给的成绩之和除以评阅专家人数即为该论文的评阅结果，即 5 个分数的平均值。

（2）解释变量：本文选取了博士生的性别、年龄、本科毕业院校、硕士毕业院校、培养方式、学习年限和导师的性别、年龄、海外经历作为解释变量，相关变量的量化指标如表 1 所示。

本文引入虚拟变量表示博士研究生的性别。将博士研究生的入学年份减去其出生年份作为博士生的年龄。引入虚拟变量表示博士研究生的本科毕业学校和研究生毕业学校。引入虚拟变量表示博士研究生的攻读方式。将博士研究生的毕业年份减去入学年份即为他们的学习年限。另外，将博士研究生的入学年份减去其指导教师的出生年份来表示导师的年龄。引入虚拟变量表示博士生导师的性别。引入虚拟变量表示博士生导师最高学位是否海外获得。

表 1　变量的量化指标

一级指标	二级指标	量化度量
博士生成果产出	质量	博士学位论文评阅分数
博士生自身因素	年龄	入学时的年龄
	性别	男＝1，女＝0
	本科毕业学校	"211 工程"高校＝1，普通院校＝0
	硕士毕业学校	"211 工程"高校＝1，普通院校＝0
	硕士学位是否在海外获得	在海外获得＝1，不在海外获得＝0
培养因素	攻读方式	全脱产＝1，在职＝0
	硕博连读	硕博连读＝1，其他＝0
	学习年限	博士学习年限
导师因素	年龄	博士生入学时导师年龄
	性别	男＝1，女＝0
	最高学位是否在海外获得	在海外获得＝1，不在海外获得＝0

（三）模型设定

本文采用多元线性回归分析模型来检验研究假设的正确性。结合样本学校数据，利用 Stata 软件建立多元线性回归模型。其模型如下：

$$\ln(Y_i) = \beta_0 + \beta_1 Age_i + \beta_2 Gender_i + \beta_3 B211_i + \beta_4 M211_i + \beta_5 Maboard_i +$$
$$\beta_6 Full_i + \beta_7 Job_i + \beta_8 Continue_i + \beta_9 SYear_i + \beta_{10} TAge_i +$$
$$\beta_{11} TGender_i + \beta_{12} Overseas_i + \beta_{13} Major_i + \varepsilon_i$$

其中，Age_i 表示博士生的年龄；$Gender_i$ 表示博士生的性别；$B211_i$ 表示博士生的本科毕业学校（"211 工程"高校取值 1，其他为 0）；$M211_i$ 表示博士生的硕士毕业学校（"211 工程"高校取值 1，其他为 0）；$MAboard_i$ 表示博士生的硕士毕业学校（海外高校取值 1，其他为 0）；$Full_i$ 表示博士生的培养方式（全脱产为 1，在职为 0）；$Continue_i$ 表示博士生的培养方式（硕博连读为 1，其他为 0）；$SYear_i$ 表示博士完成学业的年限；；$TAge_i$ 表示导师年龄；$TGender_i$ 表示博士生导师的性别；$Oversea_i$ 表示导师最高学位（导师最高学位在海外获得是 1，在国内获得是 0）；$Major_i$ 表示博士生的学位类别。

在上述模型中，解释变量前的系数为正，说明该变量对博士研究生成果产出水平存在正向影响；若解释变量前的系数为负，则说明该变量对博士研究生成果产出水平存在负面影响。

（四）实证研究结果

1. 因变量描述性统计结果

我们对 2016—2018 年 405 名博士学位获得者的 2 025 份评阅意见结果进行描述性统计，结果见表 2。

表 2　学位论文评阅结果描述性统计结果

评价指标	最大值	最小值	平均值	样本量	标准差
博士学位论文综合分数	90.00	63.33	79.72	405	3.98
经济学	86.83	63.33	79.50	272	4.14
管理学	86.50	68.17	79.80	88	3.55
法学	90.00	72.67	80.86	45	3.62

统计结果表明，博士学位论文评阅结构综合分数最高值为 90 分，最低值为 63.33 分，平均分为 79.72 分，即平均分在良好以上，说明博士学位论文质量总体上是有保障的。

2. 自变量统计结果及单因素方差分析

（1）博士生个体因素描述性统计结果及单因素方差分析。

从表 3 可以看出：男性博士生和女性博士生的学位论文水平基本无差异；博士生的学位论文水平随年龄的增加呈现出降低的趋势；本科毕业于"211 工程"高校的博士生学位论文水平与毕业于普通院校的博士生学位论文水平基本无差异；相对于毕业于普通院校或海外院校的博士研究生，硕士毕业于"211 工程"高校的博士研究生学位论文水平最高，硕士毕业于海外高校的博士学位论文水平最差，其原因可能是这部分学生即使获得了海外文凭，但因教学质量差或就读时间短等，培养质量难以保证。

表3　博士生自身因素取值与平均分数的统计指标

变量	类别	样本数量	百分比/%	博士学位论文评阅均值	论文评阅分数标准差
学生性别	男	240	59	79.73	3.98
	女	165	41	79.70	3.98
学生年龄	25 岁以下	122	30	80.41	3.52
	26~30 岁	152	38	79.65	3.95
	31~35 岁	85	21	79.46	4.01
	35 岁以上	46	11	78.61	4.87
本科毕业学校	"211 工程"高校	142	35	79.70	3.87
	普通高校	263	65	79.73	4.04
硕士毕业学校	"211 工程"高校	291	72	79.95	3.94
	普通高校	102	25	79.12	4.01
	海外高校	12	3	78.67	4.26

为了进一步观察学生个体因素对学位论文质量的影响，我们进行单因素方差分析。结果表明，除硕士毕业学校在 0.1 水平上有显著差异趋势，其他因素，组内、组间差异均不显著（表4），说明学生性别、年龄对于论文质量影响不显著。

表4　博士生自身因素的单因素方差分析

变量		平方和	df	均方差	F	P 值
学生性别	组间	0.07	1	0.07	0.00	0.947 1
	组内	6 383.32	403	15.84		
	总计	6 383.39	404	15.80		
学生年龄	组间	428.80	23	18.64	1.19	0.246 9
	组内	5 954.59	381	15.63		
	总计	6 383.39	404	15.80		
本科毕业学校	组间	0.07	1	0.07	0.00	0.948 5
	组内	6 383.32	403	15.84		
	总计	6 383.39	404	15.80		

表4（续）

变量		平方和	df	均方差	F	P 值
硕士毕业学校	组间	57.21	1	57.21	3.64	0.057 0
	组内	6 326.18	403	15.70		
	总计	6 383.39	404	15.80		
海外硕士	组间	13.733	1	13.73	0.87	0.351 8
	组内	6 369.39	403	18.80		
	总计	6 383.39	404	15.80		

（2）博士生培养因素描述性统计结果及单因素方差分析结果。

从表5培养因素取值与平均分数的统计指标来看，攻读方式为硕博连读的博士生的学位论文评阅均值高于其他类型学生的博士学位论文评阅均值。一个原因可能是，相对于通过博士生入学考试选拔的考生来说，硕博连读的学生具有更好的专业基础知识。学习年限为3~4年的学生的博士学位论文评阅均值明显高于学习年限为6年以上的博士生的学位论文评阅均值。

表5　培养因素取值与平均分数的统计指标

变量	类别	样本数量	百分比/%	博士学位论文评阅均值	论文评阅分数标准差
攻读方式	全脱产	219	54	79.63	4.02
	在职	83	20	78.48	4.24
	硕博连读	103	25	80.90	3.31
学习年限	3~4年	256	63	80.34	3.62
	4.5~6年	123	30	79.22	4.25
	6年以上	26	6	75.94	3.68

为了进一步观察培养因素对学位论文质量的影响，我们进行单因素方差分析。结果显示（表6），全脱产和在职之间、硕博连读和其他类型、不同学习年限之间对博士学位论文质量的影响均存在显著性差异。

表6　培养因素的单因素方差分析

变量		平方和	df	均方差	F	P值
攻读方式	组间	159.09	1	159.09	10.30	0.001 4
	组内	6 224.30	403	15.45		
	总计	6 383.39	404	15.80		
硕博连读	组间	190.95	1	190.95	12.43	0.000 5
	组内	6 192.44	403	15.365		
	总计	6 383.39	404	15.80		
学习年限	组间	762.08	12	63.50	4.43	0.000 0
	组内	5 621.31	392	14.34		
	总计	6 383.39	404	15.80		

（3）导师因素的描述性统计结果及单因素方差分析结果。

从表7中导师各因素取值与指导博士生学位论文评阅均值统计结果可以看出：博士生指导老师所指导的博士生学位论文均值随年龄的增加出现先升后减的趋势，其中31~40岁年龄段的指导老师所指导的博士生学位论文水平质量最高，标准差也最小，说明个体差异也较小。究其原因，可能这个年龄段的导师相对于年轻的指导老师有一定的指导经验，同时相对于年龄较大的指导老师，可能有发论文、申请课题评职称等压力，更富有进取精神，这样也可以更好地指导学生写出优秀的学位论文。最高学位从国外获得的导师指导的博士学位论文质量高于从国内获得学位的导师指导的博士学位论文质量。其原因可能是，导师的国际化视野和思维方式及掌握所在领域国际学术前沿的能力可能会影响到博士生的培养质量。

表7　导师因素取值与平均分数的统计指标

变量	类别	样本数量	百分比/%	博士学位论文评阅均值	论文评阅分数标准差
导师性别	男	326	80	79.82	4.03
	女	79	20	79.31	3.75

表7（续）

变量	类别	样本数量	百分比/%	博士学位论文评阅均值	论文评阅分数标准差
导师年龄	28~30 岁	5	1	78.40	4.25
	31~40 岁	96	24	80.71	3.10
	41~50 岁	146	36	80.10	4.29
	51~60 岁	132	33	78.71	3.99
	60 岁以上	26	6	79.29	3.87
导师最高学位	在海外获得	94	23	80.54	3.79
	在国内获得	311	77	79.47	4.00

为进一步观察导师因素对学位论文质量的影响，我们进行单因素方差分析。结果显示（表8），导师性别、导师年龄对博士学位论文质量的影响不存在显著性差异。导师最高学位是否在国外获得对指导的博士学位论文质量有显著影响。

表 8　导师因素的单因素方差分析

变量		平方和	df	均方差	F	P 值
导师性别	组间	16.46	1	16.46	1.04	0.307 9
	组内	6 366.93	403	15.80		
	总计	6 383.39	404	15.80		
导师年龄	组间	682.21	42	16.24	1.03	0.422 6
	组内	5 701.18	362	15.75		
	总计	6 383.39	404	15.80		
导师最高学位	组间	82.98	1	82.98	5.31	0.021 7
	组内	6 300.41	392	15.63		
	总计	6 383.39	404	15.80		

3. 回归结果分析

在模型 1 中（表9），我们将关于博士生自身因素的解释变量引入多元线性回归模型，结果显示，仅有博士生年龄这个变量显著，年龄与博士生学位论文水平存在一定的相关关系，年龄较小的博士生相对于年龄较大的博士生具有更高的学位论文评阅分数，其余变量均不显著。

表9　多元线性回归分析结果

博士学位论文评阅分数	变量	模型 1	模型 2	模型 3	模型 4
博士生自身因素	年龄	−0.087 ** （0.041）			0.028 （0.048）
	性别	0.247 （0.411）			0.255 （0.398）
	本科毕业学校	−0.225 （0.434）			−0.163 （0.422）
	硕士毕业学校	0.731 （0.484）			0.754 （0.488）
	硕士学位在海外获得	−0.561 （1.219）			−0.119 （1.177）
培养因素	攻读方式		−0.394 （0.577）	−0.407 （0.577）	−0.284 （0.61）
	硕博连读		1.091 ** （0.454）	0.829 * （0.488）	0.698 （0.561）
	学习年限		−0.895 *** （0.178）	−0.872 *** （0.179）	−0.908 *** （0.183）
导师因素	年龄			−0.035 （0.023）	−0.038 （0.023）
	性别			0.440 （0.477）	0.407 （0.482）
	最高学位在海外获得			0.207 （0.512）	0.204 （0.513）
R2		0.021 5	0.099	0.108 4	0.116 5
Obs		405	405	405	405

注：括号里的数是标准差；* 代表 p 值 <0.1、** 代表 p 值 <0.05、*** 代表 p 值 <0.01。

在模型 2 中，我们将关于博士生培养因素的解释变量引入多元线性回归模型，结果显示，硕博连读、学习年限这两个变量与因变量即学位论文评阅分数均值存在显著的相关关系。其中，有正向相关关系的解释变量为学习方式为硕博连读，有负向相关关系的解释变量为学习年限。

在模型 3 中，我们将关于博士生培养因素级导师因素的解释变量引入多元线性回归模型，结果显示，学习年限这个变量与学位论文评阅分数均值存在显著的相关关系。学习年限较长的博士生其学位论文评阅分数均值较低。

在模型 4 中，我们将所有解释变量引入模型后，结果显示，仅有学习年限这个变量显著，其他变量均不显著。在保证正常学习年限的前提下，学习年限越长，其学位论文分数越低。其原因可能是，国内博士生培养过程比较单一，学习基础理论与专业知识后，即可进入论文研究阶段，博士生的开题答辩、中期考核往往流于形式，缺乏严格的博士生资格考核与淘汰制，从而导致博士生质量良莠不齐，最终降低了博士学位论文质量的总体水平。

四、结论及建议

基于上述方差分析及回归分析的结果，上文中提出的研究假设仅有一部分得到支持，其中，假设 H1 部分得到支持，即硕士毕业于"211 工程"高校相对于毕业于普通院校的硕士生表现出更优质的成果产出；假设 H6 得到支持，即最高学位在海外获得的博士生导师所指导的学生的学位论文水平更高；假设 H7 得到部分支持，即硕博连读的学生相对于其他攻读方式的学生的学位论文水平更高；假设 H8 未被支持，结果显示，学习年限与学位论文水平呈负相关关系。其他假设 H2、H3、H4、H5、H6 未被支持，其原因在于相关变量在方差分析及回归分析中均不显著。

基于以上的实证分析结果，就如何提高博士生的成果产出质量，我们有以下几点建议。

一是构建生源质量保障机制。根据《教育部办公厅关于做好 2017 年招收攻读博士学位研究生工作的通知》的精神，高校在博士生选拔中，需要逐步完善"申请-考核"招生机制，侧重考查考生创新能力、科研潜质和综合素质等，将把这些作为录取与否的关键性因素，全面加强拔尖创新人才选拔。为了提高博士生培养质量，把好入口关，样本学校近年来采取积极有效的措施来提高生源质量，除了公开招考、硕博连读外，还推出"申请-考核"制及优化扩大硕博贯通项目，最近推出的"博士创新项目"将硕士研究生培养阶段与博士研究生培养阶段在同一专业有机地结合起来，突出博士生的创新精神和科研能力的培养。这些项目的实施，应该会对博士生的培养质量产生积极的影响，其学位论文的质量也会相应提高。

二是加强导师背景国际化建设。张淑林等人认为，大部分全国优秀博士生导师的指导教师均有海外的学习经历，有助于提高博士生培养质量。在经济全球化背景下，导师的国际化视野和思维方式、掌握所在专业国际学术前沿的能力势必影响到博士生培养质量，所以建议进一步优化导师队伍结构，吸引海外优秀人才加入高校教师队伍中。另外，高校应完善访问学者制度，加大力度支持教师出国进修学习，使教师始终站在国际学术前沿，提高指导博士研究生的能力。

三是建立有效分流淘汰机制。随着教育部和社会对博士生培养质量越来越重视、要求越来越严格，博士生延期毕业现象也日益严峻。教育部公布的数据显示，2017 年我国博士研究生未正常毕业率为 65.85%。目前，对于不思进取或科研能力有限的博士生，普遍缺乏行之有效的淘汰或分流机制终止其博士生涯，这样即使到最后论文送审环节，也普遍存在博士学位论文质量不高的情况，并且，让未达到标准的博士生从事科研工作，对于国家来讲也是一种资源的浪费。长期以来，我国博士教育淘汰主要是超过最长学习年限的退学，从本质上讲，这不是真正意义的淘汰。在博士生培养过程中，淘汰的核心在于博士生在学术上能否真正创新。因此，在现行的博士生培养机制中，需要注重博士生的课程学习、资格考试、中期考核、论文开题、预答辩、答辩等阶段的管理和考核，在每个阶段引入一定比例的淘汰率，加大分流淘汰力度，确保分流淘汰的机制在保证学位论文质量方面发挥重要的作用。

参考文献

［1］张云仙，吴学东，姜禾娇. 关于博士学位论文质量的几点思考［J］. 北京科技大学学报（社会科学版），2005（6）：45-48.

［2］李艳，马陆亭，赵世奎. 关于博士学位论文质量评价的实证分析［J］. 学位与研究生教育，2014（10）：50-54.

［3］李霞，宋俊波. 人文社科博士学位论文质量要素特征评价——以中国人民大学人文社科博士学位论文为例［J］. 学位与研究生教育，2017（11）：13-17.

［4］李彩丽，缪园. 硕士生生源质量与学位论文成绩的相关性分析——基于中国科学院某研究所计算机科学与技术学科的实证研究［J］. 学位与研究生教育，2009（9）：8-11.

［5］刘佳. 本科就读院校层次对博士生科研创新能力的影响［J］. 研究生教育研究，2013（6）：20-24.

［6］PRPIĆ K. The publication productivity of young scientists：an empirical study［J］. Scientometrics，2000，49（3）：453-490.

［7］CAÑIBANO C，OTAMENDI J，ANDÚJAR I. Measuring and assessing researcher mobility from CV analysis：the case of the Ramón y Cajal programme in Spain

　　　［J］. Research evaluation, 2008, 17（1）: 17-31.

［8］LONG J S. From scarcity to visibility: gender differences in the careers of doctoral scientists and engineers［M］. National Academies Press, 2001.

［9］李艳, 马陆亭, 赵世奎. 博士学位论文质量及其影响因素研究［J］. 江苏高教, 2015（2）: 105-109.

［10］杨虎. 国内综合性大学延期博士生培养管理问题初探——基于对北京大学等高校博士生延期毕业问题的调查［J］. 研究生教育研究, 2015（6）: 18-22.

［11］张淑林, 彭莉君, 古继宝. 全国优秀博士学位论文指导教师特征分析［J］. 学位与研究生教育, 2010（5）: 1-5.

自"历"更生：高校党建动漫游戏实践研究

唐晓勇①　秦艺萍②

摘　要：随着网络多媒体技术的发展，青年党员群众的时代特征越来越明显，高校党建工作面临创新不够、政治学习处于被动、党建宣传太过用力、党建阵地管理不足等问题也愈加突出。本文试图以动漫游戏为载体，创新党建工作新模式，将中国共产党的历史、人文精神、社会主义核心价值观、传统文化等先进文化元素巧妙地嵌入动漫游戏中进行主流意识形态传播，实现高校思想政治工作"凝心聚力"功能。

关键词：高校　党建　动漫游戏

一、目前国内高校党建工作普遍存在的问题

党的十九大报告提出了我国已经进入新时代的科学论断。新时代是我国新的历史方位，是各项工作新的坐标系和参照系，新时代我们不仅要走出中国特色社会主义现代化道路，还要走出中国特色马克思主义执政党建设道路，高校要走出中国特色一流大学和一流学科发展道路。目前国内高校党建工作的开展，还未能紧跟新时代的步伐，不能满足新时代高校党建工作促进学校发展，为"双一流"建设做好引领、支撑和服务的需求。

（一）党建工作创新不够

1. 党建工作形式守旧

习近平指出："新时代需要新动力。""发展是第一要务，人才是第一资源，创新是第一动力。"③ 总体来说，国内高校党建工作形式单一，党建工作过于传

---

① 唐晓勇，西南财经大学马克思主义学院院长，教授、博士生导师。
② 秦艺萍，西南财经大学马克思主义学院教师。
③ 新华社. 创新驱动　激活第一动力 [N]. 人民日报，2018-03-20（13）.

统保守，缺乏创新。自党的十九大召开以来，厦门大学共开展各类党建活动 110次，其中理论宣讲学习活动占 90%；北京大学共开展党建活动 148 次，其中理论教育活动占 91%；其他高校也多类似。大多数政治学习，还是以会议的形式传达会议精神，以文件的形式传达文件精神。即使有创新，也是加入新媒体手段的变相的单向传输，缺乏互动性，受众参与度不够，党建学习流于表面。

2. 党建教育内容刻板

党建教育的内容一般都是由相关部门确定的，不能随意篡改，具有一定的严肃性和政治性，这就使得党建教育的内容灵活性不足。同时，通过会议进行文件、精神、重要讲话的原汁原味传达，与网络上的学习原文无异，这种学习是失效的，只会让这种学习变成一种"走形式"。

（二）政治学习处于被动

一般来说，学习效果受学习者的学习动机、学习行动、学习方法的影响。对于高校政治学习的主体——高校师生，其学习行动和学习方法应该都具有一定水准，影响其学习效果的主要还是学习动机。一般认为，由学习者本人发起的学习过程叫作主动学习，由学习者之外的因素发起的学习过程叫作被动学习。被动学习是被迫地去学习，其实自己心里并不想学，但是迫于无奈又必须要学，被动学习的学习动机很弱，甚至还具有排斥性。政治学习，在很大程度上就属于被动学习，学习者迫于各种压力不得不去学，其学习效率可想而知。只有通过引起学习者的兴趣，变政治学习为主动学习，强化学习动机，培养学习者的积极心态，才能提高学习者的参与程度，提升政治学习的学习效果，从而达到党建工作的政治建设的目的。

（三）党建宣传缺乏巧劲

1. "灌输"痕迹过重

"灌输"是马克思主义政党始终坚持的意识形态传播策略，也是中国共产党赢得意识形态话语权的重要法宝。灌输痕迹过于明显的意识形态教育不仅不能入其耳、入其脑、入其心、入其行，有时反而会出现效果和初衷南辕北辙的现象。因此，我们必须巧妙地设计和采用符合新生代青年受众特点与成长需求的意识形态传播策略，保证意识形态教育取得实效。

2. 宣传太过用力

党建宣传内容的政治性、严肃性，决定了其传播的局限性。党建宣传如果不注意使巧劲儿，就容易适得其反，适得其反的党建宣传就是"高级黑"。如若不遵循实事求是，一味地夸大中国共产党功绩的宣传，极有可能引起普通受众的不适，以至于普通受众不承认中国共产党的功绩，这与我们的党建宣传恰好背道而驰。

（四）党建阵地管理不足

习近平指出："各级党委要高度重视信息化发展对党的建设的影响，做到网络发展到哪里党的工作就覆盖到哪里，充分运用信息技术改进党员教育管理、提高群众工作水平，加强网络舆论的正面引导。"①

据 2018 年年度手机游戏行业数据报告分析，截至 2018 年 10 月，中国手游 App 市场渗透率②为 47.9%，用户规模为 5.27 亿，10 月行业月均 DAU（日活跃用户数量）为 1.01 亿。手游用户较为集中于青少年人群，36 岁及以上中老年人群占比约为 16%。腾讯和网易旗下手游用户较为集中于 25 岁及以下人群，占比均超五成。据 2018 年大学生手机使用调查报告称，90% 的大学生都玩手游（手机版网络游戏），手游成为大学生标配。大学生游戏玩家如此众多，而各种网络游戏又充斥着血腥、暴力、恶性竞争等与我国价值观不符等因素，高校党建工作未能及时占领这一阵地，是高校党建工作阵地管理得不到位。

（五）党建品牌亟须优化

打造党建品牌，有利于推动党建工作开拓创新、改进党建工作方法、扩大党建工作社会影响。一个成功的党建品牌，应同时在知名度、喜爱度和认同度三个维度得到受众认可。当前，国内高校党建品牌众多，百度上随便一查，校校有品牌，党建有特色，但仅从知名度这一个维度来看，就不能称之为成功的党建品牌，党建品牌创建亟须进一步优化和培育。

1. 党建品牌创建意识不强

当前，高校各级党组织在开展党建工作时，主要还是把精力放在常规党建工作上，着力夯实党建基础工作。当然，做好党建基础常规工作十分必要，但党建品牌的创建亦同样不容忽视。

2. 党建品牌创建效果不佳

国内部分高校党组织拥有良好的党建品牌创建条件，但由于缺乏党建品牌定位、传播和运营等方面的精心设计和系统思考，导致创建出的党建品牌在具体实施过程中亮点不显、特色不彰、效果不佳。

---

① 中直党建网. 习近平在全国组织部长会议上的讲话［EB/OL］. http://cpc.people.com.cn/GB/64093/64094/17160189.html，2012-02-15.

② 渗透率=当前安装有目标应用的活跃智能设备数量占当期全部活跃智能设备的比例。活跃智能设备定义为数据周期内至少有一次联网行为的智能设备。

3. 党建品牌推广力度不大

有些高校党组织虽然创建了很好的党建品牌，但其推广方式仅限于小范围的海报、宣传栏、广播和网站等媒介，推广手段比较传统单一，推广频率也不多，难以在广大党员干部群众中留下深刻的印象。并且，在党建品牌的推广上，也未充分考虑各层级党员的差异性，难以做到分类推广。

二、自"历"更生：高校党建动漫游戏的内涵

（一）相关概念界定

1. 动漫游戏的含义

本研究所指的动漫游戏是一种含有角色扮演环节的网络游戏。该类游戏在当今的网络游戏大环境中有着十分高的比重，它是以 TCP/IP 协议为基础的一款网络互动类游戏，凭借网络以及计算机技术，建立起一个虚幻的游戏世界，其故事情节十分繁杂、游戏信息量大，并且有着非常细致的画面效果，譬如《吃鸡》《绝地求生》《王者荣耀》《魔兽世界》《英雄联盟》等。用户能够选取或者自由设计个性化的游戏角色，在花样繁多的网络游戏世界里通过各种关卡进行游戏，最终达到自己所想要的理想结局。

2. 自"历"更生的含义

"自力更生"精神是毛泽东精神的重要组成部分，它形成、发展于革命和建设实践并服务于革命和建设实践，其理论根基在于内因起决定作用和群众史观，其实质内容是始终强调物质生产劳动的基础性作用，探索适合中国的革命和建设道路，强调中国革命和建设的依靠力量首先是本民族以及在劣势中看到优势的自信与乐观。[①] 内因是关键，历史可明鉴。本研究在充分借鉴毛泽东精神的基础之上创新性提出"自'历'更生"这一概念，作为高校党建动漫游戏的名称，一是巧妙的谐音"自力更生"这个词语，自力更生是中国青年人的志气，在这里意为高校党建工作要做得有声有色，还需要各高校各显神通、改革创新、自力更生；二是指高校党建工作可以从中国共产党的光辉战斗历史甚至人类历史进程沉淀的优秀文化中找寻故事素材、挖掘内涵（自"历"）并以此建构党建动漫游戏框架，作为新时代党建工作求生创新，焕发活力的重要路径（更生）。

---

① 尚庆飞，罗建华. 毛泽东自力更生精神及其当代价值研究［J］. 南京邮电大学学报（社会科学版），2015（2）.

（二）自"历"更生：高校党建动漫游戏的主要特征

1. 区别于一般的高校党建工作：体验性

自"历"更生高校党建动漫游戏，作为一种角色扮演网络游戏，其场面设计与制作宏大，画面美轮美奂，以其特有的画面和精美的音效，加上逼真的游戏故事情节为玩家建立了一个虚拟游戏世界模型。正当处于人生中最为情绪化也最精力充沛阶段的青年党员群众通常有十分强大的好奇心，对任何精美且华丽的东西都有很强的探索能力。所以，大部分网络游戏都会利用精美的效果来转移青年用户的目光。跌宕起伏的故事情节、丰满精细的人物性格、大气且华丽的游戏画面，都为青年们带来了不可抗拒的视觉体验。虚拟现实的表达手法，改变了传统党建工作的展陈模式，重新激活那些陈旧乏力的解说用语，其效果远远优于传统式党建工作模式。

2. 区别于一般的动漫视频：互动性

2017 年 6 月 14 日，腾讯视频推出党建工作动画片；2018 年 9 月 12 日，爱奇艺推出了党建动画《党员发展支部大会流程介绍》；2019 年 2 月 22 日，搜狐视频推出党建宣传动画。近年来，各大视频网站相继推出党建动画，迈出党建宣传创新的步伐。形式虽有创新，但依然是简单地将党建工作制作成动画宣传片的形式，照搬到网上。而我们多人在线的网络游戏，不单单是玩游戏的一个游戏平台，更是很多玩家在一起进行交流、沟通以及相互讨论问题和论点的一个综合性舞台。青年玩家除了在这里得到游戏自身带给他们的游戏愉快体验之外，同时还享受着人际交流的放松以及游戏团队之间的合作带给他们的乐趣，这种游戏体验往往是动漫视频不能达到的。实时体验的在线交流完全实现了各个游戏玩家之间的沟通，这种即时沟通的功能也满足了玩家们在游戏时的沟通需求。同时，游戏中的人机互动、人际互动功能可以模拟现实社会的人际交往模式，满足参与者的交流需求。

3. 区别于一般的游戏：挑战性

《求是》杂志社的党建游戏"青年党建训练营"是一次党内深化党员教育的实践。相对于这类游戏而言，网络游戏是玩家与玩家之间的一种互动，其体现出一种相互竞争的状态，很容易就激发玩家的一些游戏情绪。而且网络游戏有太多的不确定因素，青年游戏玩家一起创造着游戏的故事情节，未来的掌握权在游戏者手里，并不像一些单机游戏那样，只有固定不变的游戏内容与剧情。此外，游戏中的升级系统和与其他青年玩家相互竞争的游戏形式，大大满足了游戏玩家的好胜心理，使玩家获得快感和成就感。

三、自"历"更生党建动漫游戏对高校党建工作的重要意义

自"历"更生党建动漫游戏针对目前国内高校党建工作中存在的问题给出了生动的解决方案。自"历"更生党建动漫游戏以党史党建为内容、以网络游戏为载体，充分利用现代网络技术，构建一个虚拟的游戏空间，以虚达实，使青年党员群众通过游戏角色扮演身临其境，获得主流意识形态教育，使党建宣传更加系统化、精细化、人性化，亲和力更强，宣传效果更好，既节省时间又节约经费，既确保党建工作的覆盖率又激发了党建工作的活力，既能实时监控又能客观评价，是从客观实际出发提升党建工作亲和力和时效性的有效途径。

（一）自"历"更生党建动漫游戏创新了党建工作的展现形式

国内高校在党建与动漫游戏主题的结合上虽然暂无案例可供参考，但党建与普通游戏（相对于动漫网络游戏来说）的结合已有一些启蒙探索。其中，中国青年政治学院开展的"E 路闯关学党史"为主题的党史游戏，是党建与游戏融合的典范，受到了《光明日报》《中国教育报》等主流媒体的强烈关注。

自"历"更生党建动漫游戏，首次将高校党建工作与动漫游戏（网络游戏）有机融合，无疑是大胆的、创新的，填补了以往没有的表现形式的空缺。

党建动漫游戏主题明确、构思巧妙、内容紧凑，教育性和趣味性于一体，便于党员同志学习理解。在党员政治学习领域里面开拓了新的方式，使党员政治学习更加丰富、生动、更精彩、更形象。摆脱以往枯燥的、无味的讲座形式，而是更生动地去欣赏，去了解党建知识。党建动漫游戏既传播了文字、画面、音乐等传统媒介传播的信息，又具备了创造性、开放性、衍生性、可玩性、互动性等特性，从而提高了信息的传播广度和深度。通过润物细无声的宣传教育加深党员同志对中国共产党的认识，让广大党员入耳、入脑、入心，对党和人民更加坚定信念，更加清醒地认识到自身背负的历史责任，为祖国早日全面建成小康社会贡献出自己的一分力量。

（二）自"历"更生党建动漫游戏有利于提高基层党建工作的传播效率

就当前来看，革命历史遗迹、红色博物馆是党建教育主要现实载体。由于全国性参观学习有现实条件的局限，不可能完全感知每个历史遗迹，因此当前对党建、党史的学习领悟大多只能停留在文字、图片、视频等教学印象上面。然而，依靠动漫游戏三维逼真场景的设计、革命先烈真实事迹的重现所建立起的一个表面虚拟，而场景与人物、情景都是真实革命战争时空，体验者可以自由选择设计

个性化的游戏角色（可选红军、八路军、游击队等），在犹如穿越历史一般，回到从前，在动漫游戏体验中感知先辈们自力更生、艰苦奋斗的岁月，领会老一辈无产阶级革命家建党、建国之艰辛创业，以达到最终改天换地建设成美丽新中国的理想结局。这不仅使体验者在短时间内有了全新的时空性亲身体验、革命历史重新焕发生机，同时让党建知识更为生动、具体、深刻，从而达到加强意识形态教育的目的。

（三）自"历"更生党建动漫游戏有助于抵御恶俗价值倾向的侵蚀

2018 年年度手机游戏行业数据报告显示，截至 2018 年 10 月，中国手游用户规模达到 5.27 亿，仅仅依靠思想教育就能解决这一严重的社会问题实属妄断。我们必须深入剖析动漫游戏之所以吸引人的重要原因，从而制定有效可靠的应对机制。自"历"更生党建动漫游戏就以传承老一辈无产阶级革命家自力更生、艰苦奋斗精神，牢固树立社会主义核心价值观为己任。通过对革命英雄充满正能量故事的模拟体验，萌生对英雄们由衷的崇拜，从而彻底抵制那些低俗的、负能量的、无教育意义的动漫游戏。同时，以公益党建力量抗击腐朽文化的侵蚀，改变动漫游戏市场的垄断格局，为困扰人们多年的谈"游"色变社会问题找到合理的解决方案。

（四）"自'历'更生"党建动漫游戏更易于形成品牌效应

"自'历'更生"这一党建动漫游戏命名，本就考虑了其一语双关的传播学特性，目的就是便于受众记忆，起到广泛传播的作用。

党建动漫游戏的传播，则遵循动漫游戏的传播规律，只要得到受众的认可，形成口碑效应，就可以在国内迅速蔓延。虽然动漫游戏在主流文化的审视下显得有些另类、小众甚至反叛，但它却因其传播亲和力正以迅雷不及掩耳之势赢得越来越多青年的青睐。第 43 次《中国互联网络发展状况统计报告》显示，截至 2018 年 12 月，我国网络游戏用户规模达 4.84，占整体网民的 58.4%，较 2017 年底增长 4 224 万。如果党建宣传以这样的增长速度高效传播，一定会带来积极、正面的效应，并可以在短时间内在知名度、喜爱度和认同度三个维度得到受众认可，从而形成品牌效应。

四、自"历"更生党建动漫游戏的实践探索——以西南财经大学为例

习近平同志在全国高校思想政治工作会议上指出："要运用新媒体新技术使

工作活起来，推动思想政治工作传统优势同信息技术高度融合，增强时代感和吸引力。"① 新时代党建工作者要充分挖掘动漫游戏的精髓，摒除动漫游戏的糟粕，积极借鉴动漫游戏制作的正面经验，取其精华，为主流意识形态教育所用，以动漫游戏推进马克思主义中国化、时代化、大众化，切实增强主流意识形态传播力，牢牢占领青年意识形态阵地。

（一） 自"历"更生党建动漫游戏的可行性

1. 政策保障

习近平在网络安全和信息化工作座谈会上提道："我们要本着对社会负责、对人民负责的态度，依法加强网络空间治理，加强网络内容建设，做强网上正面宣传，培育积极健康、向上向善的网络文化，用社会主义核心价值观和人类优秀文明成果滋养人心、滋养社会，做到正能量充沛、主旋律高昂，为广大网民特别是青少年营造一个风清气正的网络空间。"②

2017 年 4 月，文化部发布的《文化部"十三五"时期文化产业发展规划》提出："十三五"期间，要培育一批具有较强品牌影响力和国际竞争力的骨干游戏企业，创作生产一批内容健康向上、富有民族特色的游戏精品。

习近平在全国网络安全和信息化工作会议讲话中指出，要加强网上正面宣传，旗帜鲜明坚持正确政治方向、舆论导向、价值取向，用新时代中国特色社会主义思想和党的十九大精神团结、凝聚亿万网民，深入开展理想信念教育，深化新时代中国特色社会主义和中国梦宣传教育，积极培育和践行社会主义核心价值观，推进网上宣传理念、内容、形式、方法、手段等创新，把握好时度效，构建网上网下同心圆，更好凝聚社会共识，巩固全党全国人民团结奋斗的共同思想基础。这正是本课题研究的初衷，本课题是对习近平"网络强国"战略思想的践行。

2. 学校重视

西南财经大学党委书记赵德武在中国共产党西南财经大学第十三次代表大会上强调，"办好西财的事情，关键在党，关键在人。要深入贯彻落实党的十九大提出的新时代党的建设总要求，坚持和加强党的全面领导，以一流党建和思想政治工作为学校事业发展提供坚强保证"。紧紧围绕立德树人根本任务，坚持改革

---

① 新华社. 习近平：把思想政治工作贯穿教育教学全过程［EB/OL］. (2016-12-08). http://www.xinhuanet.com/politics/2016-12/08/c_1120082577.htm.

② 新华社. 习近平总书记在网络安全和信息化工作座谈会上的讲话［EB/OL］. (2016-04-19). http://www.cac.gov.cn/2016-04/25/c_1118731366.htm.

创新、内涵发展，各党群职能部门负责人和各二级党组织书记要提高工作站位，创新工作思路，优化推进机制，落实责任要求，提高能力本领，把党建和思想政治工作牢牢放在心上、抓在手上、扛在肩上。

西南财经大学将党建工作作为学校第一要务，高度重视党建工作，鼓励改革创新，同时在场馆、资金方面给予本项目全方位大力支持，不仅划出专门场地用于党建动漫游戏场馆建设，还配套项目建设资金。

3. 队伍保障

西南财经大学马克思主义学院协同组织部、宣传部、教师工作部、学工部等部门，负责党建动漫游戏方案的设计和使用，马克思主义学院中国近现代史纲要教研室、毛泽东思想与中国特色社会主义概论教研室为本党建动漫游戏提供内容支持，确保传递内容体现社会主义办学方向。

西南财经大学教师队伍具有开展党建工作的优良传统和丰富经验。经前期校内调研走访得知，有 92.7% 的青年师生群众对建设党建动漫游戏高度认同。同时，学校经济管理实验教学中心是国家级实验室，有一支经验丰富、高水平的常规维护和使用管理队伍。

4. 基础设施

西南财经大学构建了先进的网络教学环境、教学资源库和集成化的综合管理信息系统，校园网光纤到户，网上教学实验资源丰富，整体信息化居于全国财经类院校先进水平。实验教学方面，已有两栋实验楼，并建有国家级实验教学示范中心和校级实验室管理平台，负责全校实验室资源的整合和统一管理，具备项目所需的设备建设规划、选型、安装、调试、运行、维护保障等能力和条件。

5. 技术成熟

得益于互联网信息技术的飞速进步，PC 与移动终端的硬件性能和系统水平不断提高，以及图像处理技术、3D 引擎等技术的发展创新，网络游戏行业的技术开发水平得以不断进步提高。从行业技术的发展水平看，欧美及日韩具有较为明显的技术领先优势，其开发的网络游戏大多制作精良、品质出色。国内网络游戏开发商近年来进步明显，自主研发的网络游戏产品已经成功占据国内网络游戏市场的主要份额，同时已经开始向海外出口，这标志着国产网络游戏产品的技术水平已经接近或达到国际领先水平。

（二）自"历"更生党建动漫游戏的实践模式

1. 党建动漫游戏主题精髓

"自'历'更生"是一款以党建教育、党建宣传为主题，集趣味性、益智性、挑战性于一体的大型角色扮演类网络游戏，讲述的是中国共产党为了取得胜利，永不止息的奋斗过程。该游戏的最终目的是希望受众通过游戏体验后，于无声中了解党的历史、感悟党的精神。尤其是这一"寓教于乐"式的党建教育，将吸引更多年轻党员群众身临其境，学习党建知识，潜移默化地接受主流意识形态。

在游戏中，党徽、红旗等红色元素随处可见，游戏通过角色扮演，打怪升级，多场景和氛围的渲染，体现出中国共产党经历过的不同环境，让游戏参与者在互动中重温过去的峥嵘岁月，其多元化的表达方式既丰富了党建文化的内涵，又使党建文化的传播更加深入人心。同时，在游戏中设置了发展党员、联系群众等情节，游戏者在角色扮演过程中可以通过角色扮演生动体验党建工作过程，理解联系群众的重要意义，可以通过接受党性教育提高生命值，也可以通过一次次地完成革命任务提高排名，还可以根据对任务的贡献度获得表彰，授予军衔。

2. 党建动漫游戏创建主体构成

2015 年 11 月 26 日，《王者荣耀》正式面世当天就登上了苹果应用市场免费榜第一名，此后注册用户稳定而迅速地增长，并在一年多的时间达到 2 亿。当时堪称全球最火游戏。据 2017 年《南方周末》报道，《王者荣耀》已成为"全球最赚钱游戏"："全球苹果用户 IOS 手游收入榜第一位、日活跃用户 5 000 万、第一季度每月流水 30 亿元、《王者荣耀》创造了中国游戏的历史。"[①] 并且，《王者荣耀》没有爆发期，而是一步一个脚印，"修修改改"艰难走到了成功。《王者荣耀》团队的研发能力由此可见一斑。

游戏《王者荣耀》制作团队"天美 L1 工作室"的设计能力将是"自'历'更生"党建动漫游戏研发理想的合作伙伴。本研究在开展调查活动过程中就与该创作团队进行了一定的沟通，这将成为本游戏设计创造提供重要技术支撑。

3. 党建动漫游戏客体环节塑造

（1）战斗系统的设置。战斗系统是游戏中最重要的组成部分。其通常会占据游戏的整个用户行为的 70% 左右。纵览众多成功的角色游戏，巧妙应用战斗系统设置是关键。此外，对于本研究所指游戏情节来说，中国共产党在抗日战争年代和解放战争年代所开创的英勇顽强的战斗壮举可以自然嵌入剧情的战斗设计中，这可以让游戏用户在体验战斗英雄们顽强不屈、战无不胜的战斗经历后，切实感受英雄们大无畏的精神。因此，战斗情节的设置是整个游戏的明线脉络。

---

① 张玥. 卖皮肤一天赚 1.5 亿的《王者荣耀》究竟为什么这么火 [EB/OL]. (2017-06-01). http://www.infzm.com/content/125014? from=timeline.

（2）阶段奖励的设置。在具体的游戏环节设置中需不断分小节设立奖励机制，即给予游戏玩家在每一个关卡通过后能有虚拟物质奖励，让其有小胜一番的获得感。心理学上这种现象叫作"及时反馈与强化"。因此，对游戏的及时反馈与强化，使得用户在游戏中不断地勇于挑战、勇于攀登、勇于冒险，让其在坎坷与收获中乐在其中，悟在其中。

（3）进阶模式的设置。各类闯关游戏都会适时设置关卡，即"挑战-反馈"模式。每一个关卡是难度的提升，同时也是用户对自身所处现状的一个阶段评估，缓冲调整游戏对抗心态的剧情需要。这可以充分促进、激发用户的挑战欲望，让其总对下一个阶段充满希望。

（三）自"历"更生党建动漫游戏实践的前景与风险

结合国家网络强国发展战略以及对科技创新的支持力度来看，党建工作与动漫游戏的结合将会有很好的发展前景，一旦开发成功，有较为广阔的市场需求；一旦运作成熟，国内其他高校可以通过购买版权进行使用推广，具有很强的实践意义。然而，高校党建动漫游戏虽然面临重要发展机遇，发展潜力巨大，但也不可盲目乐观。

（1）党建动漫游戏研发团队既要全面充分了解青年党员群众的诉求，又要充分体现高校党建工作内容、工作性质、工作要求等内容，使其之间达到一个平衡。要做到既充分调动青年党员群众的积极性、主动性，又达到高校党建工作的目的，是一个非常难把握的点。

（2）党建动漫游戏传播内容是主流意识形态，是严肃、传统的党建工作范畴，而网络游戏是一种娱乐性的、非主流的传播形式，这两者之间存在一定程度的对立，如何有效地解决这种对立，是需要我们深入挖掘的。如果这种对立解决不好，党建动漫游戏很可能沦为"四不像"。

（3）青年党员对党建动漫游戏的接受程度不可估计。虽然在前期走访过程中，有大比重的本校青年党员表示对党建动漫游戏充满期待，但是，党建动漫游戏毕竟挂上了政治色彩，有很多的局限性，和一般的网络游戏不可类比，从而使得其趣味性有可能大打折扣。不那么有趣的党建动漫游戏能支撑多久，将是一个很大的风险点。

参考文献

［1］莫群. 全媒体背景下党建宣传报道的创新与思考［J］. 新闻研究导刊，2018（14）.

［2］朱延君，杨慧琴. 鉴网络游戏的吸引力增强思想政治教育创新［J］. 党史博采（理论版），2017（12）.

［3］峰飙，恽智仔. i—Party：年轻人喜爱的创意党建［J］. 党的生活（江苏），2014（1）.

［4］高政. 新媒体融合视域下基层党建工作创新的有效路径［J］. 传媒论坛，2018（7）.

［5］黄丹红. "小"动漫"大"党建——动漫创新党建工作探索与实践［J］. 艺术品鉴，2016（8）.

［6］吴丹，郭东升. 高校基层党建工作品牌化建设的探索与实践——以河南某高校为例［J］. 河南科技学院学报，2017（3）.

［7］毛赟美. "E路闯关学党史"：利用网络平台开展党建工作的尝试［J］. 北京教育（德育），2012（11）.

［8］贺勇. 动漫京剧，让传统艺术走向现代［J］. 党建文汇（下半月），2014（12）.

高校行政管理人员职业认同现状
及其影响因素研究

陈秋生①

摘　要：本文针对高校行政管理人员职业认同现状及其影响因素开展问卷调研，经统计问卷答案，分析其职业认同现状及其影响因素。研究发现：①高校行政管理人员职业认同整体水平中等；②高校行政管理人员的职业认同与年龄负相关，与职级正相关；③职业认同与职业现状、外部环境和职业获得感正相关，与职业压力负相关，但职业压力不会显著影响职业获得感。建议进一步完善行政管理人员职业发展通道，改善工作环境，提高工作待遇，以增强行政管理人员的职业认同，激发其工作的积极性和主动性。

关键词：行政管理人员　职业认同　职业获得感

一、引言

高等学校在现代社会发展中被赋予了重要的使命和角色。2016年12月7日，习近平在高校思想政治工作会议上指出"高等教育发展水平是一个国家发展水平和发展潜力的重要标志。我们对高等教育的需要比以往任何时候都更加迫切"。孙春兰副总理指出，要以科学管理提升高等教育办学质量和发展水平。行政管理人员作为高校日常管理的主体责任人，在当前日益开放的就业环境下，如何促使其坚定教育管理工作信念，积极发挥主观能动性，强化职业认同，将直接提升人才培养保障能力，持续提升人才培养质量。

值得注意的是，当前有关高校教职工职业认同的研究更多关注了教师和辅导员群体，而对行政管理人员尤其是基层行政管理人员这一庞大群体的研究甚少，

---

① 陈秋生，西南财经大学教务处工作人员。

实证性的研究成果更是少见；以高等院校为研究目标对应的研究理论也不是十分完善。对工作满意度的研究很多，但关于获得感的研究很少；关于外部政策与职业认同关系的研究也很少。有鉴于此，本文以高校行政管理人员为目标，将职业认同、外部政策与获得感有机结合，对高校行政管理人员职业认同进行定量研究，在梳理相关研究成果的基础之上进一步对职业认同的研究内容实施拓宽延伸，弥补这个领域中研究薄弱的内容，对促进高校行政管理队伍职业化、专业化发展具有现实意义。

二、研究方法

（一）问卷编制

本文的调查问卷设计是经过分析现有文献、非结构化访谈、咨询专家等步骤，所采用的量表参考了现有普遍采用的、适用性比较广泛的一些量表，并结合高等学校行政管理人员的特点以及具体的实际情况得出的。问卷采用李克特的 5 级计分法。问卷设计的题项，涉及职业获得感、职业压力、外部条件、工作现状、职业认同部分。设计框架及主要题项如表 1 所示。

表 1　高校行政管理人员调查问卷结构

职业获得感：
X1：我的工作得到了广大师生和其他部门的认可
X2：我感觉到自己的管理能力在不断提升
X3：我的同事关系融洽，团队协作有力
X4：我认为自己的付出和收入比较匹配
职业压力：
W1：我的工作节奏经常受到领导或者同事的制约和影响
W2：我经常加班，难以平衡生活和工作
W3：我对我的职业发展感到迷茫
外部条件：
Z1：学校对行政管理人员的工作考核可以做到"公平、公正、公开"
Z2：学院管理岗位晋升机会多
Z3：学校重视行政管理人员的发展
Z4：学校硬件条件能够满足我的工作需要
Z5：学校或部门领导为我提供过系统专业的培训
Z6：现有的人事管理制度能够激励我不断提升自己

表1(续)

工作现状:
P1：我能有效分配工作时间和任务并开展工作
P2：我有明确的个人发展规划
P3：我在工作中遇到困难时，能坚持到底
P4：为改进工作，我可以放弃个人闲暇时间
P5：我努力工作，致力于符合学校管理工作要求
职业认同:
Y1：很愿意跟别人说我是×××高校管理人员
Y2：我努力为本单位工作是为满足自己的成就欲望
Y3：我未来的职业前景非常好
Y4：我的职业目标就是在行政管理工作中发展
Y5：我从事行政管理工作是因为个人兴趣所在
Y6：我非常喜欢自己目前从事的管理工作并从中得到许多乐趣
Y7：对自己目前的工作非常满意

（二）调研对象

本文的调研对象是全国高校行政管理人员，采用随机抽样原则，通过问卷在线调研，面向来自全国高校的行政管理人员发放调查问卷，共涉及全国 28 个省区市的高校的 264 份问卷，样本基本情况如表 2 所示。

表 2 研究样本的描述

样本类别		小计/份	比例/%
性别	男	126	47.73
	女	138	52.27
年龄	30 岁及以下	36	13.64
	31~40 岁	152	57.58
	41~50 岁	59	22.35
	51 岁以上	17	6.44
学历	大专及以下	1	0.38
	本科	39	14.77
	硕士研究生	195	73.86
	博士研究生	29	10.98

表2(续)

样本类别		小计/份	比例/%
从事管理岗位年限	1~3 年	46	17.42
	4~6 年	42	15.91
	7~10 年	66	25.00
	11~20 年	88	33.33
	21 年及以上	22	8.33
行政职务级别	正处级	20	7.58
	副处级	43	16.29
	正科级	102	38.64
	副科级	24	9.09
	无	75	28.41
职称	正高级	7	2.65
	副高级	47	17.80
	中级	143	54.17
	初级	29	10.98
	无	38	14.39
所在高校城市	一线城市	59	22.35
	省会城市	157	59.47
	其他城市	48	18.18
所在高校类型	"双一流"高校	73	27.65
	一流学科高校	76	28.79
	普通院校	115	43.56
所在部门	机关职能部门	146	55.30
	教学辅助部门	47	17.80
	后勤服务部门	2	0.76
	教学（科研）院系	69	26.14
聘用类型	事业编制	181	68.56
	人事代理	59	22.35
	劳务派遣	8	3.03
	项目制	1	0.38
	其他	15	5.68

（三）信度效度检验

（1）问卷信度分析。根据研究主题和问卷设计，本研究主要采用克朗巴赫 α（Cronbach's alpha）系数法检验量表的内部信度。一般管理学研究中认为 Cronbach's α 信度系数大于 0.6 即可，问卷信度越高，结果越可信。对问卷中 25 个条目进行信度分析，得到总体 Cronbach's α 为 0.913，各因素的克朗巴赫 α 系数为 0.701~0.835，表明问卷具有较好的信度。如表 3 所示。

表 3 问卷信度分析表

问卷因素	职业获得感	职业压力	外部条件	工作现状	职业认同
克朗巴赫 α 系数	0.701	0.787	0.819	0.755	0.835

（2）问卷效度分析。效度检验是对量表能否准确测量出所需测量事物程度的分析，其中包括内容效度（content validity）和结构效度（construct validity）。在内容效度上，题项能够全面反映高校行政管理人员的职业认同、职业获得感现状，以及高校的政策、职业压力、个人工作与选择的现状，与所研究的问题和设想一致，具有较好的内容效度。

采用探索性因子分析法对问卷的结构效度进行检验，以了解所选题项是否归因于预期因子。本文运用主成分分析法做探索性因子分析，指定因子 5 个，采用最大方差法旋转，并通过旋转后因子载荷矩阵筛除不合适的题项。经检验，本文决定删除 X3、Z4、Z6、Y1、Y2、Y3、P1、P5 题项，剩下 17 个题项。根据题项内容，将 17 个条目归纳为五个因子：工作现状、外部条件、职业认同、职业压力和职业获得感。主因子的累积方差贡献率为 66.915%，说明公因子对原始题项有较强的解释能力。如表 4 所示。

表 4 模型内在质量检验表

			因素负荷量	组合信度	平均方差抽取量
X1	←	职业获得感	0.718		
X2	←	职业获得感	0.704	0.684 864	0.425 112
X3	←	职业获得感	0.514		
W1	←	职业压力	0.760		
W2	←	职业压力	0.743	0.788 503	0.554 183
W3	←	职业压力	0.730		

表4(续)

			因素负荷量	组合信度	平均方差抽取量
Z1	←	外部条件	0.686		
Z2	←	外部条件	0.529	0.785 399	0.483 033
Z3	←	外部条件	0.736		
Z5	←	外部条件	0.800		
P2	←	工作现状	0.766		
P3	←	工作现状	0.766	0.747 325	0.500 614
P4	←	工作现状	0.573		
Y4	←	职业认同	0.647		
Y5	←	职业认同	0.595	0.786 4	0.483 483
Y6	←	职业认同	0.836		
Y7	←	职业认同	0.680		

本文进一步对问卷进行验证性因子分析，以验证在探索性因素分析中得到的因素结构模型是否与实际数据适配。模型检验结果显示：整体模型适配度良好，因素负荷量均大于 0.5，组合信度均大于 0.6，说明各构面衡量变量具备可接受的信度，即内部一致性很好；平均方差抽取量在 0.5 左右，处于可接受的水平，各指标基本符合模型质量检验的要求。

三、职业认同现状分析

（一）高校行政管理人员职业认同现状

高校行政管理人员的职业认同是管理人员个体与环境持续相互作用的结果。问卷采用李克特的 5 级计分法，对不符合、不太符合、一般、基本符合、符合分别赋值 1、2、3、4、5，分值越高，代表认同水平越高。

为探讨高校行政管理人员职业认同的基本状况，本文对 264 份有效问卷数据在职业认同及其各题项上的平均数进行了统计显示（表5），在最高分为 5 的计分标准下，总体来看，高校行政管理人员的职业认同平均得分为 3.39，职业认同处于中等水平。

表 5　职业认同各因子平均数

题项及总体均值	样本/份	平均值（E）
Y4	264	3.39
Y5	264	3.55
Y6	264	3.59
Y7	264	3.02
总体均值	264	3.39

（二）高校行政管理人员职业认同的性别、年龄、行政职务级别、聘用类型等差异分析

高校行政管理人员的职业认同是管理人员个体与环境持续相互作用的结果。探讨高校行政管理人员职业认同性别、年龄、行政职务级别、聘用类型等方面的差异，可以更全面地把握高校行政管理人员职业认同的现状及特点。

1. 高校行政管理人员职业认同性别差异

对高校行政管理人员职业认同及其各题项在性别上进行独立样本 t 检验（表6），在 10% 的显著性水平下，在 Y5 方面（我从事行政管理工作是因为个人兴趣所在），男女存在显著性差异，且女性在此方面的倾向要高于男性，表明：相对于男性员工，女性员工更多因为个人兴趣而选择从事高校行政管理工作。其他方面，不同高校行政管理人员在职业认同上整体差异性不显著。

表 6　性别独立样本 t 检验

题项	性别	样本/份	平均值（E）	标准偏差	标准误差平均值	标准误差差值
Y4	男	126	3.37	1.171	0.104	0.774
	女	138	3.41	1.079	0.092	
Y5	男	126	3.40	1.214	0.108	0.045
	女	138	3.69	1.132	0.096	
Y6	男	126	3.55	1.157	0.103	0.56
	女	138	3.63	1.147	0.098	
Y7	男	126	3.06	1.367	0.122	0.633
	女	138	2.99	1.273	0.108	

2. 高校行政管理人员职业认同年龄差异

对高校行政管理人员职业认同各题项在年龄上进行单因素检验，1 代表 30 岁及以下，2 代表 31～40 岁，3 代表 41～50 岁，4 代表 51 岁以上，结果如表 7 所示。

表 7　职业认同年龄单因素方差分析

题项		平方和	df	均方	F	显著性
Y4	组之间	4. 461	3	1. 487	1. 184	0. 316
Y5	组之间	6. 137	3	2. 046	1. 481	0. 220
Y6	组之间	8. 249	3	2. 75	2. 105	0. 100
Y7	组之间	28. 716	3	9. 572	5. 826	0. 001

由表 7 可知，在 10% 的显著性水平下，在 Y6（我非常喜欢自己目前从事的管理工作，并从中得到许多乐趣），Y7（对自己目前的工作非常满意）方面，不同年龄段的高校行政管理人员存在显著性差异；在其他两方面，不存在显著性差异。进一步通过 LSD 事后多重比较（表 8）检验表明：在 Y6（我非常喜欢自己目前从事的管理工作，并从中得到许多乐趣）方面，30 岁及以下的高校行政管理人员在此方面的倾向要显著高于 41～50 岁的高校行政管理人员，31～40 岁的高校行政管理人员在此方面的倾向要显著高于 41～50 岁的高校行政管理人员；在 Y7（对自己目前的工作非常满意）方面，30 岁及以下的高校行政管理人员在此方面的倾向要显著高于 41～50 岁的高校行政管理人员，也显著高于 51 岁以上的高校行政管理人员，31～40 岁的高校行政管理人员在此方面的倾向要显著高于 41～50 岁的高校行政管理人员。这也表明行政管理人员年龄与职业认同呈负相关，年龄越大，职业认同度越低。

表 8　LSD 事后多重比较

因变量	（I）年龄	（J）年龄	平均差（I-J）	标准误差	显著性
Y6	1	2	0. 210	0. 212	0. 323
		3	0. 556*	0. 242	0. 022
		4	0. 391	0. 336	0. 247
	2	3	0. 346*	0. 175	0. 049
		4	0. 181	0. 292	0. 537

因变量	（I）年龄	（J）年龄	平均差（I-J）	标准误差	显著性
	3	4	−0.166	0.315	0.599
Y7	1	2	0.349	0.238	0.143
		3	0.992*	0.271	0
		4	0.853*	0.377	0.025
	2	3	0.643*	0.197	0.001
		4	0.504	0.328	0.125
	3	4	−0.139	0.353	0.695

3. 高校行政管理人员职业认同行政职务级别差异

对高校行政管理人员职业认同各题项在行政职务级别上进行单因素检验。1代表正处级，2代表副处级，3代表正科级，4代表副科级，5代表无。结果表明，在Y4（我的职业目标就是在行政管理工作中发展）方面，组之间差异显著性为0.011，不同行政职务级别的高校行政管理人员存在显著性差异。对其进行LSD事后多重比较，结果表明在Y4（我的职业目标就是在行政管理工作中发展）方面，没有行政职务级别的高校行政管理人员在此方面的倾向要显著低于副处级、正科级与副科级，表明职务的提升会提升行政管理人员的职业认同度，职级越高，其越倾向于在行政管理工作中发展。

4. 高校行政管理人员职业认同聘用类型差异

对高校行政管理人员职业认同各题项在聘用类型上进行单因素检验，1代表事业编制，2代表人事代理，3代表劳务派遣，4代表项目制，5代表其他。因为项目制的样本量太少，删除项目制。结果表明，在Y7（对自己目前的工作非常满意）方面，组与组之间的差异显著性水平为0.017，不同聘用类型的高校行政管理人员存在显著差异。事业编制行政管理人员在此方面的倾向要显著小于劳务派遣人员，亦显著小于其他聘用类型人员；人事代理行政管理人员在此方面的倾向显著小于劳务派遣的人员，亦显著小于其他聘用类型的人员，事业编制和人事代理的人员间不存在显著差异。

对高校行政管理人员职业认同各题项在学校类型、工龄、学校所在地等方面进行单因素检验，发现无显著差异。

四、高校行政管理人员职业认同的影响因素分析

（一）高校行政管理人员职业认同影响因素模型假设

为探讨外部条件、工作现状、职业压力、职业获得感与职业认同的关系，本文首先建立多个只含有一个自变量的中介模型，对多个模型分别进行分析。本文分别对以外部条件、工作现状、职业认同为自变量的三个中介模型分析。在经过模型进行检验和变量间关系修正后，将多个自变量同时放到一个中介模型中进行分析。具体内容如下：

模型假设：

假设一：外部条件—职业获得感—职业认同

假定外部条件为自变量，职业获得感为中介变量，职业认同为因变量。外部条件对职业认同有显著的正向影响，职业获得感对职业认同有显著的正向影响，外部条件通过职业获得感对职业认同有显著的正向影响。

假设二：工作现状—职业获得感—职业认同

假定工作现状为自变量，职业获得感为中介变量，职业认同为因变量。工作现状对职业认同有显著的正向影响，职业获得感对职业认同有显著的正向影响，工作现状通过职业获得感对职业认同有显著的正向影响。

假设三：职业压力—职业获得感—职业认同

假定职业压力为自变量，职业获得感为中介变量，职业认同为因变量。职业压力对职业认同有显著的负向影响，职业获得感对职业认同有显著的正向影响，职业压力通过职业获得感对职业认同有显著的负向影响。

（二）高校行政管理人员职业认同影响因素分析

1. 外部条件与职业认同：职业获得感的中介作用

采用潜变量结构方程模型考察外部条件、职业获得感、职业认同之间的关系，考察高校行政管理人员的职业获得感是否在外部条件和职业认同之间存在中介作用。假定外部条件为自变量，职业获得感为中介变量，职业认同为因变量。职业获得感和外部条件均能直接正向影响职业认同，外部条件也能通过职业获得感间接正向影响职业认同。三者路径的关系如图1所示。

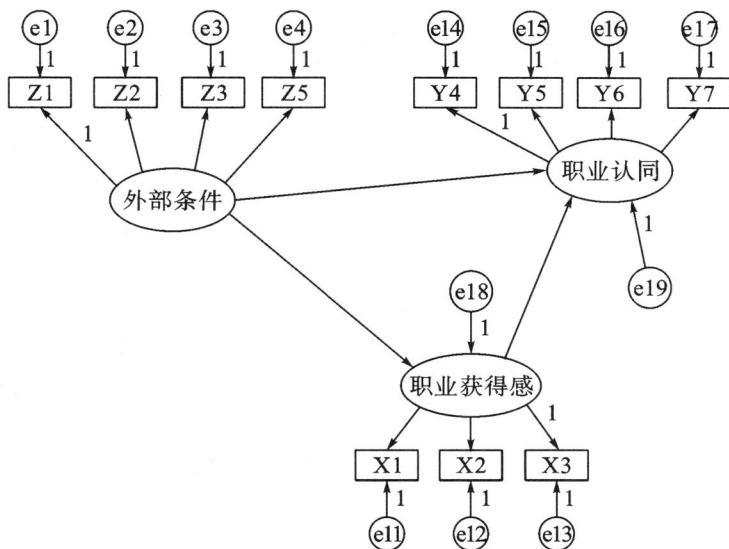

图1 外部条件、职业获得感、职业认同路径关系

通过重复随机抽样的方法在原始数据中抽取 200 个 boostrap 样本（后续的分析全部 boostrap 200 次），采用极大似然估计法，对样本数据与理论模型进行拟合。结果显示，模型的整体拟合指数为：GFI = 0.947，AGFI = 0.914，CFI = 0.955，RMSEA = 0.064，模型整体的适配度良好（表9）。

表9 模型整体适配度检验

GFI	AGFI	CFI	RMSEA
0.947	0.914	0.955	0.064

进一步计算标准化的路径系数，即自变量对因变量的独立作用或贡献，通过对介于回归系数和相关系数之间的统计量，以绝对值的大小反映各自变量对因变量的影响程度，具体如表10所示。

表10 标准化路径系数（一）

Standardized Regression Weights：（Group number 1 - Default model）					
			Estimate	C. R.	P
职业获得感	←	外部条件	0.616	5.942	***
职业认同	←	职业获得感	0.491	4.511	***
职业认同	←	外部条件	0.436	4.624	***

分析显示，以职业获得感为中介变量的关系可以满足。路径系数的 P 值均小于 0.05，各路径系数均通过显著性检验。所有路径系数为正值说明，假设影响的方向是正确的，即外部条件可以直接显著影响职业认同，也可以通过职业获得感间接显著影响职业认同。由表 10 可见，从直接效应来看，外部条件对职业认同的系数为 0.436，表示在其他条件不变时，外部条件的优良性每提升 1 个单位，职业认同平均提升 0.436 个单位；职业获得感与职业认同之间的系数是 0.491，表明其他条件不变时，职业获得感每上升 1 个单位，职业认同平均提升 0.491 个单位；外部条件与职业获得感之间的系数是 0.616，表明在其他条件不变时，外部条件优越性每提升 1 个单位，职业获得感平均提升 0.616 个单位。外部条件能够显著影响职业获得感，职业获得感会显著影响职业认同，表明外部条件通过职业获得感显著影响职业认同。

为进一步明确中介效应确实存在，查看变量间的总效应、直接效应、间接效应如表 11 所示。

表 11　中介效应（一）

效应类别	影响系数	P 值
总效应	0.739	0.020
中介效应	0.302	0.006
直接效应	0.416	0.016

由表 11 可知，外部条件对职业认同的标准化总效应为 0.739，且显著。总体来看，在其他条件不变时，外部条件优越性每提升 1 个单位，职业认同平均提升 0.739 个单位。外部条件对职业认同的标准化直接效应为 0.416，且显著。从直接效应来看，在其他条件不变时，外部条件优越性每提升 1 个单位，职业认同平均提升 0.416 个单位。外部条件对职业认同的间接效应系数为 0.302，且显著。从间接效应看，在其他条件不变时，外部条件优越性每提升 1 个单位，职业认同平均提升 0.302 个单位。因此，外部条件显著影响职业认同，外部条件也可通过职业获得感显著影响职业认同，中介效应显著，且部分中介的占比为 40.87%。

2. 工作现状与职业认同关系：职业获得感的中介作用

假定工作现状为自变量，职业获得感为中介变量，职业认同为因变量。工作现状和职业获得感能直接正向影响职业认同，工作新现状也能通过职业获得感间接正向影响职业认同。三者间的路径关系如图 2 所示。

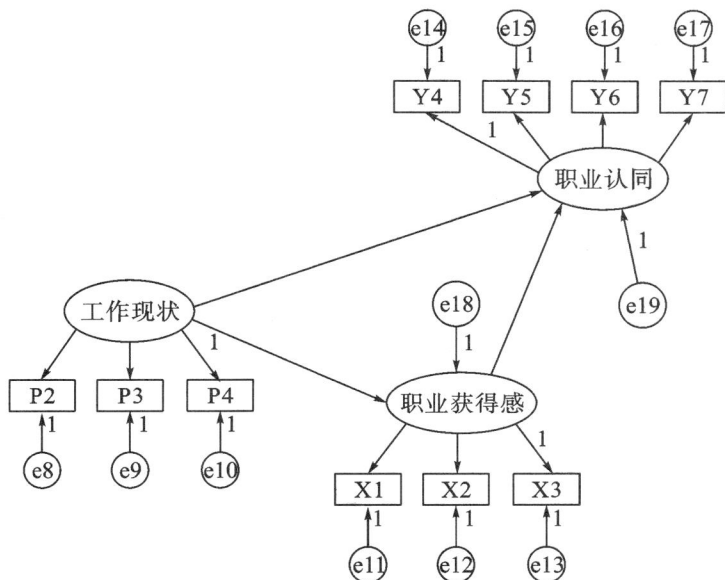

图2　工作现状、职业获得感、职业认同路径关系

模型整体适配度检验显示，模型的整体拟合指数为：GFI = 0.953，AGFI = 0.920，CFI = 0.959，RMSEA = 0.066，模型整体的适配度良好（表12）。

表12　模型整体适配度检验

GFI	AGFI	CFI	RMSEA
0.953	0.920	0.959	0.066

从表13可以看出，路径系数的 P 值均小于 0.05，各路径系数均通过显著性检验。所有路径系数为正值，表明假设成立：工作现状既可以直接显著影响职业认同，也可以通过职业获得感间接显著影响职业认同。由表14可见，总体来看，工作现状对职业认同的系数为 0.57，表示在其他条件不变时，工作现状的舒适度每提升 1 个单位，职业认同平均提升 0.57 个单位；职业获得感与职业认同之间的系数是 0.32，表明其他条件不变时，职业获得感每上升 1 个单位，职业认同平均提升 0.32 个单位；工作现状与职业获得感之间的系数是 0.777，表明在其他条件不变时，工作现状的舒适度每提升 1 个单位，职业获得感平均提升 0.777 个单位。工作现状能够显著影响职业获得感，职业获得感能显著影响职业认同，基本上能够说明工作现状通过职业获得感显著影响职业认同。

表 13　标准化路径系数（二）

Standardized Regression Weights：（Group number 1 – Default model）					
			Estimate	C. R.	P
职业获得感	←	工作现状	0.777	5.875	***
职业认同	←	职业获得感	0.320	2.362	0.018
职业认同	←	工作现状	0.570	3.990	***

进一步查看变量间的总效应、直接效应、间接效应，由表 14 可知，工作现状对职业认同的标准化总效应为 0.818，且显著。

表 14　中介效应（二）

效应类别	系数	P 值
总效应	0.818	0.018
中介效应	0.248	0.025
直接效应	0.57	0.034

总体来看，在其他条件不变时，工作现状满意度指数每提升 1 个单位，职业认同平均提升 0.818 个单位。工作现状对职业认同的标准化直接效应为 0.57，且显著。从直接效应来看，在其他条件不变时，工作现状满意度指数每提升 1 个单位，职业认同平均提升 0.57 个单位。工作现状对职业认同的间接效应系数为 0.248，且显著。从间接效应看，在其他条件不变时，工作现状满意度指数每提升 1 个单位，职业认同平均提升 0.248 个单位。因此，工作现状显著影响职业认同，工作现状也可通过职业获得感显著影响职业认同，中介效应显著，且部分中介的占比为 30.32%。

3. 职业压力与职业认同：职业获得感的中介效应不显著

假定职业压力为自变量，职业获得感为中介变量，职业认同为因变量。职业压力和职业获得感能直接正向影响职业认同，职业压力也能通过职业获得感间接正向影响职业认同。由表 15 可见，职业压力对职业获得感的系数不显著，其他路径上的系数显著。说明职业压力对职业认同有显著的负向影响，对职业获得感的影响不显著，职业获得感的中介效应不显著。

表 15　标准化路径系数（三）

Standardized Regression Weights：（Group number 1 – Default model）					
			Estimate	C. R.	P
职业获得感	←	职业压力	−0.012	−0.142	0.887
职业认同	←	职业获得感	0.765	6.361	***
职业认同	←	职业压力	−0.151	−2.281	0.023

4. 外部条件、工作现状、职业压力、职业获得感与职业认同

根据以上的路径分析，将外部条件、工作现状、职业压力作为自变量放入同一个模型里面，删除职业压力与职业获得感之间的路径，根据验证性因子分析的变量间相关系数以及理论与实际经验，设置外部条件、工作现状、职业压力独立，进一步分析外部条件、工作现状、职业压力、职业获得感与职业认同之间的关系。其路径关系如图 3 所示。

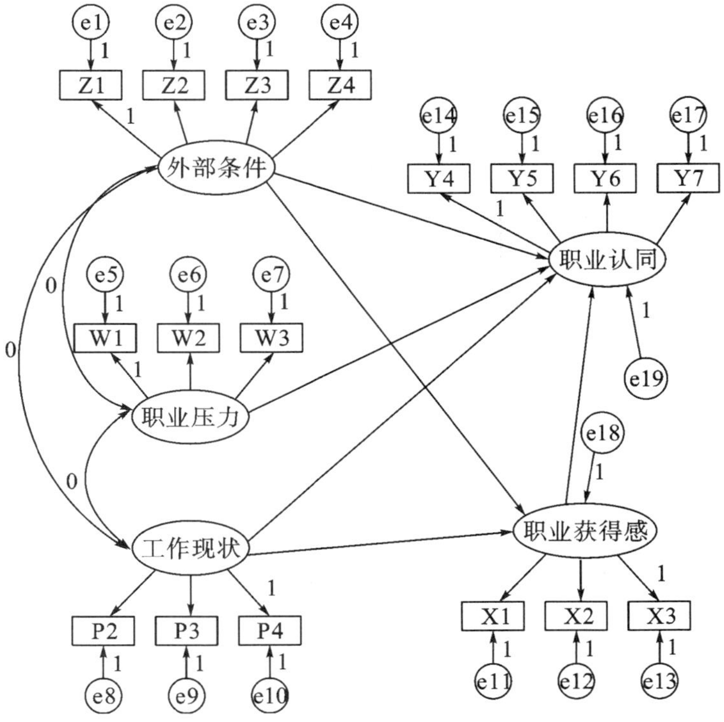

图 3　外部条件、工作现状、职业压力、职业获得感、职业认同路径关系

进一步分析模型整体适配度，显示模型的整体拟合指数为：GFI = 0.879，AGFI = 0.835，CFI = 0.86，RMSEA = 0.088，模型整体的适配度良好。进一步分析因果模型的标准化路径系数，结果显示：各路径系数显著，工作现状、外部条件对职业认同有显著的正向影响，职业压力对职业认同有显著的负向影响，职业获得感对职业压力有显著的正向影响（表16）。

表 16　标准化路径系数表

Standardized Regression Weights：(Group number 1 – Default model)			Estimate	C. R.	P
职业获得感	←	工作现状	0.668	5.250	***
职业获得感	←	外部条件	0.295	3.585	***
职业认同	←	职业获得感	0.277	2.178	0.029
职业认同	←	外部条件	0.354	4.479	***
职业认同	←	职业压力	−0.175	−2.87	0.004
职业认同	←	工作现状	0.487	3.922	***

五、结论与建议

研究结果表明：我国高校行政管理人员职业认同整体一般，但女性更有兴趣从事行政管理工作。在认同特点上，高校行政管理人员的职业认同与年龄负相关，年龄越大，其职业认同度越低；行政职级与职业认同呈正相关，职级越高，其越倾向于在行政管理工作中实现人生价值，职业认同度越高。外部条件、工作现状、职业获得感与职业认同呈正相关，良好的外部条件、满意的工作状态和良好的职业获得感将提升员工的职业认同，职业压力会显著降低职业认同感，但职业压力并不会直接降低员工的职业获得感。

针对上述问题，提升行政管理人员职业认同度，建议针对行政管理人员需求，进一步深化人事制度改革，建立规范的职务职级晋升制度，明确行政管理人员职业发展通道，增强其职业期待感和职业认同感。同时，要进一步改善行政管理人员工作环境和待遇，增强其职业获得感，提升其职业认同。